香川めい
児玉英靖
相澤真一

# 〈高卒当然社会〉の戦後史

## 誰でも高校に通える社会は維持できるのか

新曜社

# はじめに　「高校に通えることが当たり前の社会」の成り立ち
## ――高校教育機会の提供構造とは

「なぜ今さら、高校のことを語る必要があるの？」
「昔ならいざ知らず、高校なんて今じゃ誰でも通えるじゃないか」

この本を手にされたあなたは、こう疑問に思われたかもしれない。

たしかに、高校は全国いたるところに存在し、中学を卒業したら特に事情がない限り進学するとされているところである。たいていの場合、何校かの選択肢の中から自分の将来や家計の事情などと照らし合わせて、中学校や学習塾の先生と相談し、進学先を選ぶ。高校とは今や、細かな問題はあっても、すでに日本社会に定着している成熟した制度である。

しかし、私たちは、本書において次のことを繰り返し指摘する。今だからこそ、高校のことを語らなければならないのだと。そして、高校に通えることは、決して当たり前のことではないということも。つまり、高校教育機会をどのようにして維持していくかを語ることが、いかに重要かということを、である。

高校に通うことがあたかも当たり前であるように思われるのは、高校教育が長年にわたり、安定的に私たちに提供され続けてきたからであり、それを可能とするしくみが成り立っているからである。このしくみのことを本書では「高校教育機会の提供構造」と呼ぶことにする。そして、戦後日本社会を下支えしてきたこのしくみが今揺らぎ始めているのではないかというのが、私たちが本書を執筆するにいたった問題意識であり、出発点である。

「十五の春は泣かせない」という言葉が一九六〇年代に全国に広まった。高校進学を希望しながら、その狭き門のために泣く泣く進学を断念する子どもたちに対して、「何としても高校に進学する機会を与えてやりたい」という大人たちの思いが込められたこのスローガンとともに、一九六〇年代前半には「高校全入運動」がピークを迎えた。そしてこのような時代を経て、高校教育機会の提供構造が定着し、今では、高校に通えないことが、社会問題として広く認識されることはなくなった。戦後日本社会において、高校とは、「行くと得するところ」から始まり、「行かないと損するところ」となった。そして「誰でも行くところ」となり、近年では授業料無償化政策によってとうとう「タダで行かせてもらえるところ」となった。

もっとも、この構造が揺らぎ始めているといって、それは昔のように高校の門戸が狭まり、一部の人しか高校に通えなくなるような状況に逆戻りするということではない。私たちが懸念しているのは、少子化が進むなかで高校の再編が進行する過程で、進学を希望する生徒とその引き受け先となる高校との間に大きなミスマッチが生じてしまうことである。

現に、東京・神奈川・愛知・大阪という大都市部では、二〇〇〇年代後半からミスマッチが拡大していくようすが観察されている。公立高校の再編が進む中で、希望しない高校に進学せざるを得なくなったり、遠くの高校に通わざるを得なくなるなどして、その結果、望まない高校生活を余儀なくされる生徒が増えている。そのうちの少なくない生徒が高校生活をあきらめ、社会の底辺にすべり落ちていくということも報告されている。

また、過疎化の進む地方では、高校の生徒数が学校を維持できる人数を下回り、統廃合を余儀なくされている。このことは、近くの高校に通うことができなくなり、時間と費用の追加負担を求めるのみならず、若い世代が地域からいなくなり、コミュニティの不活性化という点からも問題視されている。

さらに、都市部では、公立高校の学区の撤廃や特色ある学校づくりが進み、公立高校と私立高校が同じ土俵で熾烈な生徒の獲得競争に巻き込まれているところもある。この競争が行き過ぎると、目先の業績主義に追われ、ただでさえ多忙化の進む現場にあって、教師がますます疲弊していくことになりかねない。その結果、入学してきた生徒一人ひとりと向き合い、三年間の成長を見守るという、後期中等教育機関としての使命がおろそかになってしまわないだろうか。そうなってしまっては、いったい何のための改革なのだろう。

このように、生徒が増加する過程で成立した現在の高校教育機会の提供構造が、生徒減少時代の中で揺らぎ始め、その揺らぎはこれからさらに大きくなることであろう。そこで本書では、一九六〇年代の生徒急増期に焦点を当てて高校教育機会の提供構造について検証し、そこから現在を照射することによって、この問題について考察する手法をとっている。

本書では以下、序章で問題の所在を明らかにした後、第1章と第2章において、高校教育機会の提供構造がどのように定着してきたかを過去にさかのぼって検証する。そして第3章において都道府県の類型化を試み、その分類にもとづいて第4章から第7章までで一〇府県のケーススタディを行なっている。これにより、気づかれることの少ない地域ごとに多様な高校教育の姿、いわば「ご当地の高校教育」像が形成されていく過程が浮かび上がってくるだろう。その上で、今後の高校教育の姿について見通すために、第

８章以下で現在の事例をもとに考察している。

なお、本書は全編にわたって三人による共同執筆と考えてもらって差し支えない。児玉が吐き出す大風呂敷とも思えるアイディアを、相澤が理論武装させて実証する方法を紡ぎ出し、香川がそれをばっさりと整理するという、それぞれの個性を最大限に持ち寄った作業を繰り返し、何度も何度も検討を重ねた結果、アイディアと執筆分担箇所が複雑に入り交じり、それぞれの分担を取り出すことがもはやできなくなってしまったためである。また、執筆者の掲載順も、便宜的にこの順番で並べているに過ぎない。

著者を代表して

児玉英靖

# 〈高卒当然社会〉の戦後史＊目次

装幀＊難波園子

# 序章

# 今、なぜ「誰でも高校に通える社会」について考えるのか

## 「成人学力世界一」の日本

ここに一冊の報告書がある。

OECD（経済協力開発機構）が実施した、国際成人学力調査（PIAAC）の報告書である。[1] これは二〇一三年に公表されたもので、生徒の学習到達度調査（PISA）とは異なり、一六歳から六五歳までの成人を対象とした学力調査である。調査は二四の国と地域で実施され、[2]「読解力」「数的思考力」「ITを活用した問題解決能力」の三分野におけるスキルが調査の対象となった。

ここで、日本の教育について考える上で注目すべき結果が現れた。日本は、「読解力」「数的思考力」の二分野において平均得点において単独で第一位となった（図序－1・序－2）。さらに興味深いのは、日本は他のOECD諸国と比べて、分散が著しく小さいということである。[3] 図中に示された帯は、各国の得点上位五％から下位五％までの幅を表しており、真ん中の黒い部分が推定される平均得点を示している。つまり、この帯の中に成人の九〇％が入るということを意味する。日本は、成績上位者についてはフィン

ランドやオランダなどとあまり変わらないが、下位については他国に比べてきわめて高いところで切れていることがわかる。つまり、日本における成人学力の高さは、図抜けて上位層が多いことによるのではなく、すべての世代にわたって下位層が少ないこと、つまり社会全体として学力の底上げがなされているこ

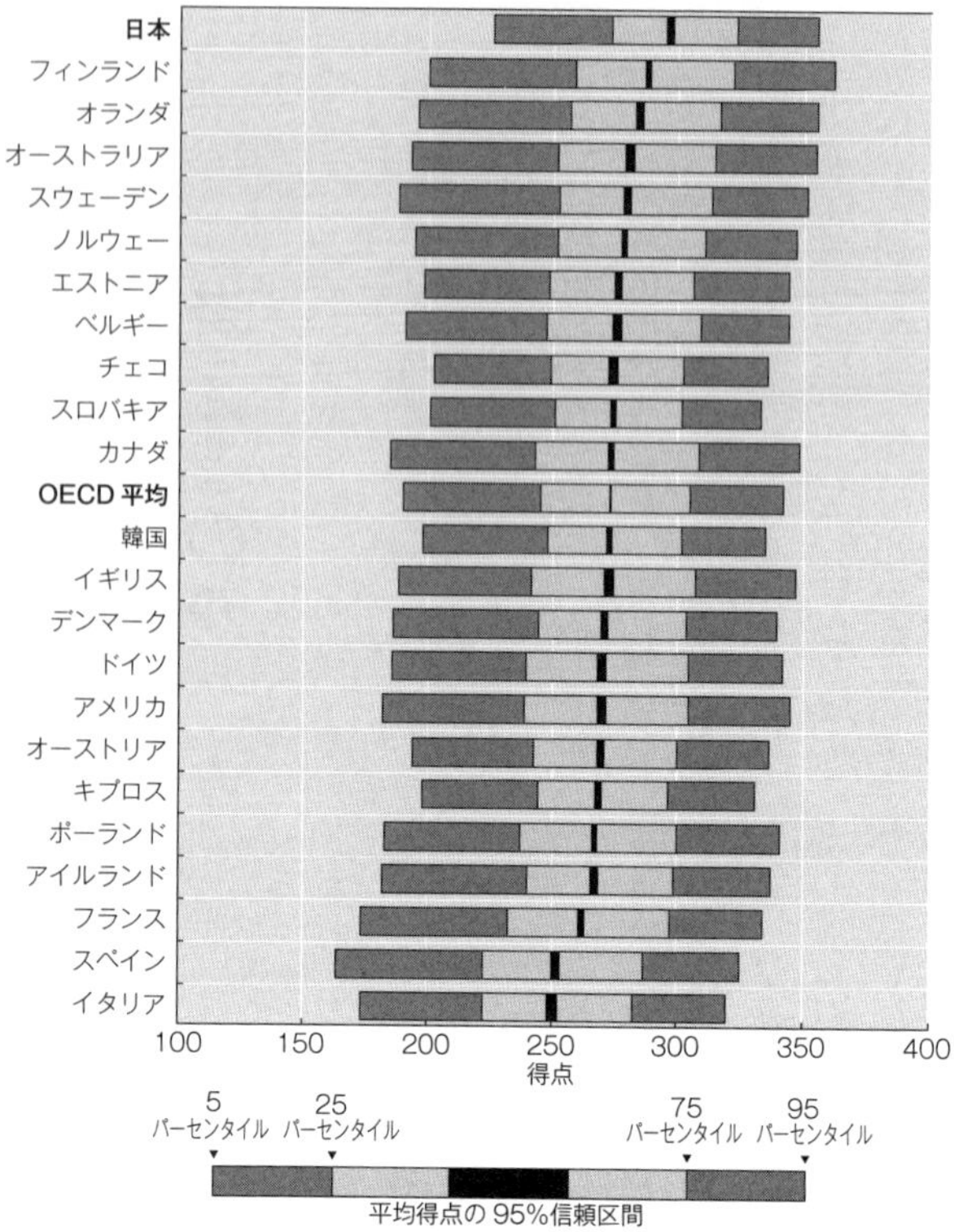


図序-1　ＰＩＡＡＣ読解力の国別得点分布

出所：国立教育政策研究所「ＯＥＣＤ国際成人力調査（ＰＩＡＡＣ）調査結果の要約」11頁

とによって達成されているということができる。報告書によれば、日本の高卒の学力は、イタリアなどのいくつかの国の大卒の学力を上回っているとされ[4]、日本社会全体における学力の高さに注目が集まっている[5]。

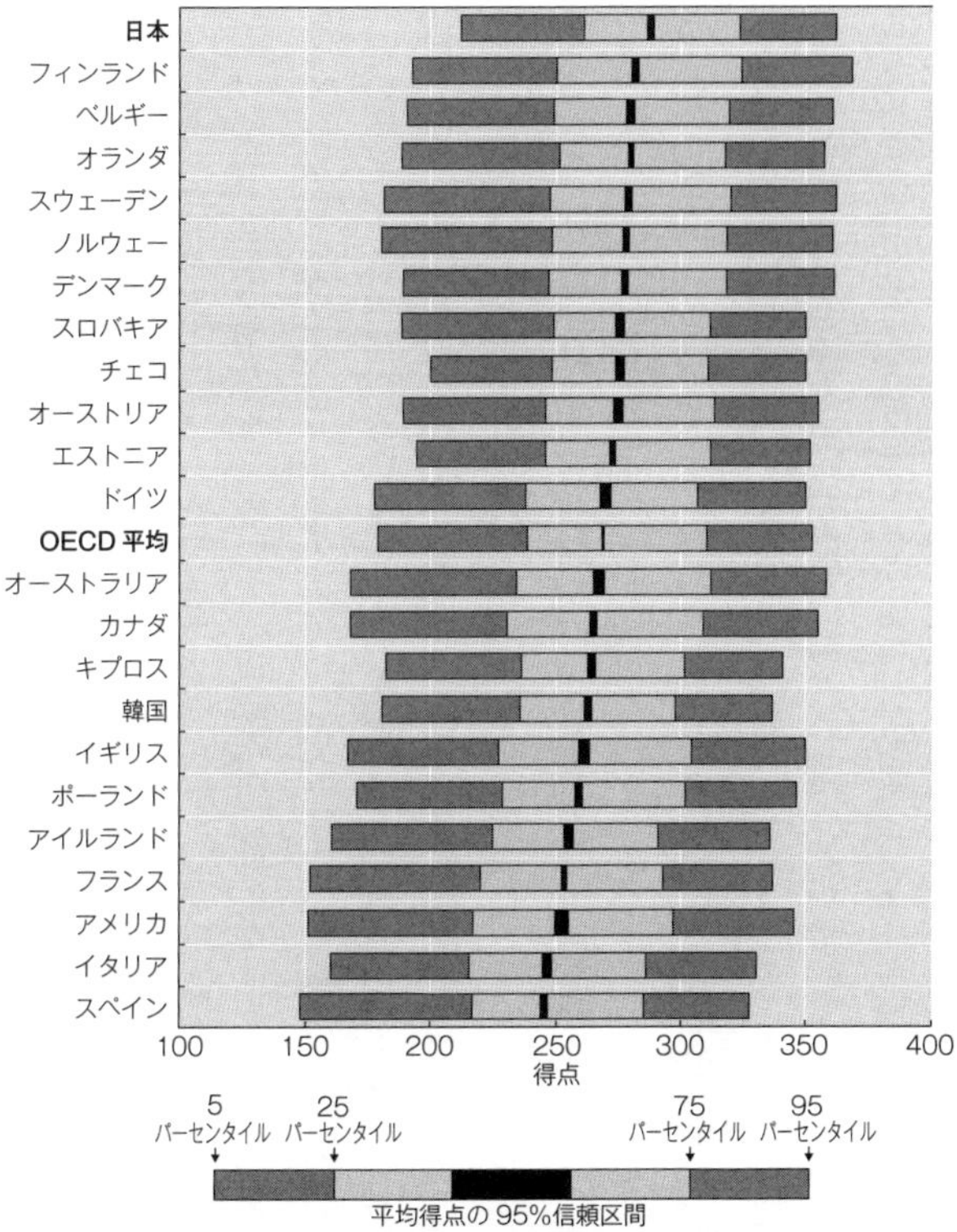


図序-2　ＰＩＡＡＣ数的思考力の国別得点分布
出所：国立教育政策研究所「ＯＥＣＤ国際成人力調査（ＰＩＡＡＣ）調査結果の要約」16頁

日本と対照的なのは韓国である。韓国は、若年層（一六〜二四歳）については最上位に位置しているのだが、高齢者の得点が伸び悩んだことによって、成人全体となると平均程度にとどまっている。[6] 日本と韓国の結果を比較したとき、ひとつの可能性が浮かび上がる。すなわち、日本は韓国よりも早く教育拡大が進んだ結果、[7] 幅広い世代において教育が普及し、世代間の学力差が小さくなったのではないだろうか。この調査対象となった六〇歳代前半というと、日本ではいわゆる「団塊の世代」である。日本でもっとも人口の多いこの世代が学校教育を享受することができた結果として、日本では社会全体として均質度の高い学力を維持することができたと考えられる。

もっとも、この調査結果についての検証は緒に就いたばかりで、因果関係は明らかになっておらず、ここまでの議論は推論の域を出るものではない。また、下位にランク付けされている国々においても義務教育後の進学率は一般的に高いため、進学率の高さが直ちに成人学力に結びつくとはいえない。[8]

しかし、日本社会の強さは、国民ひとりひとりの高いポテンシャルの中にあるといわれる。たとえば、高度成長を支えた名もない「地上の星」たちのひたむきな姿は、テレビのドキュメンタリー番組でシリーズ化された。また、秒刻みの複雑な鉄道の運行システムを難なくコントロールしてのけたり、レジでおつりの計算が間違いなくさらっとできたりと、日本社会では当然のように行なわれていることが、海外旅行に行くと実は当たり前ではないことに気づかされたことがある人は多いだろう。また東日本大震災の後に日本社会が立ち上がる姿は、世界を驚かせた。そのような力強くしなやかな社会ができあがった理由のひとつとして、戦後の日本が教育拡大に成功したことが指摘できるのではないだろうか。

日本社会の見えない強さとなり、日本社会を下支えする隠れた基盤として、本書では、団塊の世代（第一次ベビーブーマー）に対する高校教育拡大に成功したことに注目したい。そこでまず、一九六〇年代に時計の針を戻してみよう。

### 「十五の春」に泣いた頃

かつて「十五の春」[9]に泣いた時代があった。ただでさえ高校への門戸が狭い上に、一部の人気校に受験生が集中し、その結果、厳しい受験戦争が起きたためであった。また、私立高校の学費は高く、公立高校に入れなければ高校進学を断念することも珍しくなかった。

とりわけ、一九六〇年代前半にはこのことが社会問題化した。一九四七年から四九年までの時期に生まれた「第一次ベビーブーム世代」は、日本でもっとも人口の多い世代であり、この世代の波が小学校、中学校を経て、いよいよ高校に進学する年齢に差し掛かったためである。ただし、この時期には、高校進学率は全国的に上昇を続けていたものの、今のようにほぼ全員が高校に進学する時代ではなかった。織物の街として名高い京都・西陣地域のベビーブーマーたちは、三割程度が中卒で就職し、残りの生徒のうち、中学校の成績上位の者は公立高校普通科へ、その下の者は公立高校商業科や私立高校への進学が勧められたという。[10]しかし、高校以上の学歴に対する要求は、実際の進学率よりもずっと高かった。とりわけ、親の期待は年々高まりつつあった。総理府が行なった世論調査をひもとけば、子どもに受けさせたい教育程度として、一九六〇年の時点ですでに、男子では八九％、女子でも七〇％が高卒以上と回答し、六四年になると、男子では九〇％、女子でも八七％にまで上昇している。[11]

それではなぜ、高校に進学したくてもその機会に恵まれないことが、大きな問題とされたのだろうか。当時、中卒学歴に比べて高卒学歴は、労働市場において有利に働いた。裏を返せば、高校に進学できないことは、社会的上昇のチャンスの芽を摘まれることを意味した。進学率の上昇によって、高校に行かないという選択が少数派になったことによって、ベビーブーマーたちは否応なく受験競争に巻き込まれ、しかも少数派となった中卒就職組は、疎外や差別を感じるようになったという。[12] そのため、とにかく子どもたちを高校に通わせられる環境を整備するべきだという運動が、我が子の将来を心配する「親心」とシンクロして、大きなうねりとなったのである。[13] 一九六二年四月の「高校全員入学問題全国協議会」結成大会で出された宣言には、次のような文言が並んでいる。

「私たち国民は、子供をせめて高等学校だけは卒業させたいと願つています。」
「「せめて高等学校位終つておれば、こんなに苦労しないのに」とつくづく感じさせます。」
「高等学校はもう、私たち国民がどんなことをしても、ぜひ入れなければならない学校になつてきています。」
「せめて子供を高校ぐらいは卒業させることができるように、私達国民の生活を保障するのが、政府の責任であると思います。[14]」

また、ある女性は、当時のようすを回顧して、次のように述べている。

私は勉強が余り好きではなく、外で走り回っていることが楽しくてたまらなかった。中学を出たら働きに行こうと思っていた。また、家庭の事情もあり働きに行くものだと思って高校はあきらめていた。実際、私よりずっと頭がよく、我が家より生活が安定している方々が、働きに行かれて、おしゃれなどして大人びた姿をうらやましく思い、それはそれでいいものだなと思っていた。ところが、「これからの女性はきちんと勉強して生活力をつけておかないといけない。どんなに生活が苦しくても学校へは行かせてあげる」

との母の言葉に感謝し、進学した。[15]

もっとも、高校全入運動は日教組の主導する政治運動の一部として理解され、文部省は警戒を緩めなかった。[16] しかし、全国各地から国に対して寄せられた高校増設を求める数々の請願を無視することはできず、文部省としても、高校は選抜によって適格者のみが通うべきであるという態度を貫きながらも、予算を組んで高校増設問題に取り組むこととなった。

こうして、一九六〇年代まで日本各地にふつうに見られた「十五の春」に泣く子どもたちは、次第に姿を消していった。

## 高校教育を受ける機会の保障は今こそ議論されるべきである

それでは、もう今の日本社会に「十五の春」に泣く子どもたちはいなくなったのだろうか。

現代日本において高校に通えなくなることを想像することは、容易ではない。高校に通うことが当たり前のようになった現在、中卒で社会に出た人々は、生活していく上でのリスクが集中している層であると捉えられている。

元高校教諭の青砥恭は、高校中退問題について取り上げたルポルタージュの中で、経済的にも文化的にも恵まれない家庭に育った子どもたちが、まともに勉強する機会を与えられることなく底辺校に入学して中退して、社会の底辺で生きていくようすを丹念に取材し、高校教育の機会の不平等を介して、貧しい家庭からさらなる貧困が再生産されている現状に警鐘を鳴らしている。[17] 自分の成績で入れる高校が遠方にしかなく、定期代が払えず自転車で時間をかけて通学する子どもたち。私立高校に通いたくても経済的にあきらめざるを得ず、不本意ながら公立高校を選ぶ子どもたち……。ルポの中では、高校を選べない生徒たちの実態が描き出されている。こうした子どもたちが、高校での学びから遠ざけられ、社会の底辺に放り出されていくという。

この話は一部の特別な生徒についてのものではない。たとえば、神奈川県では、公立中学校から全日制高校への進学率が二〇〇六年から連続して九〇%を割り込んでしまっている。これは、全日制高校への進学を希望しても、結果的には入試制度との関係などによって希望の公立高校に進むことができず、私立高校への進学も経済的事情から困難な生徒がいること、さらに定員割れを起こしている学校があるにもかかわらず私立高校が全日制進学希望者を収容しきっていないことなど、諸般の事情が重なった結果であると考えられている。そして、不本意ながらも定時制高校に通わざるを得ない生徒が増加し、しかも定時制高校の再編によって、行き場を失う生徒が出てくることにならないか教育関係者の間で懸念が広がっている。そして、神奈川県と同様の現象は、愛知県・東京都・大阪府など、私立高校の割合の高い大都市部で二〇〇〇年代後半から進行してきた[18]。

このように、高校教育機会を保障する議論は、決して過去の問題ではない。むしろ、誰でも高校に進学し卒業することが普通になった今だからこそ、この問題は深刻さを増している。二〇〇〇年代の学歴社会論を展開してきた社会学者の吉川徹は、進学率上昇が頭打ちになったことにより、大卒層と非大卒層との間でそれぞれに再生産が行なわれるようになったことを指摘し、これを「学歴分断社会」と表現した[19]。つまり、現代においては、高卒以下と、大学・短大卒以上との間に「学歴分断線」ともいうべき断絶が存在し、それぞれの階層が次の世代を内部で再生産することによって固定化されていることが確認されたのである。そして非大卒層の中でも、とりわけ中卒層の置かれた状況は深刻である。貧困研究において多数の著作のある阿部彩による整理[20]によると、中卒者はホームレス、[21]貧困層、[22]フリーター・ニート[23]となる比率がきわめて高く、労働市場や社会において圧倒的に不利な立場に置かれるリスクが高い。

現代日本において、高校とは単なる学習の場だけではなく、「つながり・役割・居場所」[24]を与える場、すなわち「社会的包摂」の場として機能している。反対に高校に通えないということは、単に学習ができないというのみならず、社会の関係から包摂されることなく「排除」され、仕事から「排除」され、社会の中に居場所すら与えられないという状況をもたらしかねない。そして、学びから「排除」されることを入り口に、「すべり台社会」[25]を転落していくのである。

高校教育を安定的に提供する構造を維持することは、貧困と「社会的排除」から若者を守り、社会の安定と統合を維持していくことでもある。

## ナショナル・ミニマムとしての高校教育をどう提供するか?

高校教育機会の問題は、「誰にどのような高校教育を提供するか」という問題であり、「その費用を誰がどう負担するべきか」という問題とも切り離すことはできない。第2章でくわしく検討するが、高校に行くことで「準エリート」への切符を手に入れられた、つまり高卒資格が希少価値を持っていた時代はもはや遠い過去のものとなった。九割以上の人々が高卒学歴以上を取得するようになった結果、実質的には中卒学歴に代わり、高卒学歴が最低学歴となった。政府が国民に対して保障するべき生活の最低水準のことを「ナショナル・ミニマム」というが、日本では今や、高校教育までを実質的なナショナル・ミニマムとしてとらえてもよいだろう。ナショナル・ミニマムを達成し維持するためには、中央政府の構想・計画、公私間および政府間の機能分担、財政措置をどうするかが、重要な問題となる。[26]これを高校教育について当てはめてみれば、国と地方、公立高校と私立高校の関係に注目することが必要である。

この問題を考える上で重要な糸口となるのが、高校授業料無償化政策である。二〇〇九年総選挙で民主党が勝利し、マニフェストに掲げていた政策のひとつであった公立高校の授業料無償化が実施に移された。また私立高校生に対しても同額の就学支援金が出されるようになった。[27]「ばらまき」との批判の強いこの政策は、ナショナル・ミニマムの保障という観点から見れば、一定の整合性を持った政策であるといえる。しかし、私立高校生への対応は都道府県ごとに大きく異なった。自治体独自のより手厚い支援制度を設けているところがある一方で、国の制度ができたことで県独自の授業料助成を減額したところもある。その中で、家計に対して最も手厚い助成制度を導入したのは大阪府であった。家計所得が一定の年収以下という条件はあるものの、府下の私立高校に通う生徒に対し、私立高校授業料のほぼ全額を支給する制度を導入した。その結果、大阪府では、二〇〇九年から二〇一二年までの間に公立高校在籍者が三四〇〇人増えたのに対し、私立高校在籍者は九一〇〇人の増加を見せた（通信制課程を含まない）。学区が拡大された影響もあり、一部の公立高校は定員割れに陥り、統廃合が示唆されるようになる一方で、公立高校との併願校や共学化した学校を中心に一部の私立高校には生徒が殺到し、教室や教員が不足する事態も起きている。[28]また、この制度の影響は、大阪府下だけにとどまらない。この制度は大阪府下の私立高校に通う生徒のみが対象となり、他府県の私立高校に通う生徒には適用されない。そのため、大阪府から多くの生徒を集めていた近隣府県の私立高校の生徒募集にも影響がおよび、それがさらに玉突きのように周辺の公立高校や私立高校の学校運営にも影響を与えることとなった。

公立高校授業料無償化政策は、二〇一二年総選挙における自民党の勝利によって見直しが進められ、二〇一四年度から所得制限が設けられた。この見直しは、義務教育ではない高校の授業料を政府が負担することに対する違和感を背景に、民主党による「子ども手当」「高速道路無料化」などの政策パッケージの見直しの一環として噴出したものだと思われるが、この政策転換が高校授業料無償化への違和感に下支えされたものだとすれば、「誰でもが高校に進学して当然である」という発想から「高校には適格者のみが進学するべきだ」という高校観への再転換を意味する。

ところで、公立高校授業料無償化政策と並行して、二〇一二年九月、日本政府は国際人権規約における「中等教育への無償教育の漸進的な導入」について、長年にわたる留保を撤回している。国際人権規約は一九六六年に国連総会で採択され、日本は一九七九年に批准したが、その際、国内法との関係により、社会権規約の一部については条約に拘束されない権利を留保してきた。その留保項目のひとつに中等教育無償化が含まれていたのだが、これがようやく撤回されたのである。今回の無償化見直し論が、苦しい財政事情からではなく、高校無償化そのものへの抵抗感からだとすれば、その見直し政策は、政策の一貫性の欠如という問題のみならず、国際社会の潮流に逆行するものであるともいえる。それにもかかわらず、この方針に反対する大きな動きは見受けられない。[29]

日本の高校教育については、戦後長らく「適格者主義」の原則が採られつつも、実際には事実上の希望者全入状態が続いていたため、高校教育をめぐる「全入主義」と「適格者主義」の対抗関係は、六〇年代の全入運動が一段落した後は鳴りを潜めてきた。そして今、五〇年以上にわたって棚上げされてきた両者の対抗関係が、高校教育費の負担をめぐる政策の揺らぎとなって浮上してきている。つまり、今のこの日本社会において、「高校教育を誰にどのように提供するべきか」「その費用は誰が負担するべきか」という課題について、徹底した議論と国民的な合意形成が必要とされるのである。

### 高校教育機会の提供構造をデザインし直すために

これまで見てきたような問題点が浮上してきたということは、裏を返せば、これまでの日本には、行き場を失う生徒をできる限り生み出すことなく、高校教育の機会をうまく配分するしくみが、存在してきたということである。そしてその結果、高校に通うことがあたかも当たり前であるかのように感じることができていたということでもある。[30]

だからこそ、生徒減少期にあって、これからの高校教育機会の提供構造をどのようにデザインし直すかについて考えることは、喫緊の課題なのである。そのためにまず、これまでのしくみがどのようにして出来上がったかを確認したい。本書が扱うのは、皆に高校教育を提供するしくみが日本においてはどのようにして可能となったのか、そして、そのしくみが現在どのような転機を迎えているか、という点である。このような経験的な実証を踏まえた上で、近い将来必ずや、高校教育機会を今後どのように提供していくかを議論する必要が出てくるであろうと、私たちは考えている。

## 〈高卒当然社会〉の成立

本書は、筆者三人がこうした問題意識のもとで二〇一三年にまとめた教育社会学の研究報告書が基となっている。教育社会学とは、教育という営みを対象領域として、社会学の方法論による分析を行なう学問である。社会学は、一見個人的なこととして捉えられていることや当たり前に思えることが実はそうではないこと、そしてその背後に何らかのしくみやカラクリがあることを明らかにする。「高校に通うことが当たり前」となった社会――本書では〈高卒当然社会〉と呼ぶ――は、いつどのようにしてでき上がったのだろうか。そして、その結果どんなことが起きたのだろうか。

また、教育社会学とは、教育という営みを通して、私たちが暮らす社会の姿を描き出すと同時に、教育という営みの意味について、社会との関係において考察する学問である。本書は、「高校に通う」と営みを、戦後日本社会との関連で考察している。日本社会が変化することによって、高校に通うということの意味が変化する。そしてその変化が、ふたたび日本社会を変化させるという、高校という制度と日本社会の相互作用に注目する。

言葉を換えれば、次のようにもなる。「高校に通いたい」「子どもを高校に通わせたい」という国民の強い思いが、どのように高校という制度をつくったのか、そしてそうして拡大した高校が戦後日本社会をどのようにつくってきたのか、「高校に通う」という営みを安定的に可能とする生徒受け入れのあり方（高校教育機会の提供構造）がどのようにしてできあがり、それによって社会はどのように変化したのか、さらにそこから、これから進行する生徒減少という社会の変化は高校をどう変えていくのだろうか。こうして、私たちが暮らす社会の姿の一端を描写していこうというのが、本書のねらいである。

以下、各章の概略を述べていきたい。

まず第1章では、戦後日本における高校教育機会の提供構造を考察するにあたり、その出発点である新制高校の発足時点にさかのぼって、その特徴について検証する。高等学校は全国一律の制度である。しかしながら、そこには、地域的多様性を内包し、かつ公立高校と私立高校という異なる設置主体の関係性によって特徴づけられる提供構造が存在することを明らかにする。そして、日本の高校の歴史的・制度的性格と、高校教育機会の提供構造の基本的特徴について確認する。

続く第2章では、一九六〇年代を中心に、高校教育拡大期に日本の高校に何が起きたのか、そのインパクトについて検証する。そして、高校生急増期を経たことによって、高卒学歴の意味の変化と、公立高校と私立高校の比率の変化が起こったことを確認し、この時代がターニングポイントとなったことを明らかにする。

第3章では、高校教育機会の提供構造の地域性を検証するにあたって、類型化の可能性について考える。本書ではクラスター分析という手法を用いて、四六都道府県を四つの類型に分けた。その類型をもとに、一〇の府県を抽出し、ケーススタディを行なったのが第4章から第7章である。このケーススタディを通して、高校教育拡大期への対応の多様性が、それぞれの地域でのその後の高校教育機会提供のあり方を決定づけたことが示される。

そして第8章では、拡大期に定着した構造が、生徒減少期にどのように変容しているのか、マクロデータに基づく分析と、二つの県のケーススタディを織り交ぜて考察する。最後に、高校教育機会の提供構造がこれからどうなっていくのか、その近未来像について考察し、まとめに代えて提示する。

## 本書の学術研究上の意義について

以下では、本書を世に問うことの学術的な意義について、少し専門的な議論を行なっておきたい。本書の学術上の位置は、大きく分けて次の三点にあるといえるだろう。

第一に、日本全国のローカル・コミュニティの構造を高校教育進学機会という視点から読み直すことができる。第二に、タテマエ重視の義務教育を通して議論されてきた日本的平等観に対して、ホンネの平等観ともいえる高校教育における日本的平等観を検討していくことができる。第三に、日本発の議論として、欧米における教育の私事化（プライバタイゼーション）を新たに読み直していくことができる。ひいては、後発産業化国である日本の産業化と同時期に起きた中等教育拡大を見ていくことによって、日本を発信源として、世界的な中等教育拡大を理解することに寄与できると考える。

### （1）日本全国にあるローカル・コミュニティの構造の理解に向けて

日本の教育拡大過程における地域格差の対処過程を知ることは、日本社会の中に住むわれわれのコミュニティの構造と意識のありようを把握する上でも大きな意義がある。特に、旧制中学校・高等女学校の流れを汲み、多くの都道府県で学校間での格差構造を持って成立した現在の日本では、「出身大学より出身高校」[31]ともいわれるように、高校教育が規定する地域の教育観（「フォーク・ロア」）は非常に根強いものがある。このような地域の教育観を補強するように、高校ランキングを作る試みがしばしばなされてきた。[32]一方で、この地域の教育観が個別にどう分布しており、その全体像を統合するとどのような像を結ぶのかが学術的に検討されることはきわめて少なかった。

それにもかかわらず、この地域の教育観と非常に強く親和的な個人的な教育経験に基づいて、総合選抜制度の廃止、学区制の撤廃のような都市部の私立中高一貫校の「成功」をモデルとした「教育改革」が断行されてきているというのが、昨今の状況である。ジャーナリストの斎藤貴男は、高校教育の現状に基いて、「高校間の格差を、公の政策として、より一層拡大しようとするベクトルが、このところ強烈に働き始めている現実」があるとして、「なんとか勉強の機会を与えようというのではなく、無慈悲に切り捨てる方向にされてしまっているのではないか」と指摘している。[33]この斎藤の抱いた危惧は、先に述べた神奈川県の事例からもわかるように、すでに杞憂ではなくなっている。

このような課題を解明するために、人々の認識を規定しつつも、地域の当事者たちにとってはあたり前すぎて見えてこない高校教育の「地域性」を全国的に把握することが必要になっている。本書でこれから明らかにしていくのは、きわめて多様性に満ちた地域的条件であり、そして、進学率や経済状況の格差があった状態から、一様に高校教育が全国において提供されるようになった過程において、公立／私立高校がそれぞれ果たした役割とその地域性についてである。これによって、現代日本の高等学校が持つ社会的統合の役割とその地域性を理解することができるのである。

## (2) 日本の教育における平等観の再検討

日本の高校教育を見ていくことの理論的広がりとして、日本の教育における「ホンネ」ともいえる平等観を見ることができる。中学校までの義務教育段階では、「一緒に同じことを勉強する」という考えのもと、教育条件はできる限り全国で一緒にすることが要求され、さらに教育実践面でも平等がひとつの強い方向性として打ち出されてきた[34]。

これに対して、高等学校の門戸を、小さな学区を設定して地元の幅広い学力層の人々に開くことには、何度も抵抗が行なわれてきた。ここにはそれまで支配的であった、「生徒の出来不出来や居住地によって、受ける教育に違いがあっても、あるいは教育条件や学校設備が異なっていてもかまわない」とする平等観を見ることができるのである。

そしてこの問題は、「どのような高校教育を提供するべきか」、そして「誰がどのように高校教育の費用を負担するべきか」という政策課題にもつながる。戦後日本の高校教育政策の歴史においては、誰もが入学すべきという「全入主義」の主張と条件を満たしたもののみが入学すべきという「適格者主義」の主張とがつねに対立してきた。この対抗関係は、二〇一〇年に公立高校授業料無償化政策が始まったときにも顕在化した。無条件に全員を無償とするのか、所得制限を設けるのか、私立高校に通う生徒についても無償化の対象とするのか、これらの中からどの立場を選ぶのかは、高校教育における平等観ときわめて密接な関係をもつ。

高校教育を支えている、全国一律の平等の達成を自明視しない見方は、義務教育段階までの、理想的かつある意味では「タテマエ」ともいえる万人を区別しない平等観とは正反対の、「現実」の平等観であり「ホンネ」の平等観であるといえる。同じ中等教育でありながら、中学校と高等学校の間に横たわる、教育のあり方に関する抜本的な認識のギャップに、日本の教育のひとつの重要な特質が埋め込まれているといえるだろう。

### (3) 日本におけるプライバタイゼーション (privatization) の読み直し

また、日本の中等教育拡大における私学セクターの役割に注目することにより、「公教育＝公立学校による教育」と捉えがちであったこれまでとは異なる教育拡大の姿を明確にできる。

日本の教育研究において、私立学校は、欧米型の問題設定、特に英米圏の問題設定から理解されていることが多い。イギリスやアメリカでの中等教育制度は、日本で用いられる表現を使えば「私立優位」の学校制度である。例えば、イギリスでは、私立の中等教育機関といえば、その多くはパブリック・スクールをはじめとするエリート層の教育を担うものが中心であり、しばしばその特権性が政策問題となってきた。[35]

アメリカでは、地域のすべての子どもたちに開かれた公立ハイスクールを中心に、教育拡大が進められてきた。[36] そのアメリカにおいても、教育拡大後に公立学校からの退出が起こるようになったことが指摘されている。[37] そしてこのような「問題視」の視座の設定は、状況の異なる日本でもそのままなぞられてきた。日本の教育研究においては、少数特権的な地位にある私学セクターの存在を「特権階級」として「問題視」する見方が支配的であった。

だが、日本の高校教育拡大を見ていくと、「少数特権」の地位としての私学ではなく、教育拡大の担い手として公立高校と手を取り合った私立高校の姿が浮かび上がってくる。この現象は、日本固有の事例として理解するのではなく、産業化とほぼ同時期に中等教育拡大の起きた国の一類型として論じることができる可能性がある。すなわち、欧米型の「少数特権」的な教育の私事化（プライバタイゼーション）論に対して、アジアをはじめとする後発産業化国では、成績下位層の進学先として私立が大きな役割を担っていたり、あるいはその中から上位層を受け持つ私立が次第に現れたりするという、多様なプライバタイゼーションのあり方を論じることができるのではないだろうか。[38] そして本書における考察は、こうした議論を展開させる可能性を秘めている。

## 本書で用いるデータ

本書では、「地域」の多様性を検討するために、都道府県を単位とした分析を行なう。これは、都道府県が主体となってその多くを設立した「公立高校」が検討の中心の一つになることも考慮したからである。使用するデータは、『学校基本調査』（文部省）と『全国学校総覧』（文部省監修）である。学校基本調査については、日本教育会館が一九九八年に発行したCD-ROM版を用いた。また、必要に応じて、その前後の時期の情報も『学校基本調査』の冊子版を用いて値を補った。『全国学校総覧』には、全国の幼稚園から大学までの各学校の情報が記されており、高校の部では、各高校の所在地・設立形態・校長名・生徒数が掲載されている。この情報を用いることにより、各学校の生徒数の変化から教育拡大におけるミクロな動きを検討した。

本書では、さらに社会調査に基づいたミクロデータを用いた分析も行なっている。本書で用いた「社会階層と社会移動調査」（SSM調査）は、一九五五年以降十年おきに実施されてきた大規模調査である。この調査では、対象となった人びとの職業経歴、学歴や所得、さまざまな社会意識などが調べられており、戦後日本社会の半世紀にわたる社会的格差や不平等の様相を知ることができる貴重なデータとなっている。本書では、一九七五年に実施された七五年SSMデータと、二〇〇五年に実施された〇五年SSMデータを用いた分析を行なう。[39] どのような分析を行なうのかについては、それぞれの部分で説明する。

各章のケーススタディでは、県議会の会議録、各校の学校史、教育委員会が発行する資料など、各府県の地元の資料を収集して分析している。また「国会会議録検索システム」（kokkai.ndl.go.jp）を利用して、国会審議の過程も検討している。

## 注

［1］ *OECD, OECD Skills Outlook 2013: First Results from the Survey of Adult Skills*, OECD, 2013.

［2］ 各国での調査は二〇一一年から二〇一二年にかけて行なわれた。

［3］ 調査結果の分析に際して、習熟度別に六つのレベルが設定された。日本は、読解力では、最上位であるレベル五においては五番目であるが、レベル四とレベル三の割合が最も多く、レベル二以下の三つのレベルにおいては割合が最も少ない。数的思考力においても同様に、レベル五では七番目であるが、レベル四とレベル三の割合が最も多く、レベ

ル一以下の二つのレベルにおいては割合が最も少ない。

［4］OECD op.cit., p.33.

［5］もっとも、「ITを活用した問題解決能力」については日本の得点は平均程度であり若年層では平均を下回っていることも、付記しておかなければならないだろう。教育費支出が抑制され、設備の更新の立ち遅れている日本の学校が、今後、情報技術分野において世界的に水を開けられていく可能性は否定できない。

［6］韓国の世代間の分散の大きさについては、今回の調査報告書で取り上げられている。OECD.ibid.,p.31.

［7］韓国で高校進学率が急上昇するのは、一九七〇年代以降のことである。つまり、高校教育拡大の恩恵を受けたのは、現在の五〇歳代以下の世代ということになる。

［8］たとえばドイツやアメリカは、日本に先駆けて高校進学率が高止まりした。OECD, op.cit.,p.58.

［9］「十五の春は泣かせない」とは、蜷川虎三京都府知事（当時）が提唱し、一九六〇年代に全国に広まったスローガンである。蜷川府政下の京都では、戦後の一時期に全国的に実施された、公立高校における「男女共学」「総合制」「小学区制」という「高校三原則」を堅持し、不合格者をできる限り出さないための学校群に基づく総合選抜制度が続けられていた。これは「京都方式」として各地でも模倣されることになる。

［10］中野新之祐「都市部伝統産業地域の子どもたちの職業選択と学校――京都西陣の場合」（橋本紀子・木村元・小林千枝子・中野新之祐編『青年の社会的自立と教育――高度成長期日本における地域・学校・家族』（大月書店、二〇一一年）所収）。

［11］NHK放送世論調査所編『図説戦後世論史（第二版）』（日本放送出版協会、一九八二年）。

［12］小熊英二『1968（上）』（新曜社、二〇〇九年）四八頁。

［13］「親心」を反映して一九五〇年代から高校増設を求める声が盛り上がり、その後の高校全入運動へとつながっていった。たとえば、平塚らいてうの呼びかけをきっかけに、原水爆の危機から子どもの生命を守ることを訴えて一九五五年に発足した「日本母親大会」は、翌五六年の第二回大会から、高校増設について取り上げている。日本母親大会ホームページより（hahaoyataikai.jp、二〇一三年一二月八日確認）。

［14］高校全国入学問題全国協議会『一九六二年度高校全入運動活動報告書』（一九六二年）一－三頁より抽出。

［15］石村（小泉）常枝「卒業から三六年」（京都橘女子学園百年史編集委員会編『学校法人京都橘女子学園一〇〇年史』二〇〇二年）、二一七－二一八頁所収。

[16] 文部省初等中等教育局が一九六二年八月に出した「高等学校生徒急増対策と「高校全入運動」の可否」という文章では、次のような表現が見られる。「政治的闘争の用に供される日教組の高校全入運動」「特殊のイデオロギーに立って政治的闘争に大衆を動員するためのスローガンの一つとして選べばれたという感じが強い」。京都府教育研究所『戦後京都教育小史』(一九七八年)一三八ー一三九頁より引用。

[17] 青砥恭『ドキュメント高校中退——いま、貧困がうまれる場所』(ちくま新書、二〇〇九年)。

[18] 東京都でも、二〇〇八年度から全日制進学率が九割を割り込んでいる。綿貫公平「中学校からの視点で高校入試を考える——格差を助長し「すみわけ社会」をつくる高校教育でよいか」小池由美子編著『新しい高校教育をつくる——高校生のためにできること』(新日本出版社、二〇一四年)一三六頁所収。ただし大阪府については私学無償化政策によって二〇〇九年を底に進学率が回復基調にある。詳しくは与田徹「「高校で学ぶ権利」の保障——大阪の私学助成、授業料無償化政策を考える」(教育科学研究会編・中田康彦・佐貫浩・佐藤広美編著『大阪——「教育改革」が問う教育と民主主義』(かもがわ出版、二〇一二年)所収)。

[19] 吉川徹『学歴分断社会』(ちくま新書、二〇〇九年)。

[20] 阿部彩『子どもの貧困——日本の不公平を考える』(岩波新書、二〇〇八年)。

[21] 厚生労働省が二〇一二年に実施した「ホームレスの実態に関する全国調査」によれば、調査対象となった全国のホームレスの五〇%が中卒者であり、人口構成比から比べても著しく高い。(厚生労働省「ホームレスの実態に関する全国調査(生活実態調査)の結果(詳細版)」(二〇一二年)七九頁)。

[22] 若年女性を対象としたパネル調査の結果、中卒者の三人に二人が貧困経験があり、しかもその半数は調査期間中(一九九四~二〇〇二年)ずっと貧困線以下の生活水準にあったことが明らかとなった。(岩田正美『現代の貧困——ワーキングプア/ホームレス/生活保護』(ちくま新書、二〇〇七年)八九頁)。

[23] 二〇〇二年の調査において、中卒(以下)の男性の二一・七%、女性の五〇・二%がフリーターであった。これは、男性全体で九・三%、女性全体で二一・九%という割合と比べて明らかに高い。(小杉礼子・堀有喜衣『若者の包括的な移行支援に関する予備的検討』(労働政策研究・研修機構、二〇〇六年)四頁)。

[24] 阿部彩『弱者の居場所がない社会——貧困・格差と社会的包摂』(講談社現代新書、二〇一一年)。

[25] 湯浅誠『反貧困——「すべり台社会」からの脱出』(岩波新書、二〇〇八年)。

[26] 今井勝人「ナショナル・ミニマムについて考える——第二次世界大戦後の高等学校教育の場合」『経済學研究』七〇(四

／五）（二〇〇四年）。

[27] 公立高校生一人につき、授業料の平均額である一一万八八〇〇円を支給し、私立高校生にも同額が支給される（ただし年収に応じて最大二三万九六〇〇円まで加算される）というもの。

[28] ただし、定時制は一四〇〇人減少し、全日制が四八〇〇人増えている。

[29] 日本政府は、同時に、高等教育の無償化についても、留保を撤回している。大学の無償化については、高等教育研究者の間でも強く主張されているが（たとえば、矢野眞和『「習慣病」になったニッポンの大学――一八歳主義・卒業主義・親負担主義からの解放』（日本図書センター、二〇一一年））、高校無償化が徹底しない現状にあって、大学の無償化が先行されることは考えにくい。

[30] もちろん、高校に入学しても卒業できずに中退してしまえば同じことかもしれない。しかし本書では、高校進学機会に焦点を当てるため、高校中退の問題は考察の対象からは外すことにする。

[31] 鈴木隆祐『名門高校人脈』（光文社新書、二〇〇五年）。

[32] たとえば、中村忠一『全国高校格付け――二〇〇〇年版』（東洋経済新報社、一九九九年）。

[33] 斎藤貴男『人間選別工場――新たな高校格差社会』（同時代社、二〇〇五年）一六頁。

[34] 苅谷剛彦によれば、義務教育段階では、財政を地方にまで振り分けていくことによって、どこの地域に住んでいても平等な教育を受けられることが目指された。そして、戦後当初には存在していた児童生徒一人あたりの教育費や教員一人あたりの児童生徒数の大きな差が、五〇～六〇年代の政策によって平等化された（苅谷剛彦『教育と平等――大衆教育社会はいかに生成したか』（中公新書、二〇〇九年））。また相澤真一は、教育運動によって、この平等化がサポートされてきたことを明らかにしている（相澤真一「戦後教育における学習可能性をめぐる言論の変容過程――新制中学校の黎明期から一九六〇年代までの教育運動を中心とした歴史社会学的研究」東京大学教育学研究科、課程博士論文、二〇〇九年）。

[35] たとえば、リチャード・オルドリッチ（松塚俊三・安原義仁監訳）『イギリスの教育――歴史との対話』（玉川大学出版部、一九九六年＝訳書二〇〇一年）、望田研吾『現代イギリスの中等教育改革の研究』（九州大学出版会、一九九六年）一八一－二一六頁。

[36] アメリカにおけるハイスクールと教育拡大については、苅谷剛彦『教育の世紀――学び、教える思想』（弘文堂、二〇〇四年）を参照。

[37] J・E・クーンズ、S・D・シュガーマン（白石裕監訳）『学校の選択』（玉川大学出版部、一九七八年＝訳書一九九八年）、ジョン・E・チャブ、テリー・E・モー（内藤隆史訳）「政治・市場・学校組織」住田正樹・秋永雄一・吉本圭一編訳『教育社会学――第三のソリューション』（九州大学出版会、一九九六年＝訳書二〇〇五年）。

[38] とくにアジア地域では、私学セクターが中等教育において占める割合が高い点からも注目される。Tan, Jee-Peng & Mingat, Alain, *Education in Asia: A Comparative Study of Cost and Financing*, The World Bank, 1991, pp. 12-25.

[39] これらのデータの使用にあたっては、二〇〇五年SSM調査研究会の許可を得た。分析は、研究会メンバーである香川と相澤が行なった。

# 第1章

# 新制高等学校黎明期から見る高校教育機会の提供構造

本章からは、いよいよ具体的に「高校教育機会の提供構造」についての検証を進めながら、〈高卒当然社会〉がどのようにしてできあがったかを描き出す作業に入る。そこに通底するキーワードは「地域性」と「公立／私立」である。

まずは「高校」という制度について、第1節で確認していく。制度としての高校は一九四八年に新たにスタートを切る。そこで埋め込まれたしくみが、その後の高校のあり方に大きな影響を及ぼすことになったのである。

日本全体では、高校生の七割が公立高校に、三割が私立高校に通っており、その比率は一九七〇年代から大きく変化していない。しかし、この公私の比率は都道府県ごとに大きく開きがある。このことに象徴されるように、高校をどのように設置して、公私がどのように生徒を受け入れるかは、各都道府県に委ねられている。第2節ではこうしたことについて確認しながら、高校教育機会の提供構造における地域性について検討する。この地域的多様性は、ある教育観によって支えられていた。これを明らかにするのが第

3節である。

こうした作業を通して本章では、日本の高校の歴史的・制度的な性格と、高校教育機会の提供構造における基本的な特徴を示す。

## 1 全国一律の「高校」という制度

### 新制高等学校の発足

新制高等学校は、一九四八年、新制中学校発足に一年遅れてスタートし、三年間かけて移行が完成した。公立高校については、都道府県が主体となって戦前の中等学校（中学校・高等女学校・実業学校）から移行する形で進められた。市町村によって一から立ち上げられた新制中学校設置の混乱ぶりと比較すると、新制高校への移行は施設の面でも教員確保の面でも、比較的スムーズに進んだといわれている。[1]

新制高等学校は、旧制の中等学校（旧制中学校、高等女学校、実業学校）を母体としながらも、青年学校や各種学校といった中等教育外の教育機関も抱え込んだ制度として出発した。戦前の中等教育は、中学校・高等女学校・実業学校などの系列と、大衆青年が学ぶ実業補習学校・青年訓練所（後の青年学校）の系列に大別されるが、山岸治男の研究で示されたように国民の多数が学んだのは後者の方であった。そしてこれらの学校は、事実上地元の町村が費用負担し、中学校や小学校などに間借りしながら、定時制分校として引き継がれることになった。[2] また、旧制夜間中学校も、夜間定時制課程として継承され、夜間課程のみの独立校として再出発した学校もあれば、全日制高校に併置されたものもあった。私立高校も多くが戦前の中等学校を受け継ぐ形で発足したが、新学制を機に各種学校から高校への昇格を果たした学校も少なくなかった。そうした学校の大部分は、元は小規模な私塾や裁縫学校であり、設備も十分ではなかった。

国の側では、高等学校施設の諸々の不備を積極的に是正しようとしたわけではなかった。むしろ、文部省としては、高等学校の設置はあくまで地方の問題であり、地方財政に任せるという立場をとってきた。たとえば、当時の瀧尾弘吉文部大臣は国会で「あくまでもこれは地方、まあ県庁と申しますか、地方の方の当局と、それから教育委員会の当局と、これがお互いに良識をもって協調して進んでいくべきではないかと考えております[3]」と答弁している。文部省のこの立場は、私立学校の設置についても同様で、国としての関与は、一九四九年に私立学校法を制定して設置・運営の基準を定めたところまでにとどまった。このような国の姿勢は、その後の高校教育機会の提供構造を考える上では重要である。

### 地方に任された「高校三原則」の実施

新制高校の設置には、当時の占領軍の意向が強く反映された。いわゆる「高校三原則」(共学・総合制・小学区制)の実施の要請がそれである。共学化、総合制化を推し進めるため、旧制中等学校の統廃合が進められ、旧制中学校(男子校)と旧制高等女学校(女子校)とを統合させたり、さらに旧制実業学校も含めた統合再編が、各地で行なわれた。一方で、私立高校は、戦後に獲得した「私学の教育の自由」によって三原則の制約を受けず、多くが男女別学として出発した[4]。私立高等女学校や私立実業学校のみならず、裁縫や技芸を教授していた私塾なども含め、戦前の女子教育に携わっていた教育機関が、新制高校として認可を受けて再出発し、男女別学志向の受け皿として位置づけられた。

ただしGHQの担当者の取り組み方に温度差があったことや、国からの都道府県への関与が低かったことが相まって、高校三原則をどこまで厳格に実施するかには、結果的に都道府県ごとのばらつきを生じさせた。これがその後の公立高校のあり方に影響を及ぼすこととなった。特に全国的にばらつきが見られたのは学区制の進め方であった。たとえば、一九五五年、文部省初等中等教育局長であった緒方信一は、愛知県の学区制が国会の答弁に上がった折には、「最初からどうしても小学区でなくてはならぬということを私ども文部省としては申したことはないように存じております。率直に申しまして、これは当時の軍政部の指導によってある地方では割合大きな学区制がとられたようでございますし、ある地方では小学区制がとられた、これが実情のように思います」[5]という答弁を行なっている。このように、基本的にはGHQの指導がどの程度あったかに応じて、小学区制、大学区制の地域に分かれていった。このことは、結果として、高校教育の提供構造の地域性を強めていく結果となった。この各都道府県の具体的な違いについては本書でも第4章で扱う。

## 2　高校教育提供構造の地域性

### 縮小していく都道府県別高校進学率の格差

以上の通り、新制高等学校は、全国一律の制度として、同時に成立した。しかしながら、どのように高校を設置するかについては、都道府県に一任されてきた。日本全体における高校教育の普及過程には、次の二つのポイントが挙げられる。第一は、高校進学率の都道府県間格差の縮小である。第二に挙げられるのが、公立高校とともに供給主体となった私立高校の全国的な広がりである。

第一のポイントの確認として、図の1－1を見てみよう。この図は、中卒後進学率（≒高校進学率）と高卒後進学率（≒高等教育（短大・大学）への進学率）の都道府県間のばらつきを示したものである。そ

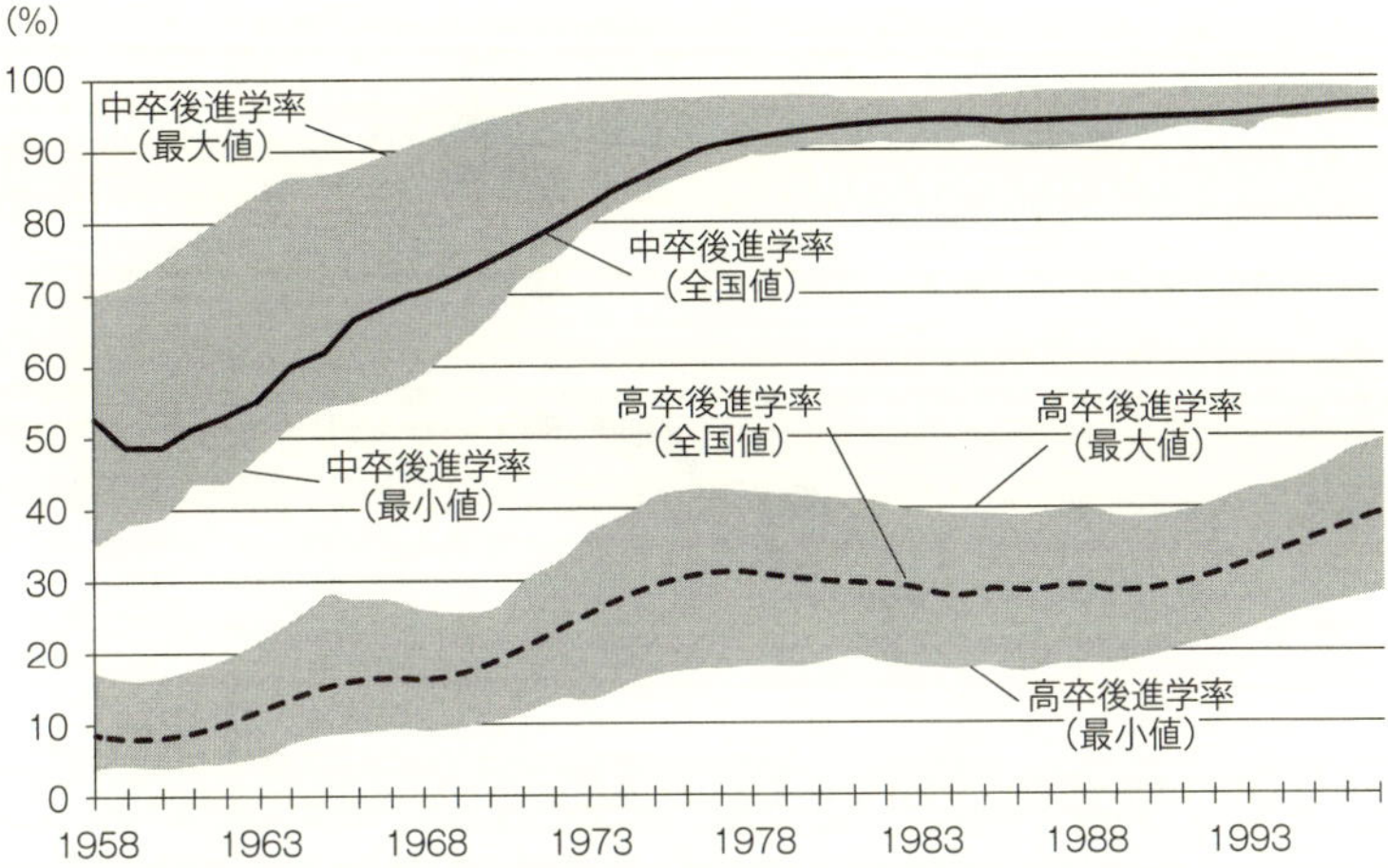


**図1-1　中卒後、高卒後進学率の推移**　出所：『学校基本調査』

れぞれ中心の太線が全国で見た場合の進学率であり、最大値と最小値を取っている都道府県の値を上限、下限とした幅によって進学率の分散の大きさを示している。つまり、この網掛けされた部分に、すべての都道府県の進学率のグラフが含まれることを意味している。

図1－1から明らかなように、全国値を見ることと、都道府県ごとの値を見ることとには、大きな違いがある。中卒後進学率は、一九五八年時点で、最も低い宮崎県では三五％、最も高い東京都では七〇％と大きな開きがあったにもかかわらず、八〇年代にはすべての都道府県で九〇％台に収斂してきている[6]。この特徴は、高卒後の高等教育への進学率との違いを見るとはっきりとしてくる。高等教育への進学率は、都道府県間の格差を維持したまま、九〇年代後半まで推移してきた。このように、日本の戦後の高校の教育拡大は、大きな地域的差異を抱いた状態で開始し、進学率上昇過程において、全国どこにいてもほぼすべての生徒が、高校に通える状態が成立してきたのである。

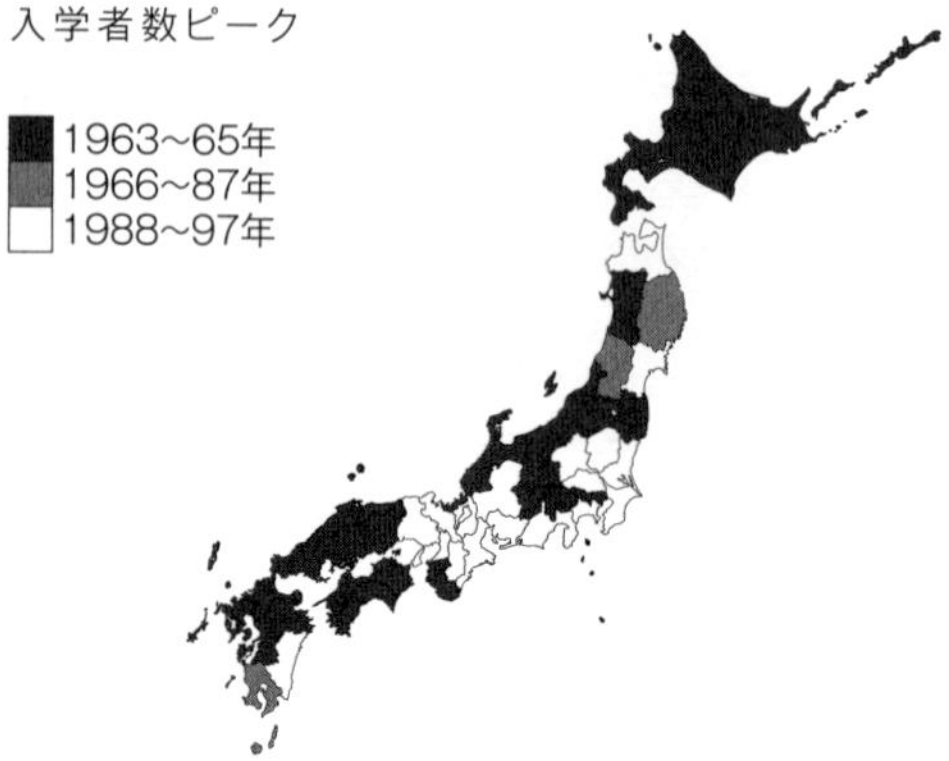


**図1-2　入学者数ピークをむかえた年（高校全体）**　出所：『学校基本調査』

## 「全入状態」へと高校収容能力を変化させた第一次ベビーブーマー

当初、都道府県間で大きな進学率の差異があったにもかかわらず、現在では、多くの人々にとって「希望すればほぼ確実にどこかの高校に行ける」という全入状態が確保されているのは、なぜだろうか。その答えとして、戦後の日本社会では、すべての都道府県で、できるだけ希望する高校に生徒を進学させようとする中学校側の動きと、高校進学希望者を最後にはどこかの学校が受け入れようとする高校側の動きとが噛み合わせられてきたこと、そして、高校側にも十分な生徒収容能力が備わっていることが挙げられる。

では、このような〈高卒当然社会〉到来の転機はいつに求められるのだろうか。先行研究によれば、[7]それは高校学齢人口の急増期であったことがわかっている。図1－2は、各都道府県において高校入学者数がピークになった時点を示している（沖縄県を除く）。この図によると、四六都道府県のうち二五の都道府県では、高校入学者数のピークが一九六三年から六五年の間にあったことがわかる。全国レベルのデータでみれば、高校に通う生徒数が多かったのは、第二次ベビーブーム世代が通過した一九八九年であった（五六四万人）。しかし、このピークは、高度成長期に人口が流入した大都市圏に特徴的に表れたものであり、必ずしも全国的なものではなかった。これに対して、第一次ベビーブーム世代の通過に伴う一九六五年のピーク（五〇七万人）は、全国的な傾向として起きたものであり、日本中が急増対応に追われたできごとであった。全世代を通して現在最も人口の多い第一次ベビーブーマー（一九四七〜四九年生まれ）が高等学校を通過したことは、〈高卒当然社会〉が成立する上で決定的な契機となった。

図1－2で示される状況を単純にとらえれば、全国の半分以上の地域では、この時期に確保された学校施設によって、追加的な設備投資をしなくても、その後生徒が減る中で、進学率の上昇を可能にするような受け皿がすでに用意されたと考えられる。その結果、一九五五年時点で五一・五％に過ぎなかった高校進学率は、一九七四年には九〇％を超えるようになった。高校は、わずか二〇年の間に、同年齢集団の半数しか行かないものから、ほぼ全員が行くようなものへと変貌をとげた。そして、この教育拡大の時期を経る中で、日本社会全体において、高校教育機会を提供する構造が出来上がっていった。

## 見逃せない私立高校の役割

高校教育の普及過程の第二のポイントとしても掲げたように、この進学率の拡大過程における都道府県間の進学率格差の縮小過程において、私立高校が果たした役割は見逃せない。「公教育」としての学校教育の供給主体は必ずしも「公立高校」であるとは限らない。日本においては長らく、私立高校がおよそ三割の中学卒業生を受け入れ続けてきており、無視できないウェイトを占めてきた。それは図1－3の全国値のラインを見ると分かる。

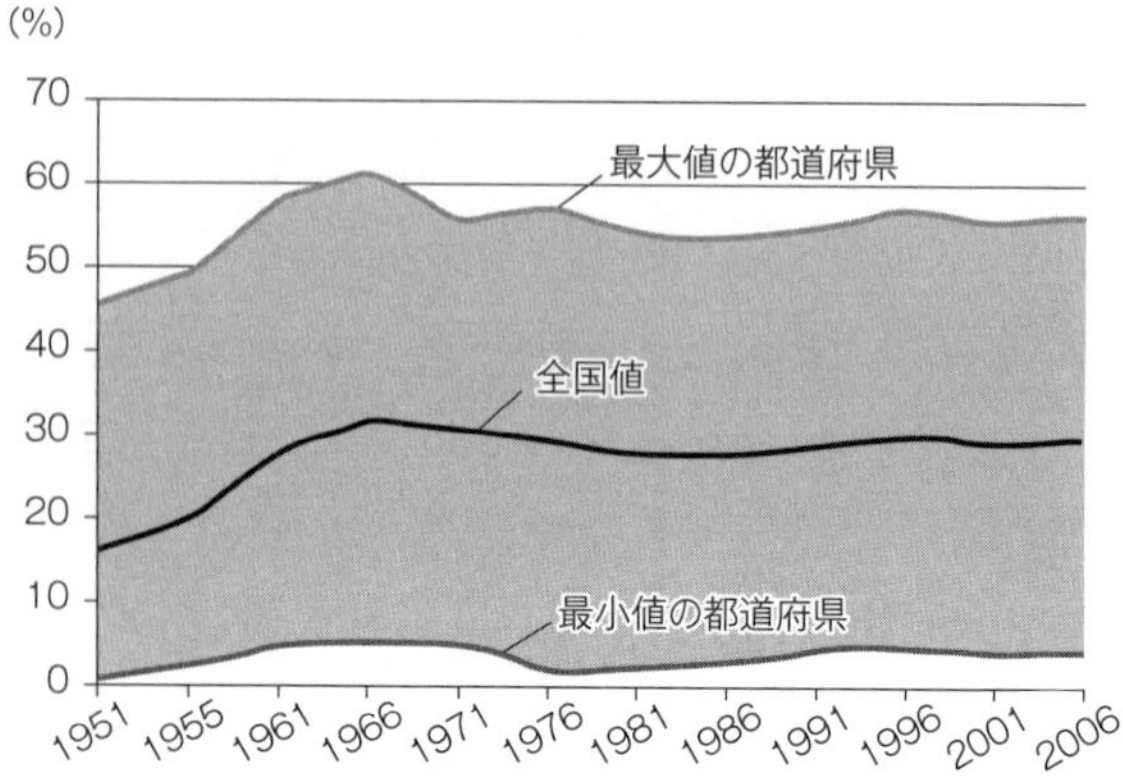


図1-3　高校入学者私学率の推移　出所：『学校基本調査』

図1－3から分かるもう一つのことは、公立高校と私立高校の関係もまた都道府県ごとに異なっているということである。最大値をとる東京都のように高校生の半分以上が私立高校に在籍するところから、徳島県のように九五%以上が公立高校に通っているところまで、比率において大きな開きがある。よって、「エリートのための特権的な」私立高校だけではなく、公立高校の「すべり止め」「受け皿」としての私立高校も多数存在している。私立高校の存在は〈高卒当然社会〉の成立にとって大変重要な役割を果たしてきた[8]。

### 高校教育機会の提供構造とは比率の構造である

こうして、新制高校には、異なる設置者と異なる財政基盤に基いて運営される公立高校と私立高校とが、各都道府県それぞれの事情に応じて併存し、独自のバランスと多様性を生み出した。すなわち、都道府県レベルでどのような形で高校教育機会が提供されるかについて、地域性が確立していくこととなったのである。この地域性は安定的な比率として観察可能となっている。公立高校と私立高校という両者が、どのような比率で高校進学者を受け入れるかという値がそれである。図1－3に示されるように、私学率は、全国値では一九六〇年代からほぼ三割で安定的に推移してきた。加えて、高校進学率はどの都道府県でも九割を超えるところへ収斂してきたにもかかわらず、私学率については収斂することなく、大きな分散を維持したまま現在にいたっている。この安定的な比率の構造こそが、〈高卒当然社会〉を支える高校教育機会の提供構造なのである。

以上をふまえると、次のことが指摘できる。まず、第一次ベビーブーマーが高校教育を通過した一九六〇年代前半に、各都道府県における高校教育の提供構造の原型が形づくられたと捉えられることである。そして、高校教育が全国的に普遍化していくプロセスは地域によって違いがあり、公私の量的比率や高校間のヒエラルキーによって特徴づけられる高校教育の提供構造も各都道府県によって異なっていることである。

本書では、この高校教育機会を提供する構造の成立とゆらぎについて、特に、都道府県間の違いを、公立高校、私立高校の動きに注目しながら検討する。

## 3　高校教育における教育機会の平等とは——学区制の議論から

### 高校の学区制に込められた後期中等教育の平等観

本節では、さらにこの高校教育機会の地域性を支えてきた日本の平等観を、学区制をめぐる議論を事例として検討する。繰り返し述べてきているように、高等学校という制度自体は全国一律のものでありながら、そのあり方は都道府県でしばしば異なっている。その違いを生み出す要因の一つに学区制が挙げられる。もちろん、高校をめぐる教育行政が基本的に都道府県レベルの事項であるという国の立場は、学区制をめぐる議論においても見受けられる。

たとえば、前述した緒方初等中等教育局長は、学区の変更について「教育の機会均等をはかるためにいろいろな努力が必要だと考えるのでありますけれども、（中略）これをいかようにきめていくかということにつきましては、これは法律の条文の規定から申しましても、県の教育委員会の権限になっておるわけでございます」[9]と、文部省としては都道府県に決定を委ねる立場を示している。このように、一九五〇年代には、学区をめぐる問題は各都道府県レベルで実情に即して判断されるべきことであるという姿勢を、文部省は一貫して示している。

この学区制の議論には、高校教育でどのような形で機会均等が実現されていくべきと考えられてきたのかという論点に対する国政での認識が極めて明瞭に表れる。一九四八年に「小学区制・総合制・男女共学」という高校三原則に則って新制高校が発足した。その二年後には、小平久雄衆議院議員は、「従来恵まれなかつた地方におきましては、高等学校の設備が非常に貧弱であつて、しかもその通学区域の生徒は、何でもかんでもその高等学校に通わなければならぬというようなことでありまして、いわゆる教育の機会均等という点からしましても、非常に不便を来しておる」、「根本的に申して、どうもわれわれは間違つておるのじやないか」[10]という質問を提出している。これは、小学区制のもとでは、住んでいる場所によって通える高校が決まってしまうにもかかわらず、不幸にして設備が不十分な高校に通わざるを得ない生徒たちには機会均等が保障されていないのではないかという疑義の表明であった。

### 学区制の「弊害」に対する批判

一九五〇年代においては、このような機会均等をめぐる学区制の弊害が幾度となく批判の対象となっている。その一例を挙げると、小林武治参議院議員は、次のように批判する。

今の学区制の問題ですが、私もおよそ終戦後これぐらい個人の自由を制限している制度はないと思つているのですね。機会均等というのは、行きたい所へ行くのが機会均等じやないか、実際にこれくらい窮屈なものはない。地方では不便を感じておる。私は思い切つて学区制というものは廃止すべきものであるというふうに思つておるので、これを廃止しましても別段これはそう弊害はない。大体その学校へ近所の子が行くにきまつているのですから、それで却つて一部の人の希望を極端に制限する、こういう結果に陥つているので、若しこれは法律上の根拠があるかも知れんが、あつたならば私はむしろこれは廃止すべきだというふうに思うのだが、(中略)重ねて私は一つ文部省再考を促したいと思う。[11]

また同じ分科会で、高橋衛議員も、学区制の欠陥を早急に見直し、青少年を救済するべきと申し立てている。

最近は高等学校の学区制というものは、大体小都市と、それから農村、相当大きな区域の農村を含んでいるというのがその実情であると思うのでありますが、ところがその教育の内容はどつちかと申しますと、これは或いは語弊があるかも知れませんけれども、そこに勤めておられるところの先生方の興味によつてきめられるというふうな傾向も相当にある。而もそれはどつちかと申しますと、非常に都会的な傾向を持つておるという感じがするのであります、言い換えれば、昔の場合におきましては、県に一つあるところの農林学校にどんどん行ける。又は工業に行きたい人は工業高等学校に行ける。染色を中心にした学校にも行ける。又その時分の高等学校には、農業を中心にした学校に行きたい者は、それぞれその特色を持つて、父兄が、自分が選びたいところの学校を選ぶことができるということになつておつたわけなんでありますが、現在においてはなかなかそれが画一的になってうまく行かない。その点が非常に大きな欠陥であると思うのであります。[12]

これらの発言から見て取れる「教育の機会均等」の考え方は、戦後の高等学校がたどった経緯を考えていく上で重要である。義務教育段階では、財政を地方にまで振り分けていくことによって、どこの地域に住んでいても平等な教育を受けられることが目指されてきた。[13] それに対して、一五歳以上の生徒が通う高等学校では、個々人が「行きたい所へ行くのが機会均等」であり、それを制限する学区制は「窮屈」「欠陥」であると考えられてきた。その後、「機会均等」の主張に基づく学区制への批判が高まり、地方において学区制を見直す方向での動きが顕在化してくると、先に見た緒方初等中等教育局長の発言のように文部省もこれを追認していく姿勢を打ち出す。そして、その見直しの方針については、文部省はあくまで地方が決めることであるという態度を崩さなかったため、各都道府県でそれぞれに特徴的な学区制が敷かれることとなった。

## 「学区制」批判の背後にあった当時の大きな進学率の格差

もちろん、一九五〇年代の「行きたい所へ行くのが機会均等」という機会均等観は、当時の高等学校施設の学校差が大きく、貧弱な学校も多かったことに由来する。それに加えて通学圏内に高校がないという物理的制約が当時の中学卒業者たちの高校教育を受ける機会を妨げていたことがすでに当時の調査資料に示されている。たとえば、一九五一年の神奈川県の中卒者に対する悉皆調査を行なった東京大学の社会科学研究所の報告『日本労働市場分析』では、男子中学生徒数に対する男子高校生徒数の比率を求め「市部で約五六・四％、郡部で約二二・二％を示し、前者は後者の二・五倍以上に達している」ことを示している。[14]そして、著者たちは「農村にも職業課程、なかんずく、商・工業課程進学希望者が少なくないが、この人たちは、近隣にその希望を充たす機会をみいだすことはむずかしく、都市地域にその機会を求めなければならない。これは、遠方への通学を辞さないか、下宿する不便を甘受しなければならないことを意味する」[15]ことを指摘している。すなわち、当時は学区内に進学機会を求めることが難しいこともしばしばあり、また、市部と郡部で歴然たる進学率の差があることも当事者たちにとって、当然のことであった。

他方、一九五一年当時、すでに高校教育拡大に向けた確かな動きが見られた。先に示した調査分析を踏まえた結果、『日本労働市場分析』の著者たちは次のように主張している。

> 中学校卒業時によい就職機会を得るのに困難な農村地域では、さらに高校へ進学することによって、無理しても新たな就職の機会を得ようとする希望がおきてくる。さもなければ、潜在的失業状態としての非就職に落ち込むか、劣悪労働条件の勤め口への就職を甘受するかいずれかをえらばざるを得ない。われわれは、ある山間の農村において、自らは貧しいながらも、その子弟をなんとか進学させたいという強い希望のある事実を知っている。[16]

このように、一九五〇年代初頭には、すでに「高校に行きたい」という進学希望が少なからずみられたのに対して、なかなか教育機会を提供できていない社会状況があった。この状況は次章以降で見ていくように、第一次ベビーブーマーが高校を通過しようとするときに、さらに顕著な動きとなっていく。

## 第1章のまとめ

本章では、占領期の教育改革によって生まれた新制高校はどのような特徴を備えていたかを概観してきた。まず、新制高校は旧制の中等学校から移行する形で発足した。また、戦前の私塾・裁縫学校・青年学校という教育機関の中にも戦後に高校として再出発したものがあった。いわゆる「高校三原則」による共学化や総合制実施の過程で旧制中等学校の再編が行なわれた。ここで公立高校は共学が原則となったことで、私立高校が別学志向の受け皿となった。新制高校の設置は都道府県が対処すべき問題として国からは位置づけられ、GHQ担当者ごとの温度差の影響も反映して、新制高校という制度はその内部に、大きな多様性と地域性をはらんで出発したのであった。そして、公立と私立、あるいは普通科と職業科といった比率が、その後の教育拡大の過程で定着し、地域性を備えた構造として定着していった。本書ではその時期を、第一次ベビーブーム世代が通過した一九六〇年代に求める。

次章ではこの点を掘り下げて、一九六〇年代の高校教育機会の提供構造にいったい何が起きていたのかを検証する。

### 注

[1] 陣内靖彦「高校教師の質的変化」(門脇厚司・飯田浩之編『高等学校の社会史――新制高校の〈予期せぬ帰結〉』東信堂、一九九二年所収)。

［2］山岸治男『農村における後期中等教育の展開――新制高等学校分校制度を中心に』（学術出版会、二〇〇九年）。

［3］一九五七年二月二二日、参議院文教委員会。

［4］新制高校発足時には、戦前からの流れを継承して、私立高校の多くが別学としてスタートした。中には共学化したり、戦後新たに開校した私立高校の中にも共学校が多くあったが、それでも一九六〇年の段階で、全国の私立高校の五割が女子校（五〇五校）、二割強が男子校（二二二校）であり、共学は三割弱（二七九校）でしかなかった（『学校基本調査』、本校のみの数値）。公立高校では、共学が二一八七校と九割弱を占め、男子校が一七七校、女子校が一四〇校でしかなかったことと比べると、私学の別学比率の高さが際立っている。なお、私立高校でも一九九〇年代に入ると、生徒減少期に備えての共学化が一気に進んだ。

［5］一九五五年一一月二九日、衆議院文教委員会。

［6］このことから、日本においては「最終的に、高校教育までは地域格差がない形で量的に供給することが可能となった」ということもできる。この供給拡大についての先行研究は少なくない（たとえば、門脇・飯田編前掲『高等学校の社会史――新制高校の〈予期せぬ帰結〉』、小川洋『なぜ公立高校はダメになったのか――教育崩壊の真実』亜紀書房、二〇〇〇年、苅谷剛彦『階層化日本と教育危機――不平等再生産から意欲格差社会へ』有信堂、二〇〇一年）。しかし、その供給方法における地域の多様性や共通性については、ある一地域をとりあげた優れたケーススタディはあるものの（たとえば、小山静子他編『戦後公教育の成立――京都における中等教育』世織書房、二〇〇五年）、総体として、これまで注目を集めることはなかった。

［7］たとえば、第一次ベビーブーマーの参入による高校進学状況の変化については門脇・飯田編同上書、第二次ベビーブーマーの参入による首都圏を中心とした高校進学状況の変化については小川洋同上書が挙げられる。

［8］苅谷剛彦『大衆教育社会のゆくえ――学歴主義と平等神話の戦後史』（中公新書、一九九五年）の見解とは異なる。

［9］一九五五年一一月二九日、衆議院文教委員会。

［10］一九五〇年二月一五日、衆議院予算委員会。

［11］一九五四年三月二四日、参議院予算委員会第三分科会。

［12］一九五四年三月二四日、参議院予算委員会第三分科会。

［13］苅谷剛彦『教育と平等――大衆教育社会はいかに生成したか』（中公新書、二〇〇九年）。

［14］氏原正治郎・高梨昌『日本労働市場分析　上』（東京大学出版会、一九七一年）二三五頁。

〔15〕同上書二三七－八頁。
〔16〕同上書二三八頁。

第**2**章

# 一九六〇年代の高校教育拡大は何をもたらしたのか

前章で見てきたように、戦後日本の高校教育機会についてのターニングポイントは一九六〇年代にあった。とりわけ、一九六三年から六五年までの第一次ベビーブーム世代の通過にともなう高校生急増期をどのようにして乗り切ったかが、その後の構造に大きく影響した。本章では、一九六〇年代の高校教育拡大によって全国的に起きた変化について検証を進めていく。

第2節では、高校進学者の急増は「高卒」という学歴の持つ意味を大きく変えたということを明らかにするために、大規模社会調査のデータの分析を行なっている。五〇〇〇人以上を対象としたアンケート調査から取り出したデータに基づいて、グラフや図表を多用しつつ、かなり専門的な議論を行なうので、こうした議論を初めて目にして戸惑う方もいらっしゃることだろう。このような議論は、教育社会学の中でも計量分析という手法であり、証拠に基づいた政策論争を意味あるものとするためには欠かせない手法である。分析のプロセスは読み飛ばすことになっても、ぜひ雰囲気だけでも味わっていただければと思う。

# 1　第一次ベビーブーマーの高校進学が与えたインパクト

## 一九六〇年代の高校進学は厳しかった

高校進学率が上昇を続けていた一九六〇年代、それは高校受験がとても厳しい時代であった。同時代のルポルタージュ、新聞記事などを開けば、当時の試験の過酷さがリアリティを持って語られている。たとえば、東京タイムズ社会部が編集した当時の都立高校受験のルポルタージュである『進学戦争』は次のような冒頭で始まる。

昭和三十八年度の高校進学は、史上最高の激戦だといわれた。いうまでもなく、この春の中学卒業生が全国で二百五十一万人を数えて、前年と比較した場合、一挙に五十四万人もふえ、おまけに進学を志望する率がグンと高くなったからだ。

その理由としては、終戦直後の昭和二十二年から二十三年にかけての、いわゆるベビーブームがあげられる。[1]

このような進学状況の厳しさは、全国に共通するものであった。一九六五年に毎日新聞の連載コラム「教育の森」から編まれた新書の第一巻のタイトルは『進学のあらし』であった。ここでは中学校の授業が高校入試に染まった様子であることが熊本県の二年生の女子と滋賀県の三年生の男子の作文から紹介されている。[2]当時の高校入試とは、国民を支配する一大関心事であった。これに対して、どのような政策が取られたのであろうか。

### 高校生急増対策への国の関与

すでに第1章で示したように、高校教育は都道府県の管轄事項であり、国としては積極的に関知しないという姿勢があった。しかしながら、第一次ベビーブーマーの通過にともなう高校生急増問題への対応をまったくしないわけにはいかなかった。次の議論にある通り、文部省としては、第一次ベビーブーマーが入学する二年前から、一割程度の「すし詰め」で二七万人、一割程度の学級数増で二七万人、そして高校の新設によって一五万人の合計約七〇万人の収容増を、公立高校全体で見据えていた。内藤誉三郎初等中等教育局長の答弁を見てみよう。

小学校、中学校の急増の場合にはすし詰めをごしんぼう願ったわけですから、高等学校の場合でも一割程度のすし詰めばごしんぼう願いたい。その数が、五十人の定員のところが五十五でございますが、この程度は私どもは可能であろうと考えております。これによるものが二十七万程度でございます。それから既設の学校に一割程度の学級増加を行ないますと、これでやはり二十七万程度が収容できるわけであります。それから合わせて五十四、五万のものが解決するわけでございます。それから新設につきましては、一学年五万で、三学年で十五万という数字で、今地方に呼びかけをしているわけです。[3]

当時の荒木萬壽夫文部大臣も、高等学校については、都道府県が設置者として主たる責任の立場にあるという立場を示したうえで、「経済界の人材需要の面も考え合わせまして、工業高等学校の新設分につきましては増設を相当考慮すべきであろうというので、二百校のうち六割ぐらいを工業高等学校として新設をしたい、その残りは一般の普通高等学校で新設をしていきたい、そういう三十六年度予算を通じまして三十八年度を目ざして、予算措置も一応のことをやっておるような次第でございます[4]」という形で期すべき財政支出を示している。このように急増期においては、教室の「すし詰め」と並行させつつ、全国で二〇〇校の高校を新設し、既存の高校についても増設する予算措置がとられた。

## 第一次ベビーブーム世代の高校への入学

このような発言がみられる一方、政府側の発言には楽観的なものも散見される。たとえば、文部大臣の荒木萬壽夫は、一九六一年度の入学率が九六％であることを根拠に「もうほとんど進学の希望は満たされておる[5]」と述べている。また、一九六三年一月にも野党側からの「このまま いくと、この三月は一体どうなるか、心配でなりません[6]」という質問に対して、当時の大蔵大臣であった田中角栄が「高校生急増対策に対する措置は完全である」という返答を行なっている。

事実、当時の中学卒業者の中に高校に入学できない生徒が多数生み出されていたかというと、そうではなかった。たとえば、先に紹介した『進学戦争』では、一九六〇年の八六〇名を頂点に都立高校の過年度受験者（いわゆる中学浪人）が減少したことが示されている上、ルポルタージュを続けた中学校の生徒たちが浪人することなく、どこかの高校に進学したことが示されている[7]。

このような急激な進学者の拡大は、高校が持つ意味を変えざるを得なかった。そこで、次節では、第一次ベビーブーマーの通過により、高校進学の意味がどのように変化したのかを量的な社会調査である「社会階層と社会移動（ＳＳＭ）」調査のデータを用いて明らかにする。

## 2 高校進学率の上昇は、高卒学歴の持つ意味をどう変えたのか?

### ——高卒学歴に人々が期待していたものとその裏切り

一九六〇年代は、年々、高校受験に巻き込む人を増やしていきながら、高校進学率が上昇を続けていた時代である。限られた人々が高校に進学していたそれまでとは違い誰もが高校に通う社会になると、高卒学歴の持つ意味も変わってくることは、想像に難くない。実際この時期に新規学卒者の労働市場には大きな変化が生じた。それまで多くを占めていた中卒者が激減し、高卒者との逆転が生じたのである。たとえば、教育社会学者の本田由紀は高卒就職者の作文を分析し、高学歴化が進行していくなか、中卒ブルーカラーに取ってかわった高卒ブルーカラーの人々の間に中卒、高卒学歴をめぐるさまざまな葛藤があったことを紹介している。そのうちの学歴を通じた職業的地位の獲得に関する世間の期待と実態の間の葛藤の一例を紹介しよう。

高卒の女子は、事務員になる、又事務員であるのがあたりまえのような社会の中で、現業に携わることに抵抗を感じたのは、私の虚栄心からだろうか。「どこへお勤めしてはるの」「松下電器です」「事務員さん、そりゃいいですね」「いいえ、あのう……」。これは、近所の人と私との会話であるが、この続きがどうしても言えない。「いいえ、製造しています」というこの一言がどうしてもいえない。[8]

本節では、このような高卒学歴をめぐる期待と現実の乖離がどのように当時の社会の中で生じていたのかを社会調査データを通じて見ていく。

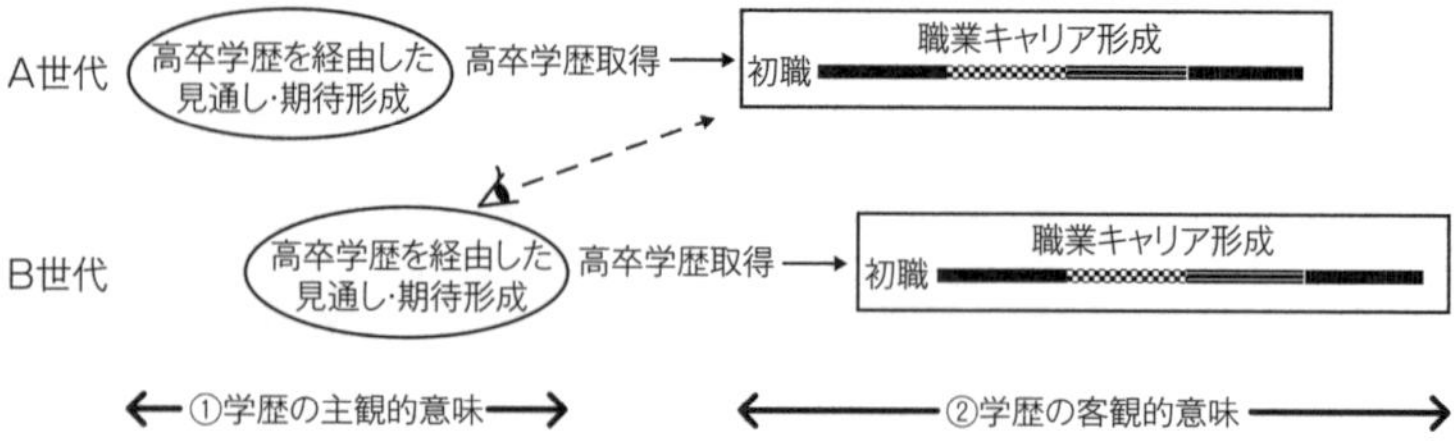


図2-1　二世代のアスピレーション

## 世代ごとの高卒学歴の見え方

当時の高卒者は、世間や自身の期待とは異なる就職状況に直面しており、高卒ブルーカラーは高卒事務職・技術職との間での葛藤を起こしながら、それらを代替していった。[9] この葛藤の背景に、「急激な高校進学者の増加に基づく高卒者によるブルーカラー労働の代替があった」とマクロ統計を示して、後世の人間が述べることは簡単である。しかし、この社会変動の真っただ中で、高校受験をしてどこかの高校に行き、高卒学歴を得て、卒業し、就職していく当事者の高校生たちにとっては、その社会変動を見通すことはたやすいことではなかったであろう。急速に高校進学者が増えていく中で、当事者は何を考えながら、どのように就職をしていったのか、これをつかむ手がかりとして、まず人々の進学や就職に関する希望に注目する。社会学の言葉で、何か具体的な目標を達成したいというその欲求のことをアスピレーションという。人々がどの程度の教育を受けたいと思っていたかという意欲や希望は進学アスピレーション、どのような職業に就くことを希望していたかという意欲や希望は職業アスピレーション、ということができる。図2−1のように仮にA世代とB世代という二つの世代を考えよう。先行するA世代でも、後に続くB世代でも「高校に行って、○○になりたい」という学歴取得に関する希望、すなわち教育アスピレーションとそれに見合った職業に対する希望、すなわち職業アスピレーションを持っている。後続のB世代の人々の希望は、往々にして先行のA世代の人々をみながら形成されるものであると考えられる。このどのような学歴を得たいのか、そして、どのような職業に就きたいのか、という希望を「学歴の主観的意味」と名づけよう。それに対して、実際に彼らが卒業後にどのような職業に就いたのか、さらにはその後、どのような職業生活を送ったのかという卒業後のキャリアを「学歴の客観的意味」と名づけよう。この学歴の主観的意味と客観的意味の両方が世代間でどのように違うのかという点から、一九六〇年代の高校教育拡大期がもたらした社会の変化を見てみよう。

この分析には、一九七五年の「社会階層と社会移動（SSM）」調査データを用いる。このデータでは、「あなたは、義務教育の最終学年の頃、将来どのような職業につきたいと思っていましたか」と職業アスピレーションを、そして「義務教育の最終学年の頃、将来どの程度の教育をうけたいと思っていましたか」と教育アスピレーションが尋ねられているからである。[10] 調査対象となったのは一九七五年に二〇歳以上の人々である。この分析から一九五五年生まれまでの変化が確認できる。

### 高まる教育への希望

当時の人々は高卒学歴を得て、どのような職業に就くことを希望していたのだろうか。この点を、教育アスピレーション、職業アスピレーション、実際に就いた最初の職業（初職）の三つの側面から検討していこう。

表2－1を見てみよう。これは、世代別の教育アスピレーションをみたものである。第一次ベビーブーマー前の一九四五年生まれまでと、第一次ベビーブーマー以降の二つの世代を比べると、希望なしが減少し、そのかわり高校までと高等教育以上が増加して、九割近い人々が高校以上の学歴を希望するようになっ

表2-1　年生コーホートと進学アスピレーション　（単位：%）

| | 希望教育段階 | | | 合計 | （人数） |
|---|---|---|---|---|---|
| | 希望なし | 高校まで | 高等教育以上 | | |
| 〜45年生 | 31.7 | 36.3 | 32.0 | 100.0 | (1122) |
| 46〜49年生 | 13.2 | 43.6 | 43.2 | 100.0 | (287) |
| 50〜55年生 | 13.2 | 41.0 | 45.8 | 100.0 | (356) |

出所：1975年 SSM データより作成

表2-2　年生コーホートと職業アスピレーション（高卒希望者のみ）　（単位：%）

| | 希望職種 | | | | | 合計 | （人数） |
|---|---|---|---|---|---|---|---|
| | 専門・技術事務 | 販売・サービス | 生産工程・労務 | 農業 | 分からない | | |
| 〜45年生 | 25.4 | 12.6 | 18.8 | 14.3 | 28.9 | 100.0 | (398) |
| 46〜49年生 | 30.9 | 13.8 | 13.0 | 13.0 | 29.3 | 100.0 | (123) |
| 50〜55年生 | 28.7 | 7.7 | 23.1 | 10.5 | 30.1 | 100.0 | (143) |

出所：1975年 SSM データより作成

ている。つまり、一九六〇年代に高校に進学した第一次ベビーブーマーの世代から、大半の人々が「少なくとも高校までは」と考えるようになってきたといえる。

人々の意識が「高校に行くのが当たり前」になっていく中、職業アスピレーションには変化があったのだろうか。表２－２は希望教育段階を高校までと回答した人のみについて希望職種の変化をみたものである。高卒希望者のみに分析を絞ることで、まさに高卒学歴を獲得して就こうと思っていた職業を取り出すことができる。世代による違いをみるとホワイトカラーに類される「専門・技術・事務」につくことを希望していた人の比率には大きな変化はない。むしろ、後半の二つの世代で高くなっていると読み取ることもできる。表２－１の結果と総合すると、高校進学率の上昇過程において、人々が受けたいと思う教育の希望は全体的な高まりを見せ、その一方で高卒学歴を通じてホワイトカラーになりたいという希望には変化がなかったことになる。

高校卒業後に待ち受ける職業構造や産業構造が大きく変動している時期であったにもかかわらず、学歴を得た末に達成にできる職業的な地位についての人々の認識は、なかなか変化しなかったのである。

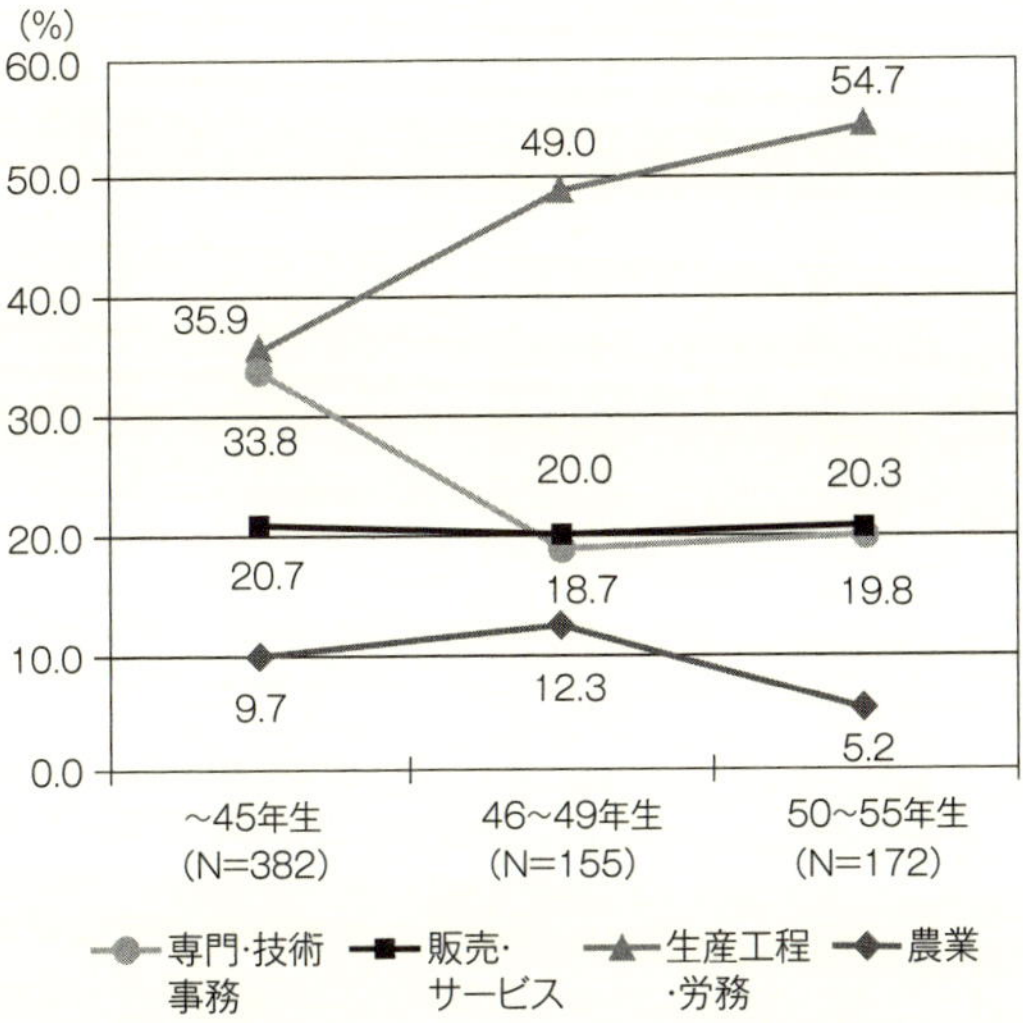


図2-2　世代別　初職の職業構成（高卒男性のみ）

出所：1975年 SSM データより作成

## 裏切られた高卒学歴

高学歴化する人々の教育希望と世代間で変わらぬ職業希望は何をもたらすだろうか。当初の見通しどおりの職業には就けず、進路転換を余儀なくされたこともしばしば生じていたかもしれない。実際に高卒者がついた職業はどのように変化したのだろうか。図２－２にみられるように、一九四六～四九年生まれより後の世代では高卒就職者の職業構成の急激な変化が生じている。注目すべきは専門・技術・事務のホワイトカラー層の減少と生産工程・労務のブルーカラー層の増加である。高校進学者の職業希望と比較すると、特にホワイトカラーで希望との乖離が明確になっている。一九四五年生まれまでホワイトカラーに就職したのは三三・八％（高卒者の希望率は四〇・一％）[11]と、希望率と就職率の間の差は七ポイント弱にとどまるが、一九四六〜四九年生まれでは一八・七％（高卒者の希望率四〇・二％）と希望率と就職率の差が大きく開き、一九五〇〜五五年生まれでは一九・八％（高卒者の希望率四三・三％）と、乖離はますます開いている。ホワイトカラー希望率には三つの世代でほとんど変化がないにもかかわらず、一九四六〜四九年生まれの世代以降、ホワイトカラーの仕事に就く人が大きく減少しているからである。一方で、希望と相違してブルーカラーに参入する者は、反対に大きく増加していた。

そのため、第一次ベビーブーマーとその直後の世代の人々は、自分自身としては希望するホワイトカラー職へのパスポートを取得したつもりで、高卒学歴を得ながらも、希望通りの初職に到達できない現実に直面した。先に見た本田の研究で示されたように、高卒就職者は、自分のそして周囲の期待とは異なる職業に就かざるを得なかったことで挫折感を抱き、その思いを増幅させていったとも考えられるのである。

## 高卒学歴取得者にその後の巻き返しはあったのか？

しかしながら、最初に就く仕事のみによって人々の職業キャリアがすべて規定されるわけでもない。そこで次に、高卒学歴取得者のその後のキャリア形成を確認していこう。高卒学歴の「その後の展開」をはかるひとつの指標として、ここでは管理職への昇進に注目し、人々の職業経歴が含まれた最新のデータセットの一つである二〇〇五年SSMデータを用いて、世代別にどの程度の人が管理職に到達できたのかの違いを見ていこう。二〇〇五年のデータを使うことで、より若い世代まで分析に含むことができる。

図2-3は、高卒男性について世代別に各年齢時点の管理職比率を示したものである。[12]一九四六〜四九年生まれの世代では、二〇歳代後半から三〇歳代にかけての管理職への昇進スピードがゆるやかになっ

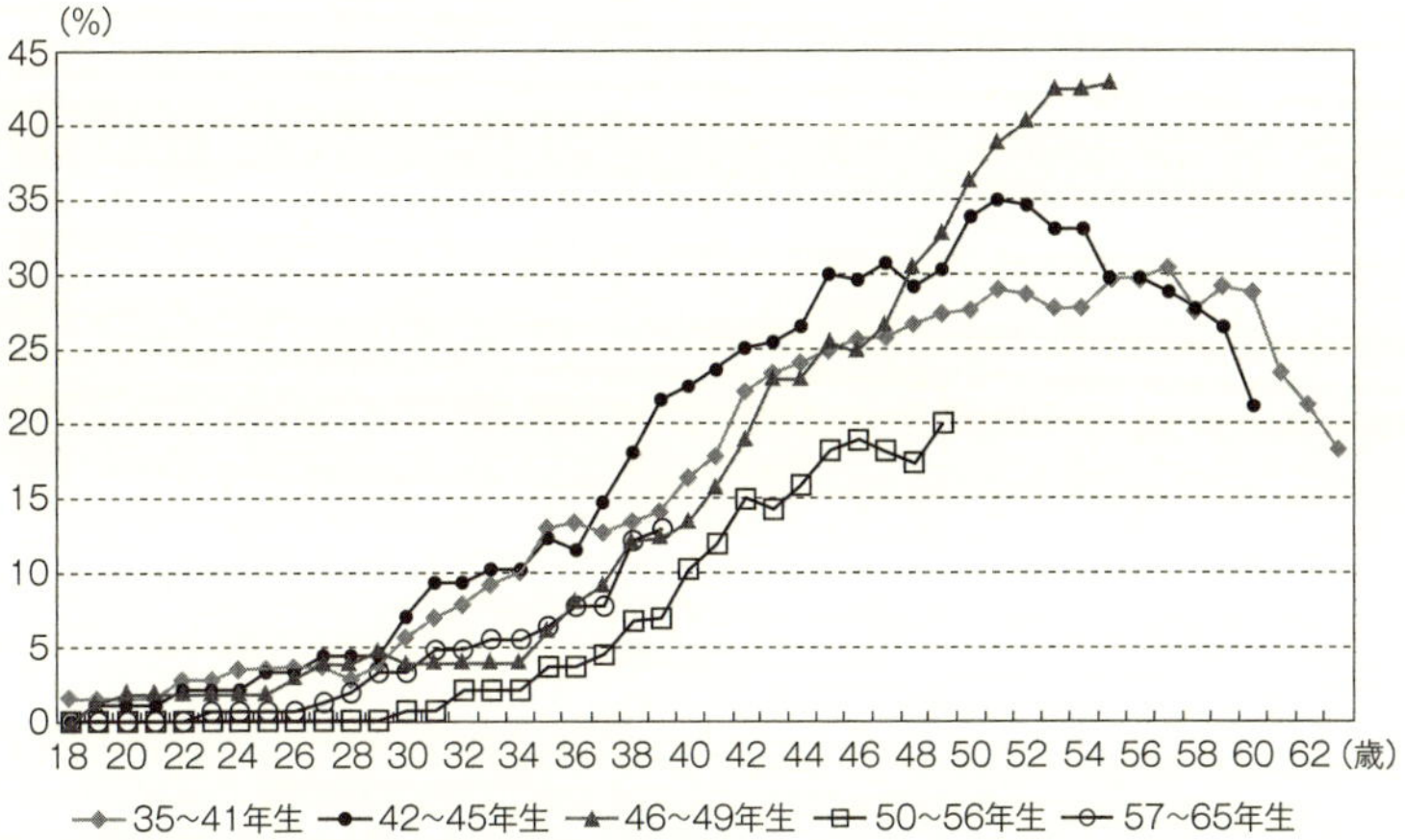


**図2-3　世代別　各年齢時の管理職比率（高卒男性　被雇用者のみ）**

出所：2005年 SSM データより作成

ているものの三〇歳代後半以降に大きく上昇し、前の世代と遜色なくなっていることが分かる。つまりこの世代では、立ち上がりは遅いものの、四〇歳代半ば以降から管理職へと昇進している様子が示されている。同じく高校を卒業してすぐの仕事では、先行する世代に比べて後れを取っていたベビーブーマー以降の世代のなかでも、五〇～五六年生まれは、明らかに管理職比率も昇進スピードもその前の世代に劣っている。

さらに、高卒学歴の意味の変化を考えるために、高卒学歴保持者のみの世代間比較だけではなく大卒者との比較もみてみよう。

図２－４は、世代ごとに三五歳時から五歳ごとに管理職のオッズ比を示したものである。オッズ比とはある出来事の起こりやすさを測るための指標であり、この図の場合は、本人が高卒か大卒者かでの管理職への昇進のしやすさの相違を比の形で示したものである。もう少し詳しく計算過程を説明すると、まず大卒男性で管理職に昇進しなかった人に対して昇進した人の比をとり、高卒男性でも同じく昇進しなかった人に対す

$$\text{管理職のオッズ比} = \frac{\text{大卒で管理職に昇進した人／大卒で管理職でない人}}{\text{高卒で管理職に昇進した人／高卒で管理職でない人}}$$

る昇進した人の比をとる。これらの比はその両者の比率をさらにとったものがオッズ比である。文字にするとまどろっこしいが、式で書くと上のようになる。

もし大卒者の方が高卒者に比べて管理職になりやすい傾向があれば、分子が大きくなるのでオッズ比は一よりも大きくなる。高卒者と大卒者で管理職へのなりやすさがまったく同じであれば、オッズ比は一になり、管理職へのなりやすさに違いがないほど、オッズ比は一に近い値となる。オッズ比は大卒者業者が何倍管理職になりやすいかを意味する。図２－４をみてみると、どの年齢時点でも一九四〇年代生まれの二つの世代は、オッズ比の値が小さく、特に四六～四九年生まれは年齢が高くなるほど大卒者との格差が縮小する傾向にある。この二つの世代では大卒者に見劣りしないとはいわないまでも、大きくは引けをとらずに管理職になっていたといえる。しかし、一九五〇年生まれ以降では、オッズ比の値が急激に大きくなり、昇進スピードの点のみならず大卒者との比較でも顕著な差が出てきている。

## 「行けば得するところ」から「行かないと損するところ」へ

以上のことから、長期的なキャリア形成までを含めた場合、高卒学歴の客観的意味に関して、次のようにいえるだろう。まず、第一次ベビーブーム世代を含む一九四六～四九年生まれの人々の高校卒業時点での就職は、先行する世代と比べると、希望通りとはいえないものだった。しかし、その後にある程度「巻き返し」をはかることができた。たとえば、昇進スピードの点からは先行世代に劣るものの、キャリア形成の途上で管理職へは昇進していた。一九四六～四九年生まれと一九五〇年以降の生まれとの間には明確な差異が認められ、五

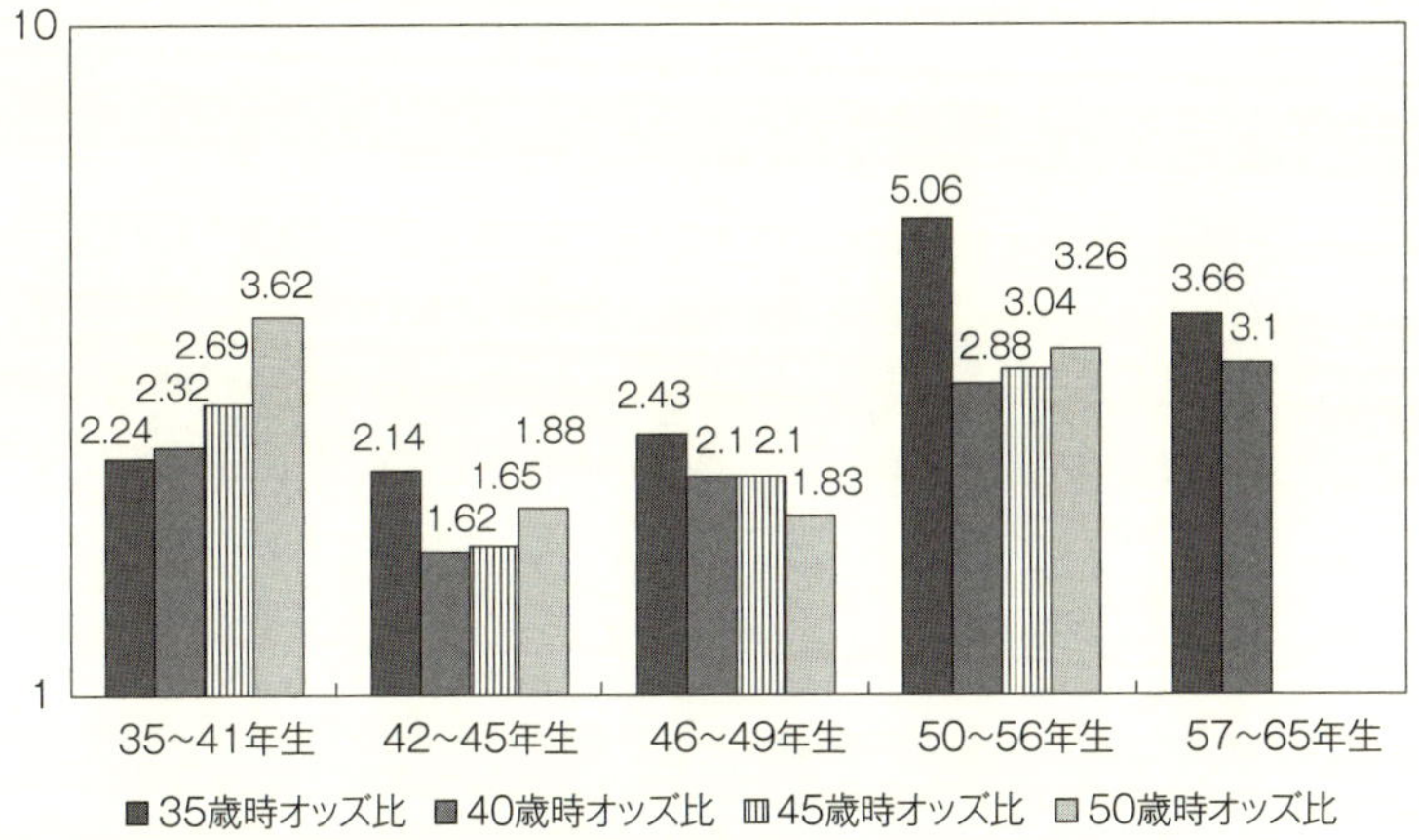


**図2-4　世代別　管理職のオッズ比（大卒男性対高卒男性）**

出所：2005年SSMデータより作成

〇年以降に生まれた世代では前の世代と比較しても昇進しにくくなっている。すなわち、キャリア形成のプロセスを射程に入れると、明らかな高卒学歴の意味の変化は、ベビーブーマーよりも一つ後の世代、一九五〇年前半に生まれた人々から生じたと考えられる。

なぜこのように、高卒直後の就職時点とその後のキャリアという二段階で、世代間の差が見られるのであろうか。その理由の一つとして、同世代における高校進学者の数と高校進学率の違いがあることは見逃せないであろう。『学校基本調査』によると、一九六〇年代前半から半ばに高校に通った第一次ベビーブーム世代は、中学卒業時点で毎年約二四〇万人おり、そのうち約一七〇万人が高校に進学していた。一九六〇年時点での高校進学者数は、一〇〇万人程度であった。第一次ベビーブーム世代を入学させるために高校が増設された結果、大きく高校全体の収容力が増し、その後高校入学者数は高校進学率が九割に達する一九七〇年代まで一四〇万人程度で推移した。量としての高校進学者の急拡大は、高度経済成長当時にあって、卒業後の職種の変化をもたらすことになった。

一方で、同世代における七割（＝一七〇万人／二四〇万人）という比率は、その世代のなかにおける出世競争で、高卒学歴が「プレミア」（＝準エリートとしての高卒）として価値を保っていたことを意味している。その後、高校非進学者が急減していくことで、高卒学歴は、「行けば得する」という「プレミア」のあったものから、「高校くらいは最低出ておかないと！」という防衛的支出へと変化していくこととなった。[13]まとめると、一九六〇年代の高校教育拡大は、「高校へ行ったら得をする」状況から、「高校へ行かないと損をする」状況への変化を高卒学歴にもたらしたのである。[14]

## 3 「誰でも高校に通える社会」はなぜ可能となったのか？

### ——私立高校が引き起こした高校教育拡大のスパイラル

前節では、教育拡大によって、高校は「行ったら得をする」ところから「行かないと損をする」ところへと変化したことを確認した。それでは、教育拡大はそもそもどのようにして可能になったのだろうか。もし、六〇年代の高校において、進学希望者が増えても、受け皿が不足していれば、高卒進学率は上昇せず、結果として高校は相変わらず「プレミア」を維持し続けていたかもしれない。なぜ、人々は中学で教育を終えることなく、高校に進学できたのか、そこには、「誰でも高校に通える社会」の前提として、高校の収容力が物理的に拡大し、殺到する希望者を受け入れるしくみが整ってきた状況がある。

この「受け皿」を用意する上で私立高校が果たした役割は見逃せない。具体的にデータで見てみよう。表2－3は、一九四八年と一九六五年の二時点の生徒数を示したものである。この表から第一次ベビーブーマーが高校教育を通過する過程で、公私、男女別に生徒数がどれだけ増加したかを確認できる。男子の場合、四八年から六五年の間に約一九一万人の高校生が増えたが、増加分の約七割を公立高校で、残りの約三割を私立高校で引き受けている。一方で、女子では同じ期間に男子よりも多く一九五万人の高校生が増加しているが、増加分の公私比率は公立の五八％に対し私立が四二％と、私立の割合が男子よりも大きくなっている。すでに第1章で触れたとおり、戦後、公立の新制高校では共学が原則とされたことで、私立高校は、男女別学志向の受け皿として位置づけられた。表2－3で確認したように男女とも生徒増加分の少なからぬ部分は私立高校に担われているが、とりわけ女子生徒にとっては、生徒急増期の進学先として決して小さくない役割を果たしていたのである。

表2-3　校種別・性別の生徒数　（単位：万人）

| | 1948年 | 1965年 | 増加（増加分の内訳：%） | |
|---|---|---|---|---|
| 公立男子 | 61.9 | 192.6 | 130.7 | (68.5%) |
| 私立男子 | 12.5 | 72.7 | 60.2 | (31.5%) |
| 男子計 | 74.4 | 265.3 | 190.9 | (100.0%) |
| 公立女子 | 34.2 | 147.1 | 112.9 | (57.9%) |
| 私立女子 | 11.7 | 93.8 | 82.1 | (42.1%) |
| 女子計 | 45.9 | 240.9 | 195.0 | (100.0%) |

出所：『学校基本調査』

### 定員を大きく上回っていた一九六〇年代当時の高等学校

序章で確認したように、一九五〇年代から六〇年代にかけて、高校への進学者数は増加の一途にあった。そのうち、第一次ベビーブーマーの入学した一九六二年から六五年の四年間については、入学者数が入学定員数を上回っていた。この時期は、増加する高校進学希望者に定員増が追いつかず、定員を上回る合格者を出して生徒を受け入れていた時代であった。

その中でも特に、定員を大きく超えて収容していたのは私立高校であった。一九六三年の私立高校には四九万人の定員に対して五七万人もの入学者があった。実に一七％の定員超過にあたり、高校進学者全体のおよそ三％に相当する。六四年と六五年にも、五〇万人程度の定員に対して五五万人以上の入学者があっ

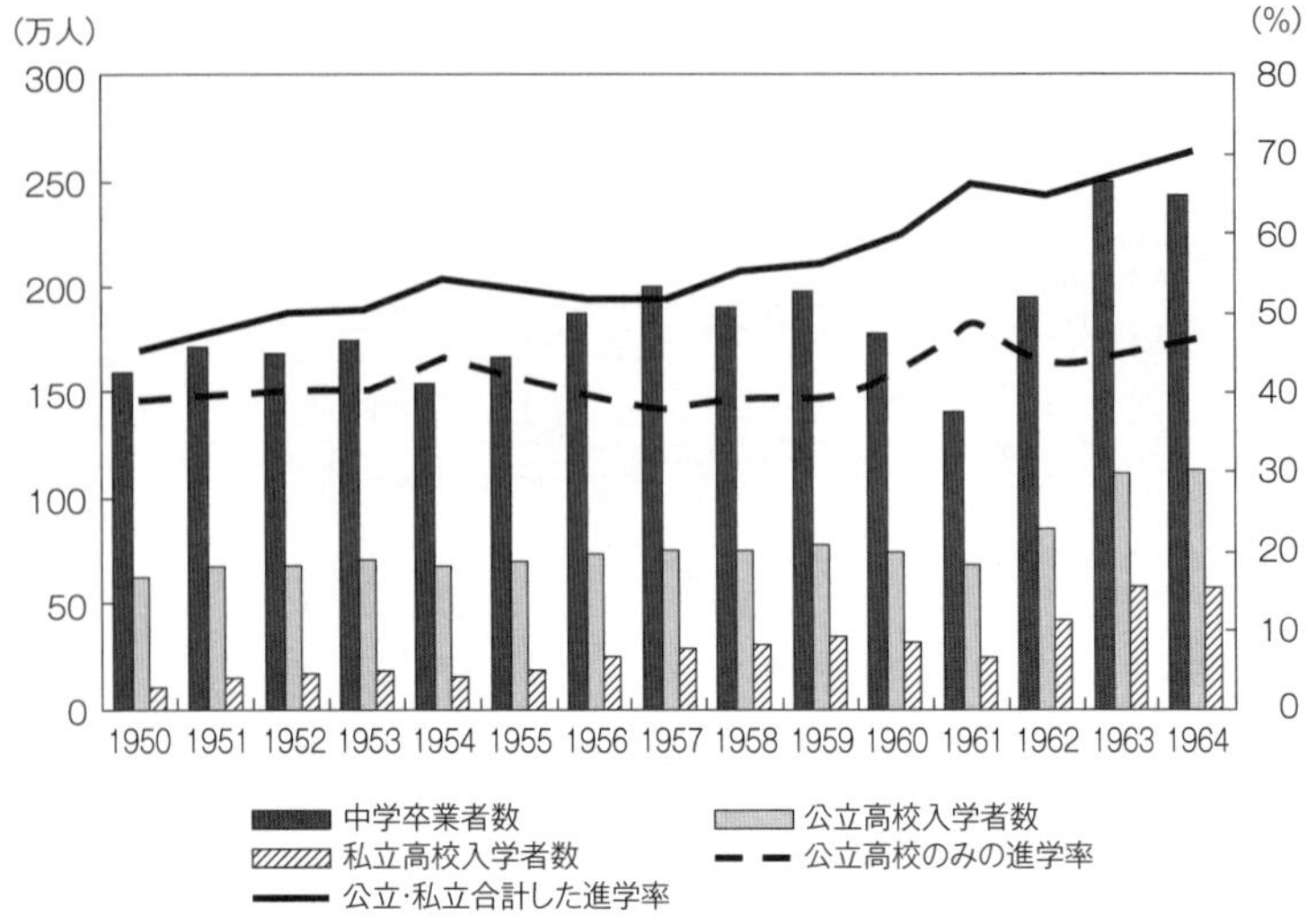


**図2-5　公私全体の入学者数と進学率**　出所：文部省『日本の教育統計』

た。[15]その後、私立高校の入学者数は五〇万人程度で落ち着き、定員を超えて入学させる事態はほぼ解消された。これとともに、公立高校と私立高校の生徒数の比率は、ほぼ七対三で安定化するようになる。この分担比率は、その後、実質的に制度化され、現在にまでいたっている。

## もし私立高校がなかったならば

もちろん、当時の公立高校側も余裕をもって収容していたわけではは当然なく、定員を超過しながら、目いっぱいまで生徒を収容していた。しかし、その収容力は高校進学希望者の増加に応えきれるものではなく、限界があった。その様子を確認しておこう。図２－５は、中学卒業生の総数とその年の公立高校と私立高校への入学者数を示している。実線は実際の進学率を、破線は公立高校のみで計算した高校進学率である。[16]公立高校は新増設などによって生徒数を増やしてはいるものの、公立高校のみでみた進学率が五〇％に満たな

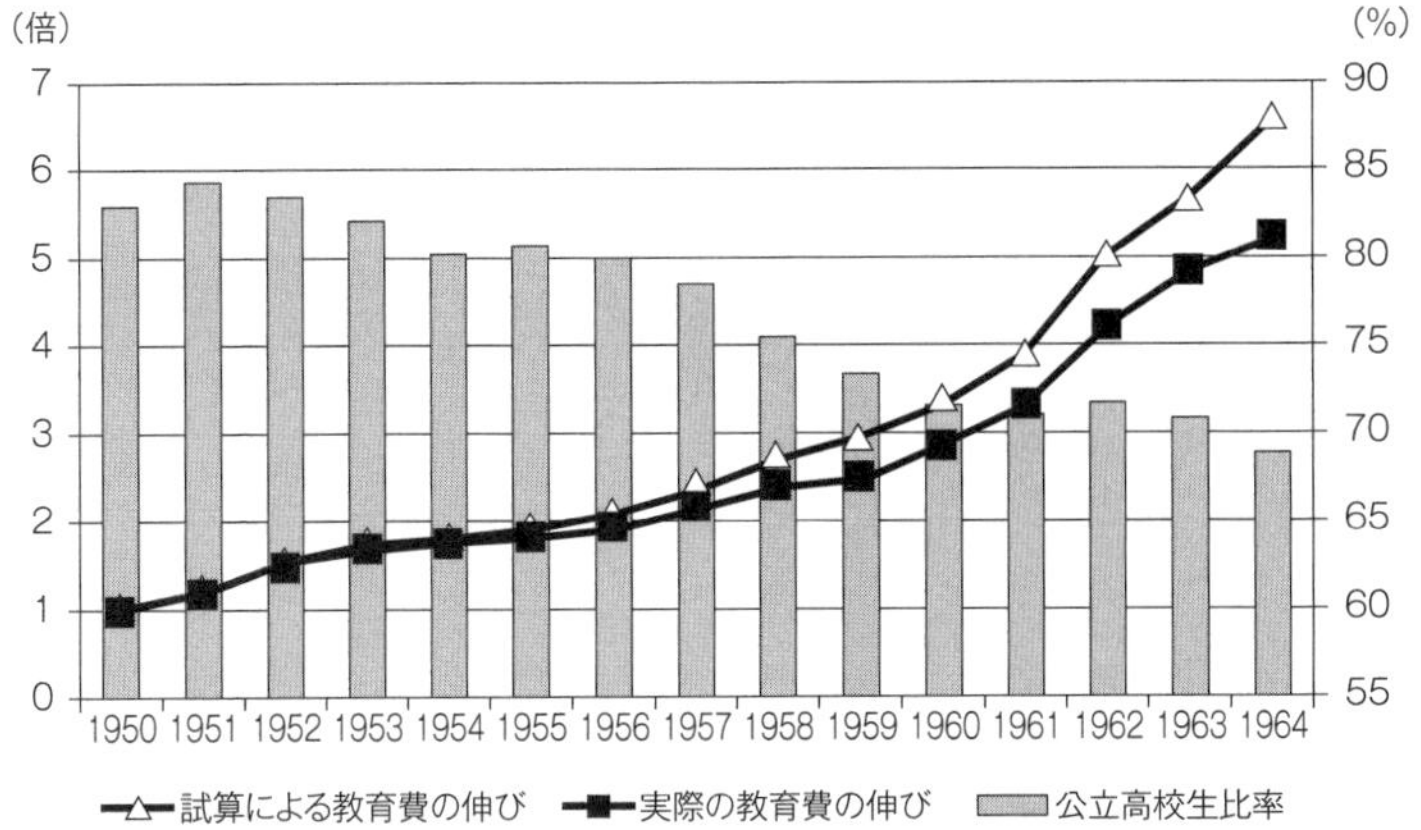


**図2-6　すべての高校が公立高校だった場合の教育費の変化（試算）**

出所：文部省『日本の教育統計』および消費者物価指数（e-Stat）から試算

い水準で推移しているのを見るとわかるように、公立高校だけでは生徒数の増加に追いついていくのが精いっぱいであった。公立高校のみでも実際の高校進学者数の増加は実現できたかもしれない進学率が「上昇し続ける」ことはできなかった可能性がある。

仮に私立高校が引き受けた生徒を公立高校ですべて受け入れることができたとして、進学率の上昇をともなう高校教育拡大が達成されたとしよう。そのためにはいったいどれほどの財政支出による負担増が、国や地方自治体に対して必要とされたのだろうか。

図２－６は、一九五〇年時点を基準（＝一）とした公立高校への教育費支出の伸びと、そこから割り出された公立高校生徒一人あたりの教育費を公立高校と私立高校を合計した生徒数で乗じた教育費支出の伸びを示している（試算による伸び）。公立高校への教育支出は、国や地方自治体の実際の負担を、試算による伸びは、仮に公立高校だけで同程度の高校教育拡大を達成していたとすれば必要とされたはずの負担を意味することになる。公立高校に対する教育費支出は実際年々大きく増え続けて

いた。しかし、この試算によれば、私立高校進学者分まで公的支出によって負担しようとするならば、一九六〇年代前半に教育費は増大を続け、財政支出はさらに当時の価格で年間数百億円から一千億円増加していたことになる。[17]

現実には、一九六五年までに、私立高校生が高校生全体に占める比率は年々上昇を続けて、およそ三割に達し、その後現在までほぼその比率が保持されてきている。これらの二つのきわめて単純な試算からも推察されるように、私立高校による高校生の収容比率がこの時期に高まっていなかったならば、日本の高度経済成長期前半における高校進学率はほとんど上昇しなかったか、あるいは政府が巨額の教育費支出の追加負担を迫られていたか、どちらかであった。[18]

## 「安上がりの教育拡大」

そもそも一九七〇年代に入って私学助成制度が法制化されるまでは、私立高校に対する財政的な支援は、きわめて限定的かつ間接的なものであった。つまり、私立高校がなかったと仮定した場合の増加分として計上された教育費の大部分は、当時の私立高校生の保護者が負担していた教育費にほぼ相当する。これは、家計が政府に代わって膨大な高校教育費支出を負担していたことを意味するものであり、日本の高校教育拡大は、家計負担に依存した「安上がりの教育拡大」であった。

こうして、国民の間の教育熱の高まりは、高校進学希望者の急増として表れた。この動きに敏感に反応したのが私立高校であり、積極的に生徒を受け入れた結果、進学率の一貫した上昇をともなう高校教育拡大が進行した。そして、高校進学率の上昇による高校教育の大衆化は、高校に進学しない方が少数派になる状況をもたらし、それによって高校進学熱はさらに高まり、高校進学率の上昇が加速するというスパイラルが発生したのであった。

このようにして、第二の特徴である私立高校の比率上昇が、高校教育拡大期に起きた。そしてこの比率は、一九七〇年代以降安定的に推移することになり、各都道府県ごとに異なる公立高校と私立高校の関係もまた、定着することとなったのである。

## 第2章のまとめと地域性への問いの展開

本章では、一九六〇年代の高校教育拡大期に全国レベルで起きていたことを、「高卒学歴の意味の変容」と「私立高校の拡大と公私比率の定着」の二点に注目して検証した。第1節では、一九六〇年代の生徒急増期の様相を国の政策レベルで確認した。第2節では第一次ベビーブーム世代の前後で、高卒学歴の意味が変化していることが確認された。高校は「行けば得するところ」から「行かないと損するところ」へとその位置づけが変化していった。そして第3節で確認したように、「高校に行かないと損する」「誰でも高校に通える」という社会は、私立高校の拡大によって可能となったのである。

ただし、その高校教育拡大の過程において、それぞれの都道府県でどのような対応が取られたかには差が見られた。学区の設定や学校の設置など、高校教育機会の提供の具体的な方法について国が直接関与しなかったことにより、この時期の変化が地域性を形作ることとなった。そしてどのような高校を作るかにも、地域による差が見られた。そこに通じるのは第1章に見てきた「行きたい学校に行くのが機会均等」という見方である。

たとえば、一九六一年、矢嶋三義参議院議員が「あらゆる国民が教育の機会に接したいという立場から、失礼だけれども、家計不如意の層の子弟も大学に、あるいは高等学校に進学するようになったことが、戦後の大きな変化だ」と述べた上で、教育の機会均等を達成するためにも私立学校への経常費助成を検討するべきという趣旨の発言を、荒木萬壽夫文部大臣に投げかけている。[19]

この発言に対して荒木大臣は、私立学校への経常費助成の必要性については認めつつも、「やはり国立、公立あり、そして私立があるということは、私立それ自身の独自性、特殊性、自主性、国公立とせつ然と生い立ちを異にする別個のものがあるように思うのでございまして、ことに学校経営の財政面、経費の面において、その特色が本来本質的にあるのじゃなかろうか、こう思うわけであります」という認識を示して、積極的な関与を差し控える立場をとっている。[20]

このように、高校の設置や運営については、基本的には都道府県知事が管轄し、あるいは私学独自で決定するべきことであるという原則のもと、戦後しばらくは国は関与しない立場を取り続けた。

これがどのような地域性を作り出すことになったのかは、第３章以降で明らかにする。

## 注

［1］東京タイムズ社会部編『進学戦争－高校入試－その日まで親と子と教師の行軍』（アサヒ芸能出版、一九六三年）一〇頁。

［2］村松喬『教育の森〈第1〉進学のあらし』（毎日新聞社、一九六五年）一一五頁。

［3］一九六一年二月二八日、衆議院予算委員会第二分科会。

［4］一九六一年二月二八日、衆議院予算委員会第二分科会。

［5］一九六一年三月二八日、参議院予算委員会第四分科会。

［6］一九六三年一月二六日、参議院本会議。

［7］東京タイムズ社会部編前掲一八〇頁。

[8]本田由紀『若者と仕事――「学校経由の就職」を超えて』（東京大学出版会、二〇〇五年）六五頁より再引用。
[9]同上書。
[10]本節で分析を行なった一九七五年の社会階層と社会移動調査の対象は男性のみであった。そのため、女性のコンフリクトを示した同上書）の女性の希望の齟齬とは異なるのではないかと感じる向きもあるかもしれない。しかし、この後データで見るように高卒男性のホワイトカラー就職希望率は低いものではない一方で、実際に初職がホワイトカラーであった者は、少ない。このような学歴取得と職業への期待の齟齬が生じたときに本人が感じる「期待外れ」感は男女に共通するものであろうという想定で本書では分析を行なっている。むしろ、同一学歴取得者の中にホワイトカラーとブルーカラーが混在し、結婚や出産による退職という「選択肢」が一般的ではない男性の方が「わだかまり」を抱いた可能性すらあると考えられる。
[11]実際の高校進学者のため高等教育希望者も含まれる。
[12]ここで管理職としているのは、課長以上の役職に到達したものである。
[13]レスター・C・サロウ（近藤博之訳）「教育と経済的不平等」J・カラベル／A・H・ハルゼー編（潮木守一・天野郁夫・藤田英典編訳）『教育と社会変動　下』（東京大学出版会、一九七七＝一九八〇年）所収。
[14]高校教育拡大によって、高校教育の価値が下がってしまう現象は、日本に限って生じているわけではない。第二次世界大戦前のアメリカのハイスクール制度の拡大過程について調査した苅谷剛彦は、教育史学者のクラウディア・ゴルディンらの研究を引きながら、かつては高校教育にプレミア（premium）があったことを明らかにしている（苅谷剛彦『教育の世紀――学び、教える思想』（弘文堂、二〇〇四年））。一方、レスター・サロウによれば、第二次大戦後に引き続いたハイスクール拡大によって、高卒学歴取得が、個人の「マーケット・シェア」を守るために必要な防衛的支出（defensive expenditure）となり、経済的な見返りが少なくなったという（サロウ前掲論文）。
[15]一九六四年の福井県では五割もの超過があったように、県によっては大量の定員超過が見られた。
[16]文部省『日本の教育統計』（一九九六年）による。公立高校入学者数と私立高校入学者数を中学卒業者数で割って高校進学率を計算したが、中卒後進学者数と若干の食い違いが見られる。なお、国立高校進学者は計算から除外している。
[17]公立高校への財政支出を生徒数で除して一人あたり教育費とし、私立高校生徒数を乗じた値を追加的支出とした。同様の試算は市川昭午「私学への負担金（私学助成）についての理論的考察」『東京私学教育研究所所報』第六七号、二〇〇二年、四五‐五七頁でもなされており、参考とした。

〔18〕当時文部省助成課に所属して大蔵省との予算折衝にあたった元文部官僚による回顧によっても（菱村幸彦『教育行政からみた戦後高校教育史――高校はどう変わったか』学事出版、一九九五年）、政府が巨額の教育費を負担できた可能性は低い。
〔19〕一九六一年一〇月二三日、参議院文教委員会。
〔20〕一九六一年一〇月二三日、参議院文教委員会。

第3章

# 高校教育機会の提供構造の地域的布置と類型化

前章までに、一九六〇年代の高校生急増期への対応が基本的に各都道府県に委ねられたことで、高校教育機会提供構造の地域性が成立してきたこと、そして高校教育拡大の過程で、私立高校が大変重要な役割を果たしてきたが、増加する生徒を公立高校と私立高校がそれぞれどの程度受け入れたかもまた、都道府県で差があったことを見てきた。

こうした地域的多様性を、どのようにすれば議論の俎上に載せることができるだろうか。本書では、都道府県を類型化することによってそれが可能となると考えた。そこで第2節では、「クラスター分析」という統計手法を用いて、沖縄を除く四六都道府県を四つに分類した。この四つのクラスターの中から典型的な都道府県を取り出して、ケーススタディを行ない（第4章〜第7章）、地域的バリエーションを把握することを試みる。

本章後半では、取り出した四つのクラスターに基いて、高校間のヒエラルキー構造を通して各類型の特徴を確認する作業を行なっている。具体的には、高校教育拡大の前と後とでは、いわゆる「公立優位」の構図に変化があったかどうかを、クロス表というシンプルな手法を用いて検証する。

## 1 地域によって異なる私立高校依存度

都道府県を類型化する前に、私立高校による生徒受け入れがどのように行なわれたのか、その全国的な分散の様相を確認しておこう。ここでは、どの都道府県で私立高校による生徒収容が進んだのかということを見ていく。私立高校の立地には地域的な偏りが大きいことはよく知られていることである。[1] 一九五一年当時、東京都に全国の私立高校の三割が、そして上位一〇都道府県[2]に七割が集中していた。高校教育拡大期にこの状況に変化はあったのだろうか。

表3-1は、一九五一年時点の各都道府県の私立高校の学校数、そして高校教育拡大期の私立高校生の割合を示している。一九五一年時点の私立高校の数を見ると、人口の多い京浜や京阪神において高校数が多い一方で、宮崎県のように一校しか私立高校が存在しない県があるなど、私立高校の数には、地域的に大きな偏りがあった。第一次ベビーブーマーが高校を通過した前後の変化を見ると、私立高校生の割合はほとんどの都道府県で上昇している。ただし、私学率の上昇の度合い（五一年→六六年の変化）には都道府県による違いがあり、最大の福岡県では二八・一ポイント上昇したのに対し、最低の徳島県では一・四ポイントの増加に過ぎず大きな開きがある。つまり、高校生徒数が全国的に増加し、急増対策が全国的に課題となる中で、もともと私立高校が多くはなかった自治体を含めてほとんどの自治体では私立高校がこの課題の解消に多かれ少なかれ貢献したものの、その貢献の度合いには大きな程度差があったということができる。

この点について、すでに潮木守一が、量的増加への対応が私学依存型であったことと、私学はヒエラルキー構造の底辺に位置づけられる傾向があったことを指摘している。[3] 高校間ヒエラルキー構造に関して、秦政春は、高校の学校間格差が高校の大衆化にともなって拡大し深化していったことを指摘した上で、私立高校の位置づけやその格差の形態が都道府県によって大きく異なっていることに注目している。高校進学率の上昇にともない、多くの大学進学者を輩出する高校と就職する人がほとんどである高校との分化が

**表3-1　高校生徒総数に占める私立高校生徒比率の変化**（単位：%）

| | 私立高校数（1951） | 1951年 | 1961年 | 1966年 | 51→66の変化 |
|---|---|---|---|---|---|
| 北海道 | 23校 | 11.5 | 17.7 | 26.7 | 15.2 |
| 青森 | 11校 | 12.4 | 18.9 | 22.3 | 9.9 |
| 岩手 | 8校 | 7.5 | 14.7 | 21.4 | 13.9 |
| 宮城 | 12校 | 14.5 | 24.7 | 30.0 | 15.5 |
| 秋田 | 3校 | 5.2 | 10.5 | 15.3 | 10.1 |
| 山形 | 6校 | 5.8 | 11.8 | 24.9 | 19.1 |
| 福島 | 5校 | 4.3 | 11.5 | 14.5 | 10.2 |
| 茨城 | 10校 | 9.3 | 15.1 | 19.7 | 10.4 |
| 栃木 | 6校 | 12.2 | 21.7 | 27.7 | 15.5 |
| 群馬 | 9校 | 5.4 | 10.5 | 20.2 | 14.8 |
| 埼玉 | 9校 | 3.5 | 12.1 | 17.0 | 13.5 |
| 千葉 | 20校 | 12.8 | 24.2 | 28.7 | 15.9 |
| 東京 | 253校 | 45.6 | 58.4 | 61.5 | 15.9 |
| 神奈川 | 64校 | 36.4 | 47.1 | 47.3 | 10.9 |
| 新潟 | 11校 | 6.5 | 11.7 | 13.6 | 7.1 |
| 富山 | 2校 | 1.7 | 9.4 | 17.2 | 15.5 |
| 石川 | 7校 | 10.8 | 24.1 | 25.4 | 14.6 |
| 福井 | 3校 | 8.2 | 16.1 | 19.2 | 11.0 |
| 山梨 | 3校 | 3.8 | 13.3 | 16.8 | 13.0 |
| 長野 | 3校 | 3.3 | 13.1 | 19.2 | 15.9 |
| 岐阜 | 8校 | 3.3 | 10.6 | 21.2 | 17.9 |
| 静岡 | 28校 | 15.5 | 24.4 | 29.7 | 14.2 |
| 愛知 | 37校 | 23.8 | 37.6 | 39.4 | 15.6 |
| 三重 | 4校 | 4.1 | 8.0 | 18.7 | 14.6 |
| 滋賀 | 5校 | 10.7 | 14.1 | 13.3 | 2.6 |
| 京都 | 31校 | 27.4 | 41.3 | 44.6 | 17.2 |
| 大阪 | 76校 | 29.0 | 44.7 | 49.6 | 20.6 |
| 兵庫 | 35校 | 14.2 | 24.3 | 28.7 | 14.5 |
| 奈良 | 6校 | 12.9 | 20.7 | 27.9 | 15.0 |
| 和歌山 | 4校 | 2.7 | 5.0 | 7.2 | 4.5 |
| 鳥取 | 2校 | 6.2 | 9.4 | 17.4 | 11.2 |
| 島根 | 7校 | 6.7 | 10.2 | 17.6 | 10.9 |
| 岡山 | 16校 | 13.8 | 24.5 | 26.6 | 12.8 |
| 広島 | 29校 | 22.8 | 34.9 | 38.2 | 15.4 |
| 山口 | 16校 | 13.9 | 27.5 | 32.1 | 18.2 |
| 徳島 | 7校 | 3.8 | 4.8 | 5.2 | 1.4 |
| 香川 | 6校 | 9.4 | 20.3 | 20.1 | 10.7 |
| 愛媛 | 8校 | 9.6 | 18.9 | 22.9 | 13.3 |
| 高知 | 3校 | 8.5 | 16.9 | 15.6 | 7.1 |
| 福岡 | 33校 | 13.2 | 33.0 | 41.3 | 28.1 |
| 佐賀 | 3校 | 8.3 | 14.0 | 22.3 | 14.0 |
| 長崎 | 16校 | 18.0 | 25.8 | 26.2 | 8.2 |
| 熊本 | 13校 | 13.8 | 27.5 | 34.5 | 20.7 |
| 大分 | 6校 | 8.0 | 17.6 | 21.9 | 13.9 |
| 宮崎 | 1校 | 0.9 | 8.1 | 21.7 | 20.8 |
| 鹿児島 | 7校 | 9.0 | 20.3 | 25.1 | 16.1 |
| 全国 | 875校 | 16.3 | 28.0 | 32.0 | 15.7 |

出所：『学校基本調査』

明確になっていったこと、そしてこの「ピラミッド」の形態には都道府県によって相当の差異が見られ、階層化された高校の序列の中に、公立高校と私立高校がどのような割合で組み込まれているかについても、大きな差異があったと指摘している。[4]

日本の高校教育の特徴として、威信の面で明確な高校間の序列構造があることはつとに指摘されることである。そのため、日本の高校教育の構造を語る際には、高校間のヒエラルキー構造がどのように形成されているのかを検討することが一つの重要なポイントとなる。周知のことであるが、ある高校がピラミッド型のヒエラルキー構造のどこに位置づけられるのかは、学科や入学試験の難易度によって規定されている。このいわゆる「学校ランク」が、高校生の学校生活や高卒後の進路選択と深く結びついていることも知られている。[5]そして、このような高校間のヒエラルキー構造が顕在化したのは、第一次ベビーブーマーが高校を通過した時期であった。[6]そしてピークが過ぎた後にも大規模校を維持しつづけた私立高校が多く存在して、「受け皿」機能が定着し、公立・私立の格差が定着した。[7]こうした高校の階層構造は、社会経済的要因によっては十分に説明されず、その自律性あるいは政策的影響が示唆されている。[8]

以上をふまえれば、高校教育機会の提供構造の成立過程をとらえるためには、どのような供給主体がどの程度教育機会を提供したのかということに加えて、どのような高校教育機会を提供したのか、高校間ヒエラルキーのどこを担うようになったのかという視点が欠かせないものとなる。〈高卒当然社会〉の実現にあたって、各都道府県で私立高校が果たした役割に注目することが必要となるのである。

## 2　都道府県の類型化

### どのように都道府県を類型化するのか

では実際に、各都道府県の公立／私立を軸とした高校教育機会の提供構造はどのように異なってきたのだろうか。本書ではこの問いに対する解答の見取り図を得るため『学校基本調査』のデータをもとに各都道府県の類型化を行い、似たような都道府県をまとめることで、提供構造を把握することを試みる。

第1章で述べたように、本書では教育機会の提供構造を比率の構造としてとらえ、特に私立高校の役割に注目している。そこで類型化に際しては、この比率の構造を描きだすために、高校教育拡大前の各都道府県の状況と高校教育拡大期を含めたその後の状況の変化に注目することにした。具体的には、高校教育拡大前の状況として、一九五五年の「高校進学率」の値と一九五八年の「入学者私学率」の値を用いることとし、状況の変化をとらえるために「入学者私学率の変化」を用いる。そして各都道府県のこれら三つの指標にクラスター分析という手法を用いることで類型化を行なった。[9]

この三つの指標に注目するのは次のような理由からである。初期段階の「高校進学率」に着目するのは、各都道府県が「十分」な高校教育の機会を提供していく上で、どの程度新たに機会を提供しなければいけなかったのかを考慮に入れるためである。初期段階の「入学者私学率」は、当初時点で、各自治体がどの程度高校教育の提供を私立高校に依存していたのかを示すとともに、その後の私学率の変化を左右する要因としてもとらえることができる。なぜならば、すでに比較的高い比率で私立高校が教育機会を提供していたとすれば、その後、私学が躍進する余地はそれほど大きくないと考えられるからである。「入学者私

表3-2　各クラスターに属する都道府県

| | |
|---|---|
| クラスター1：中庸型（16道県） | 北海道、青森県、宮城県、千葉県、静岡県、兵庫県、奈良県、岡山県、山口県、香川県、愛媛県、高知県、福岡県、熊本県、大分県、鹿児島県 |
| クラスター2：公立拡張型（6県） | 岩手県、石川県、愛知県、滋賀県、徳島県、長崎県 |
| クラスター3：私立拡張型（19県） | 秋田県、山形県、福島県、茨城県、栃木県、群馬県、埼玉県、新潟県、富山県、福井県、山梨県、長野県、岐阜県、三重県、和歌山県、鳥取県、島根県、佐賀県、宮崎県 |
| クラスター4：大都市型（5都府県） | 東京都、神奈川県、京都府、大阪府、広島県 |

学率の変化」は、高校教育進学率が拡大していく中で、私学率がどの程度変化したのか、その大きさと方向を把握するために注目する。この値から、高校教育が拡大する中で私立高校が果たした役割の大きさを知ることができる。そのため各都道府県の一九五八年から一九九七年までの間の入学者私学率の最大値と最小値の差を算出した。最大値をとった時点が最小値をとった時点よりも前であった場合、すなわち、私学率が減少したととらえられる場合には、符号はマイナスとしている。第一次ベビーブーマーが高校教育を通過した一九六〇年代だけでなく、一九九七年までの期間を取っているのは、先に見たように急増期への対応として一九六〇年代には多かれ少なかれ、どの都道府県でも私学率の拡大が見られたからである。高校教育の提供構造の確立された姿を把握するためには、その後の第二次ベビーブーマーへの対応を含めた広い時期を検討の対象とするのが、適切だと判断した。

## 四つのクラスターの特徴

分析の結果、都道府県は四つの大きなグループにまとめることができた。表3－2にそれぞれの都道府県がどのグループに属しているのかを示している。この四つのグループがどのような特徴を持っ

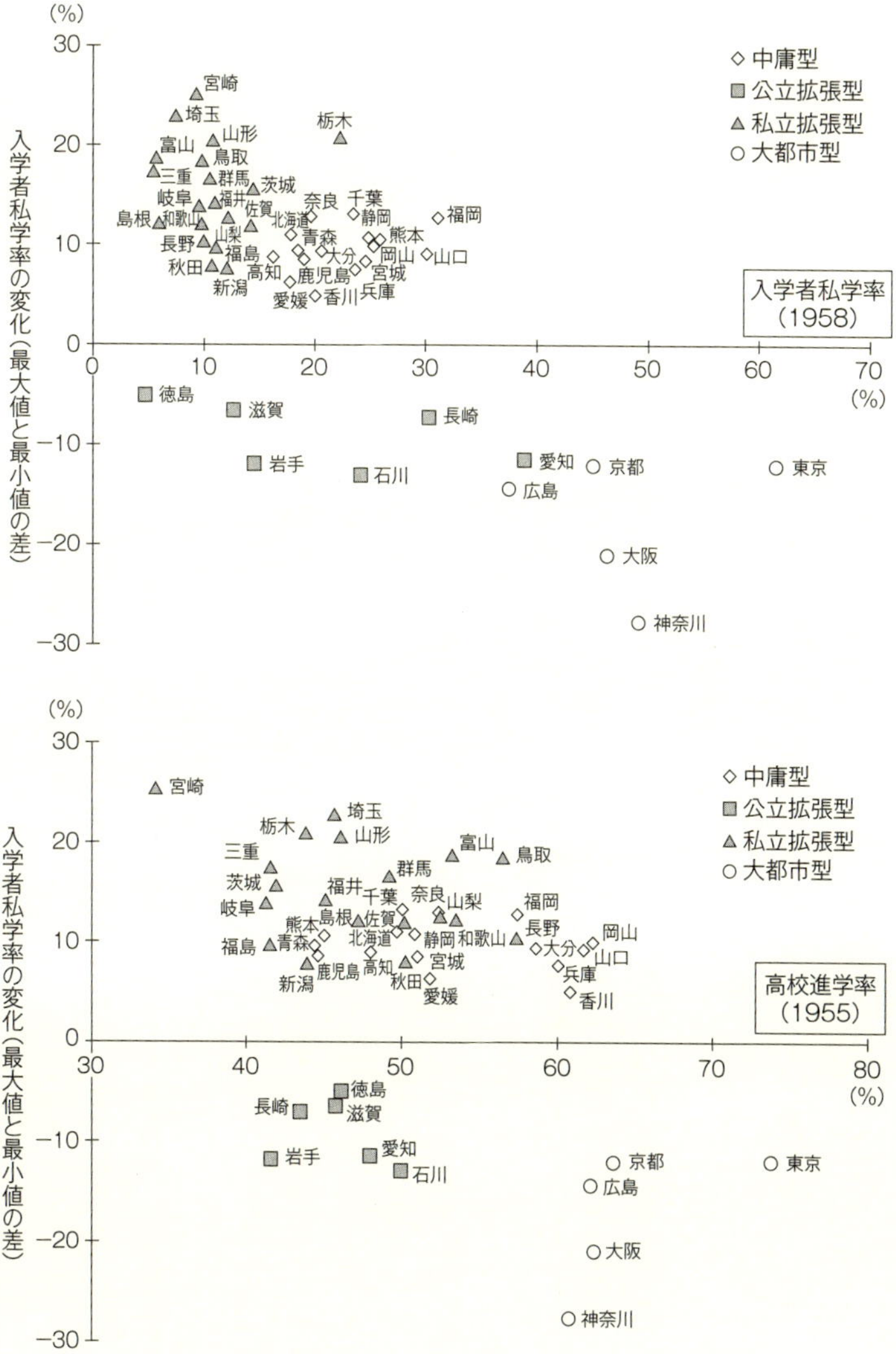


**図3-1　各クラスターの布置**　出所：『学校基本調査』より

ているのかについてまず説明しておこう。図3－1上図は、各都道府県の位置を「入学者私学率」（横軸）と「入学者私学率の変化」（縦軸）の関係によって、また図3－1下図は、「高校進学率」（横軸）と「入学者私学率の変化」（縦軸）の関係によって図示したものである。

四つのグループの特徴を分かりやすく把握するためにそれぞれのグループを、「中庸型」「公立拡張型」「私立拡張型」「大都市型」と呼ぶことにする。

中庸型クラスター（一六道県）……三つの指標すべてにおいて中程度であり、もともとそれなりに高校教育機会を提供していた私立高校が、拡大期にもほどほどに追加的な教育機会を提供した一方、私学の伸びはそれほど大きくない道県。

公立拡張型クラスター（六県）……もともとの進学率は低く、公立高校が主体となって教育拡大が達成された県。私立高校の教育機会の担い手としての重要性は相対的に高くない。

私立拡張型クラスター（一九県）……当初進学率が中低位にあり、入学者私学率も低かった県。高校教育が拡大していく中での私学率の伸びが大きく、私立高校が教育拡大に果たした影響は大きい。

大都市型クラスター（五都府県）……進学率と私学率の初期値が高く、進学率が上昇し天井に達する時期に私学率が減少し、公立高校のシェアが拡大する都府県。大都市圏。

以下ではクラスターの特徴を、より詳細に確認していこう。

### 中庸型クラスター

一九五〇年代半ばの時点で中庸型に属している自治体の高校進学率は平均五二％で全国平均に近いところに分布しており、その一定程度の部分（クラスターの平均値では二二・四％）が私学によって担われていた道県である。一方で、高校進学率上昇にともなう私学率の上昇幅は大きくなく、ほぼ一〇ポイント未満におさまっている。実際、入学者私学率は第一次ベビーブーマーが通過した時期に三割近くに上昇して以降、ほぼ横ばいで推移し、目立った変化は見られない。

このクラスターは当初時点の進学率や私学率という点でも、その後の変化という点でも中程度に位置していることから、もともと全国平均レベルで高校に進学しており、そこで「それなり」に高校教育機会を提供していた私立高校が、高校教育拡大にともなって追加的に「ほどほど」の機会を提供してきた道県であるといえる。その意味では、目立った特徴のないことが特徴、言い換えれば高校機会の提供構造の一つ「標準的」な姿であるといえるかもしれない。

## 公立拡張型クラスター

このクラスターの特徴は当初時点での進学率が低かったにもかかわらず、私学のプレゼンスがほとんど高まらなかったという点にある。一九五〇年代半ばの進学率のクラスター平均は四五％、「入学者私学率」のクラスター平均は一二％だった。このクラスターに属する県でも六〇年代初頭にクラスター平均で二五％にまで私学率の上昇が見られるが、生徒急増期を経た後はむしろ私学率が減少し、一〇パーセント台後半に落ち込んでしまう。このクラスターに属する自治体は、いずれも当初の進学率がそれほど高くはないので、進学率を上昇させるためには新たな教育機会を積極的に提供する必要があったはずである。その過程において私学率が伸び悩んでいたということは、公立高校が主体となって教育拡大が達成されたということができる。

## 私立拡張型クラスター

公立拡張型と対照をなすのがこのグループである。このクラスターの当初進学率はクラスター平均で四五%とそれほど高くはなく、また進学率上昇の様相も公立拡張型とよく似ている。一九五〇年代半ばの「入学者私学率」のクラスター平均は約一〇%に過ぎず、高校教育拡大前は、公立高校が中心となって限られた人々に高校教育機会を提供していた自治体であった。しかし、公立拡張型とは異なり、一九六〇年代前半の生徒急増期には私学率がクラスター平均で一〇ポイントと大きく上昇した、さらに八〇年代に私学率がゆるやかに上昇しクラスター平均で二三%になっている。高校教育が拡大していくプロセスの中で、私立高校がだんだんとそのシェアを拡大していったといえる。公立拡張型と比べて、当初の進学率がそれほど高くないという点では同様でも、教育機会の担い手としての私立高校の役割は対極にあったクラスターであると考えられる。数の上ではこのクラスターに属する県が最も多いことから、高校教育の提供構造のもう一つの標準的な姿ともいえる。

## 大都市型クラスター

このクラスターに属している自治体は、当初の私学率も進学率も他のクラスターに比べて大幅に高くなっている。一九五〇年代中頃の進学率のクラスター平均はすでに六割を超え、高校教育の拡大が相当程度達成されていた。しかも入学者私学率のクラスター平均は五割に近く私立高校がその少なからぬ部分を担っていた。しかし、私学率は、一九六〇年代初頭に五〇%を超えるまで上昇した後、高校進学率の上昇

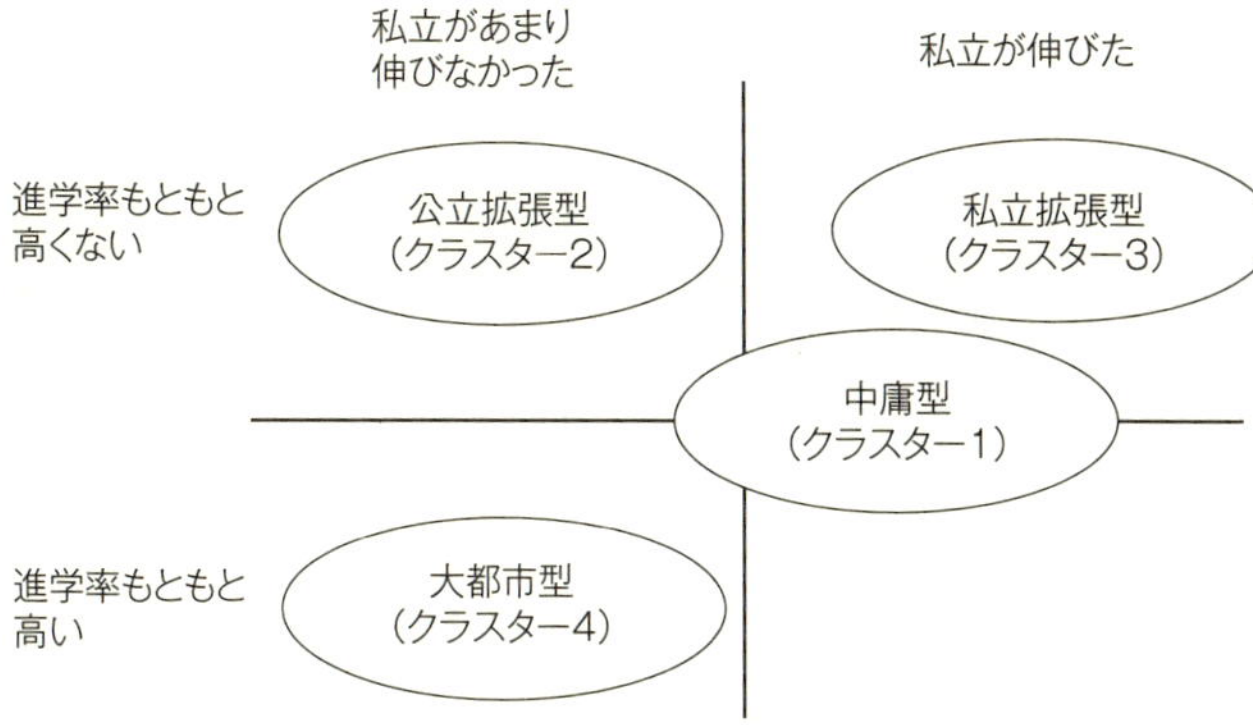


図3-2　各クラスターの布置

が九〇%台で頭打ちとなり「天井」に達する中で三〇%台後半にまで減少していった。

このクラスターに属する自治体はいずれも大都市を抱え、その地方の政治経済の中心的な役割を果たしている。進学者数が急増した第一次ベビーブーマーが高校に行った時期を経て、さらなる人口増加から第二次ベビーブームを迎えるにあたって、公立高校が高校教育の担い手としての量的な比重をだんだんと高めていったととらえられる。[10]

以上をまとめると、四つのクラスターの関係は図3-2のように図示することができるだろう。この類型には、違和感をおぼえる読者も少なくないかもしれない。たとえば、愛知県が「大都市型」ではなく「公立拡張型」に入っていたり、私立高校が少ない秋田県や和歌山県が「私立拡張型」に分類されていたりする。このように、私たちの感覚からはずれてしまう部分が少なからずある。

類型化にあたって用いた三つの指標によって抽出しようとしたものは何なのかという点がこのようなずれが生じる理由の一つにある。この分類の基準は、あくまでも全国的な進学率拡大前の状況とその後の私学率の変化の方向という二つの点にあるからである。仮に違う基準を設定すれば当然違う分類が抽出される。われわれは、高校教育機会の提供構造を比率の構造としてとらえることを目指しており、その中でも私立高校の役割に特に注目している。この分析で抽出されたのは、あくまでもこの方針に従って導き出されたものであり、他の類型の可能性を否定するものではない。

一方で違う見方をすれば、私たちは意外に、高校教育拡大の全国的布置について知らなかったということがあるのかもしれない。つまり、公立高校優位で私立高校の存在感が小さい県であっても、実は教育拡大に私立高校が大きな役割を果たしていたということなのかもしれない。

感覚とは違う教育拡大のプロセスが仮にあったのだとすれば、そうした地域の事情を、ケーススタディによって確認していく必要がある。その作業は第4章以降で行なっていく。

## 3　各類型の特徴と高校の威信構造における地域性

### 各類型と高校教育の威信構造の関連

前節では全国の都道府県を四つの類型に分類する作業を行なった。本節ではさらに各類型の特徴に注目しながら、考察を進めていきたい。

大都市型に含まれるのは、高い威信を持つ伝統ある私学が中等教育において大きな地位を占めると考えられる自治体である。一方ですでに述べたように、三大都市圏でも、兵庫県は中庸型に、愛知県は公立拡張型に属しており、実際に大都市圏にある自治体がすべてこのクラスターに属しているわけではない。

中庸型には、兵庫県の他にも、札幌市や函館市のある北海道、仙台市のある宮城県、福岡・北九州市を擁する福岡県が含まれている。このことから、私立高校の立地が県内の一部の人口密集地に限られている自治体では、こうした地域の突出が全体ではならされることによって、結果的に中庸型のような平均的な値をとることになるのだと思われる。また、静岡県や山口県など、県庁所在地以外にも人口の集中する都市を抱えて、県内に複数の中心を持つ自治体も、中庸型に含まれている。このことから、中庸型の中には、異なる下位カテゴリーが含まれていることが推察される。

公立拡張型には、徳島県・岩手県・長崎県のように、中山間地や離島が多く、私立高校の拡大に不向きな地理的制約を抱えた県がまとめられた可能性がある。その中に大都市圏の愛知県が含まれているのは、進学率の初期値が他の大都市圏の自治体と比べて低かったためである。

公立拡張型と対照的な位置にあるのが、私立拡張型である。初期の進学率は公立拡張型と同じく低かったが、高校教育拡大の過程で進学率の上昇にともなって私学率も上昇していった県である。すなわち、初期の進学率が低かった分、高校進学希望者の増加のインパクトは大きく、私立高校が積極的に生徒を収容することにより、公立高校の不足分を補っていったのだと考えられる。ただし、こうした県ではそもそも私立高校が少なく、当然伝統に裏打ちされた威信の高い私学があまりなかったこともあって、公立名門校を頂点とする入学者の学力を基準とした威信の構造は残され、私立高校は「新規参入者」というイメージがつくられやすいのではないかと推察される。

このように、高校教育拡大とそれにともなう私学率の変化の中で、公私がそれぞれに、どのような生徒を受け入れていくかという役割分担も決まっていったことが予想される。いわゆる高校のヒエラルキー構造の成立である。

## どのような高校に誰が入学したのか——高校の威信構造の変化

第1章で述べたように、全国的には、私学率は一九五〇年代から六〇年代前半にかけて上昇を続け、六〇年代後半からは三〇％前後を安定的に推移して現在にまでいたっている。つまり、公立高校と私立高校の分担構造は第一次ベビーブーマーが通過した時期にほぼ固まったのではないかと予想される。この時期を境に高校間ヒエラルキーには変化があったのだろうか。本章第1節でふれたように、私立高校は基本的に公立高校の「受け皿」として定着したという指摘がある一方で、私立高校の威信の上昇を指摘する研究もある。たとえば、苅谷剛彦とジェームズ・E・ローゼンバウムは、高校の学校間格差と、激化する受験競争の是正をめざした小学区制や総合選抜制度の導入の結果、東京大学や京都大学に進学に有利な私立高校への「ブライト・フライト」が進んだことを指摘している。[11][12]「ブライト・フライト」とは学力の高い（ブライト）生徒が、公立学校を避けて（フライト）進学するようになる現象のことである。この現象が起きれば私立が学力の高い生徒を集めるようになり、ヒエラルキーの上層に位置することになる。高校間ヒエラルキーの中で私立高校がいかなる位置を占めるのかについて、真っ向から対立するような見方が提示されていることになる。

この二つの見立てのどちらが現実に即しているのだろうか。この課題を検討するためには、高校間のヒエラルキー構造を反映すると考えられる高校別の偏差値を使用することがもっとも望ましい。しかし、一九六〇年代当時のそのようなデータを入手することは、実際には困難をきわめる。そのため、次善の策にはなるが、第2章でも使用した二〇〇五年SSM調査のデータを用いて高校類型別のヒエラルキー構造を把握することを試みる。[13]高校の威信が入試の得点によって規定されていることを考慮すれば、高校種別に入学者の成績の分布をみれば、ヒエラルキー構造の一端を把握することは可能だろう。[14]高校拡大の前後でヒエラルキー構造にはどのような変化があったのだろうか。

拡大前後の構造変容を把握するため、高校拡大期（一九六九年度まで）に高校に入学した世代（拡大期世代）と、高校教育が天井に達して以降（一九七〇年度以降）に高校に入学した世代（拡大後世代）とに分けて、どのような高校にどの程度の学力をもった生徒が入学していたのかが分かるようなクロス表を作成した[15]（図3－3、カイ二乗検定の結果はすべてのクロス表において p<.001）。高校の種別として、公私の別に加えて、普通科か職業科かという違いも検討の対象とした。中学三年生当時の成績を上・中・下の三段階に分け[16]、設置者学科別にどのくらいの成績の生徒が入学していたのか、その構成比率を示している。

もし、私立高校が公立高校の「受け皿」として定着したという見方に妥当性があるならば、公私の別にかかわらず成績上位層から成績下位層までの生徒を受け入れているだろうし、逆に「ブライト・フライト」説が指摘するように私立高校がヒエラルキー構造の上位を多く占めるような変化が起きたのであれば、拡大後世代では、私立普通科が多くの成績上位者を受け入れるように変化しているだろう。

拡大前の状況から見ておこう。成績上位層を受け入れていたのはどのような高校なのかという点を見ていくと、拡大前世代では、すべてのクラスターで、「公立普通科→公立職業科→私立普通科→私立職業科」という順で、成績上位層の占める割合が高くなっており、公立高校と私立高校の間には、はっきりと「公立優位」という序列が、全国的傾向として存在していたことがうかがえる。逆に下位層に注目すると、私立拡張型を除いては、私立普通科において成績下位層の比率が高いので、私立普通科が下位層の受け皿として機能していたといえる。すなわち、公立高校と私立高校とを比べた場合、全国的には私立高校に成績下位層が流れていた。拡大期世代についてもう一点指摘できることは高校に進学しないことと成績の関係である。高校に進学しなかった中卒グループの半数以上を成績の上～中位層が占めており、成績以外の理

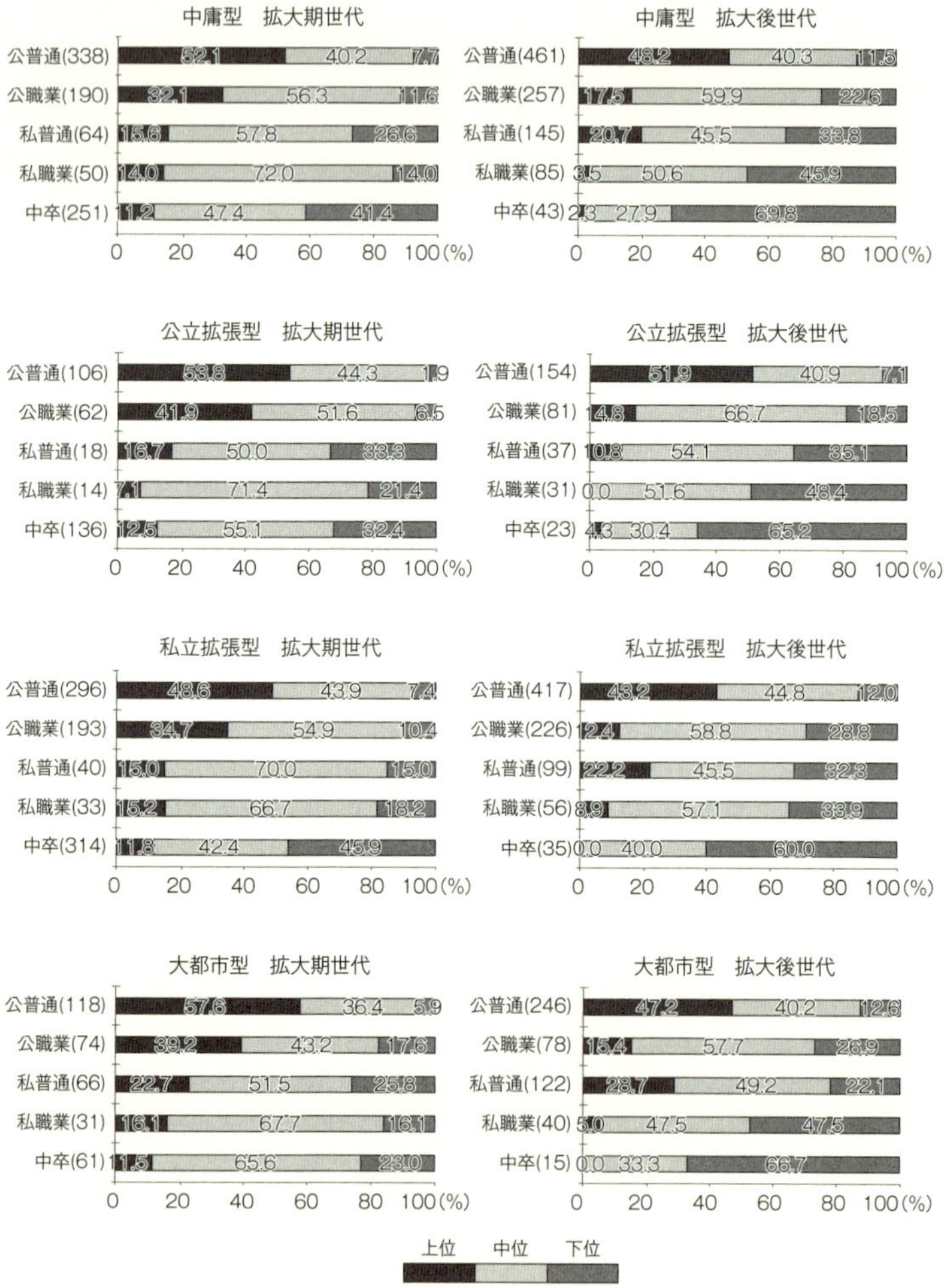
中庸型　拡大期世代
公普通(338) 52.1 40.2 7.7
公職業(190) 32.1 56.3 11.6
私普通(64) 15.6 57.8 26.6
私職業(50) 14.0 72.0 14.0
中卒(251) 11.2 47.4 41.4
0 20 40 60 80 100(%)
中庸型　拡大後世代
公普通(461) 48.2 40.3 11.5
公職業(257) 17.5 59.9 22.6
私普通(145) 20.7 45.5 33.8
私職業(85) 3.5 50.6 45.9
中卒(43) 2.3 27.9 69.8
0 20 40 60 80 100(%)
公立拡張型　拡大期世代
公普通(106) 53.8 44.3 1.9
公職業(62) 41.9 51.6 6.5
私普通(18) 16.7 50.0 33.3
私職業(14) 7.1 71.4 21.4
中卒(136) 12.5 55.1 32.4
0 20 40 60 80 100(%)
公立拡張型　拡大後世代
公普通(154) 51.9 40.9 7.1
公職業(81) 14.8 66.7 18.5
私普通(37) 10.8 54.1 35.1
私職業(31) 0.0 51.6 48.4
中卒(23) 4.3 30.4 65.2
0 20 40 60 80 100(%)
私立拡張型　拡大期世代
公普通(296) 48.6 43.9 7.4
公職業(193) 34.7 54.9 10.4
私普通(40) 15.0 70.0 15.0
私職業(33) 15.2 66.7 18.2
中卒(314) 11.8 42.4 45.9
0 20 40 60 80 100(%)
私立拡張型　拡大後世代
公普通(417) 43.2 44.8 12.0
公職業(226) 12.4 58.8 28.8
私普通(99) 22.2 45.5 32.3
私職業(56) 8.9 57.1 33.9
中卒(35) 0.0 40.0 60.0
0 20 40 60 80 100(%)
大都市型　拡大期世代
公普通(118) 57.6 36.4 5.9
公職業(74) 39.2 43.2 17.6
私普通(66) 22.7 51.5 25.8
私職業(31) 16.1 67.7 16.1
中卒(61) 11.5 65.6 23.0
0 20 40 60 80 100(%)
大都市型　拡大後世代
公普通(246) 47.2 40.2 12.6
公職業(78) 15.4 57.7 26.9
私普通(122) 28.7 49.2 22.1
私職業(40) 5.0 47.5 47.5
中卒(15) 0.0 33.3 66.7
0 20 40 60 80 100(%)
上位 中位 下位

図3-3　中３時の成績の構成の変化（設置者学科別）

出所：2005年 SSM データより。注：(　) は人数を示す

由で高校進学しなかった人々が少なからずいたことがわかる。

公立優位という状況は拡大後でも維持されているのだろうか。拡大後世代では、どのクラスターでも中卒グループの成績上位層と中位層の比率が激減していることがまず確認できる。つまり、中三時の成績が中位以上であれば、高校には進学するようになったのである。高校教育が拡大して、みんなが高校に進学することが当たり前になると、そもそも高校へ進学するかどうか、そしてどのような高校へ進学するかは成績によって規定されるようになったことを示している。

上位層の受け入れという点から見ると、公立拡張型以外の三つのクラスターで、序列の入れ替わりが見られる。公立職業科における成績上位層が減少し、上位層の比率は「公立普通科→私立普通科→公立職業科→私立職業科」という順番に高く、私立普通科で上位層が受け入れられるようになっている。他方、公立拡張型では、成績上位層の占める割合は、拡大前と同じく「公立普通科→公立職業科→私立普通科→私立職業科」の順に並んでいる。下位層についてもこの順番に少なくなっている。つまり、高校教育拡大を通して、公立優位のヒエラルキーが温存されたということができよう。

それぞれの類型の特徴を見ていこう。

スタート時点での進学率と私学率がともに低かった私立拡張型では、公立普通科を除くすべての種別で下位層の比率が上昇している。私立普通科は、成績上位層の受け皿となり、かつ成績下位層の進学も引き受けたことがうかがえる。この背景には、急増する普通科への進学希望者を公立高校普通科が引き受け切れず、あふれた成績上位層が公立職業科ではなく私立普通科に流れたということがある。その一方で、成績下位層もまた、学校規模拡大によって間口の広くなった私立高校に進学することができるようになった。すなわち、高校進学率の上昇によって高校の多様化が進んだといわれるが、まさに私立高校が各校の特色を前面に出して、総体として多様な高校生の進学先となったのである。

中庸型も、私立拡張型と似た傾向を示しているが、公立職業科よりも私立高校において成績下位層をより多く受け入れていることから、私立拡張型と比較すれば、公立優位という構造に近かったのではないかと考えられる。おそらく、トップ校に近い私立普通科が少数存在して成績上位層を受け入れる一方、大多数の私立高校は相対的に多くの下位層を受け入れる形のヒエラルキー構造を形成していった。

大都市型では、私立職業科の下位層の受け入れ比率が群を抜いて高くなっており、公私の区別に加えて、普通科、職業科といった区別がヒエラルキー構造を特徴づけていたことが見て取れる。私立中学校から私立高校に進学する生徒が、他の三つのクラスターに比べて多い（拡大前世代、拡大後世代のいずれでも一一％）ため、私立普通科の成績上位層の比率が低めに出ていることを考慮に入れると、成績上位層を受け入れていた私立普通科が一定程度ある一方で、私立職業科は成績下位層の引き受けを担っており、このような役割分担の中で、多様な高校生の進学先として私立高校は存在していたととらえることができよう。

## 「受け皿」か「ブライト・フライト」か

本節では、高校教育拡大の前後に学校間の威信の構造が定着したという先行研究を踏まえ、その威信の構造の変化を検証してきた。「受け皿」か、威信の上昇か、という点からわかったことをまとめておこう。

中庸型では、拡大後に私立普通科において成績上位層の構成比が高まることで、公立優位な構造が傾向としては維持されつつも、公私がともに多様な生徒を受け入れる構造が成立したと考えられる。

私立高校が拡大期にそれほどプレゼンスを発揮することのなかった公立拡張型では、公立優位の構造が持続していた。他方、拡大期に私立高校の存在感が増した私立拡張型では、上位層が私立高校に入学するようになり、公立優位の構造の中に私立高校が食い込むことによって多様な生徒の受け入れ先としての私立高校が存在するようになったと考えられる。

残る大都市型では、公立中学から高校に進学する層に限っていえば、成績の比較的良い層が私立普通科へも進学するようになった一方で、私立職業科には成績下位層が集中するようになったことが明らかになった。

たしかに「ブライト・フライト」と呼ばれるような、成績上位層が公立高校から私立高校へ流出する現象は、三つのクラスターで確認された。一方で、成績下位層については、私立高校が公立高校の「受け皿」として定着したということも見て取れた。つまり、先行研究が示した二つの現象は同時に生じていたことがクロス表から確認されたことになる。上位層が公立に、下位層が私立に、というわかりやすい階層構造は、一九七〇年代以降には一部の地域では温存されつつも、ある地域においては消滅しており、私立高校の中に、上位層・中位層・下位層それぞれの進学先となる学校が混在することによって、多様な教育機会の提供に貢献していったのである。ただし、私立高校が威信構造のどこを特徴的に占めるのかにはクラスターによる違いがあり、教育機会の担い手としての私立高校がどの程度重要だったのかを反映するものであった。高校教育拡大後においても公立優位の構造を維持し続けたのは、教育機会の提供に私立高校の貢献があまり大きくなかった公立拡張型であり、私立高校の貢献度が大きくはなかった中庸型においても、相対的には公立優位の傾向が持続したととらえられる。一方で拡大期において私立高校がそのプレゼンスを増していった私立拡張型では、ヒエラルキーの上位に私立高校が食い込んでいったことで公立優位の構造に変化が生じていた可能性が示された。残る大都市型では、拡大期以降で私立高校の比率は低下していくが、そのプロセスの中で、成績上位層を比較的多く引き受ける私立普通科と下位層を多く引き受ける私立職業科に分かれていった。大都市型は四つのクラスターの中でも元から私立高校の比重が群を抜いて高かったことから伝統のある私立高校が上位層を引き受けるという構造が維持されたのだと考えらえる。

ただし、本節における考察はあくまで、クラスターごとに拡大前後のヒエラルキー構造変化を示しただけであり、いかにしてそのような変化が生じたのか、高校教育機会が拡大する中で何が生じたのか、そのメカニズムについては説明していない。その検証にあたっては、詳細なケーススタディが必要である。

## 第3章のまとめ

本章では、高校教育機会の提供構造における地域性について、高校間ヒエラルキーという視点もふまえてその特徴について検討してきた。

まず、進学率と私学率および私学率の変化に基づいて四つのクラスターに分類した。それらは、すべての指標について中程度であり、私立高校の役割もほどほどであると考えられる「中庸型」、もともとの進学率が低い中、公立高校が主体となって教育拡大がなされた「公立拡張型」、同じくもともとの進学率は高くない中で私立高校を積極的に活用した「私立拡張型」、そして、進学率・私学率ともに当初から高いものの、その後の進学率の上昇とともに私学率が減少する「大都市型」である。

また高校間ヒエラルキー構造の変容という点から見ると、公立拡張型を除いては、高校教育拡大後に私立普通科高校で成績上位層の受け入れが増加し、「成績上位層は公立に、成績下位層は私立に」という序列が変化し、成績下位層から上位層までの進学先としてカバーするような私立高校が存在するようになったことが明らかになった。このことにより幅広い学力レベルの生徒たちの進学先として公立と私立とが混在する多様な教育機会の提供が可能になったといえる。しかし、成績上位層と下位層をどの程度引き受けるのかという点は四つのクラスターで異なっており、そこにも、各都道府県に固有の事情を踏まえ、地域性を見ていくことの必要性が示唆された。

次章以降では、この類型化を受けて、高校教育政策という点も含めた詳細なケーススタディを行い、急増期とその後に何が起きたのかを確認していきたい。

## 注

[1] 国立教育研究所『私立高等学校の立地と社会経済環境』(「高等学校調査報告書」参考資料集、一九七八年)。

[2] 北海道・東京・神奈川・静岡・愛知・京都・大阪・兵庫・広島・福岡の一〇都道府県。

[3] 潮木守一『学歴社会の転換』(東京大学出版会、一九七八年)。

[4] 秦政春「進学率を指標とした高等学校格差の分析(Ⅰ)――一五県の比較を中心に」『名古屋大学教育学部紀要(教育学科)』第二二巻、一九七五年、二三七-二五四頁。秦政春「進学率を指標とした高等学校格差の分析(Ⅱ)――大学進学者の出身学校階層の検討を中心として」『名古屋大学教育学部紀要(教育学科)』第二三巻、一九七六年、二一三-二二六頁。

[5] たとえばトーマス・ローレン(友田泰正訳)『日本の高校――成功と代償』(サイマル出版会、一九八三=一九八八年)。

[6] 中西祐子・中村高康・大内裕和「戦後日本の高校間格差成立過程と社会階層――一九八五年SSM調査データの分析を通じて」『教育社会学研究』第六〇集、一九九七年、六一-八二頁。

[7] 松本康「高等学校の量的拡大と質的変化」門脇厚司・飯田浩之編『高等学校の社会史――新制学校の〈予期せぬ帰結〉』(東信堂、一九九二年)所収。

[8] 天野郁夫・河上婦志子・吉本圭一・吉田文・橋本健二「進路分化の規定要因とその変動――高校教育システムを中心として」『東京大学教育学部紀要』第二三巻 一九八三年、一-四三頁。吉本圭一「高校教育の階層構造と進路分化」『教育社会学研究』第三九集、一九八四年、一七二-一八六頁。

[9] クラスター分析とは、データの情報にもとづいて探索的に対象をいくつかのグループに分類する手法である。都道府

県の類型化にあたってはWａｒｄ法を用いてクラスター分析を行なった。

［10］第二次ベビーブーム世代による急増対策は、高度成長期の人口移動を反映して、都市部に集中して表れ、公立高校の新増設を軸に対策がとられた。

［11］公立トップ校を潰すような入試制度改革によって、東京都や京都府で公立高校が「凋落」し私立高校が急伸したという言説は根強い。たとえば奥武則『むかし〈都立高校〉があった』（平凡社、二〇〇四年）、荒瀬克己『奇跡と呼ばれた学校――国公立大学合格者30倍のひみつ』（朝日新聞出版、二〇〇七年）など。ただしこれについて、小川洋『なぜ公立高校はダメになったのか――教育崩壊の真実』（亜紀書房、二〇〇〇年）において実証的データに基づいて否定的見解が示されている。

［12］Kariya, Takehiko and Rosenbaum, James E. "Bright Flight: Unintended Consequences of Detracking Policy in Japan" *American Journal of Education* 107, 1999, pp.210-230.

［13］二〇〇五年データを用いるのは、出身高校の設置者の情報が得られることと、高校教育拡大期と拡大後の様相を見るためには、拡大後に進学した人びとのサンプルを確保することが必要となるからである（分析の対象となった人数は五七四二人）。

［14］クロス表にて分析する際には時間的に先行する変数のカテゴリーごとに比率を計算することが一般的である。中学三年時の成績と入学した高校の関係を見る場合には、本人の中学三年時の成績の方が高校進学に先行するため、成績別の進学先の構成を示すべきであろう。しかし、設置者学科別の受け入れの様相をより分かりやすく提示するため、ここでは、あえて高校類型別の構成比を提示する。

［15］分析は、公立中学校出身者のみを対象としたので、中高私立一貫校の生徒は除かれている。また国立高校への進学者は分析から除外している。

［16］「上の方」「やや上の方」を「上位」、「真ん中」を「中位」、「やや下の方」「下の方」を「下位」とした。

# 第4章

# 各都道府県のケーススタディ（1）中庸型
## ——静岡県・香川県・兵庫県

## はじめに——第4章から第7章のケーススタディについて

本章から第7章まででは、都道府県ごとに、人口増加や進学率の上昇に応じて、高校が増えることによって、どのような地域社会ができていったのか、についてケーススタディを行なう。一〇府県におけるケーススタディを通して、高校教育拡大のスタート時点ですでに存在していた差異が、高校教育拡大の過程でさらに拡大し、それぞれの府県に特徴的な公私関係が成立してきた様子を明らかにする。

第4章から第7章までに行なうことは端的に言えば、〈高卒当然社会〉がどのように可能になったのかを、都道府県を単位にして明らかにすることにある。前章までで、私たちは次のことを確認してきた。まず、高校進学率は、一九七〇年代にはすべての都道府県で九〇％を超えて「準義務教育化」というべき段階に到達した。それが可能となったのは、その前の段階で高校数や一校あたりの定員を増やすことにより収容力が増強されたことによって、「誰でも希望すれば高校に進学できる」という状況が準備されたためであった。

その収容力が増強される過程において、各地域によって固有のプロセスがとられた。第1章第3節で見てきたように、国はあくまで高校教育については地方自治体レベルで扱うことであるという姿勢を明確にし、生徒急増期の高校増設についても、一律の財政補助以上に積極的な関与を行なってこなかった。そして、どのように高校を増やすか増やさないかについては、都道府県レベル以下の行政単位に任せてきた。

その結果、「どの高校が、誰にどのような高校教育を供給するか」は地域によって根本的に異なることとなった。つまり、高校を増やしていくことによって形づくられていった戦後日本社会は、教育拡大期に量的に教育機会が確保されるようになった一方で、質的に多様性をそなえるようになったといえる。特に、地域ごとの違いが生じてきた起源を、私たちは一九六〇年代の第一次ベビーブーマーへの対処方法に求める。この時期に、公立高校／私立高校両者を包括する形で高校教育機会を分配する方法に都道府県ごとの差異が生じたことによって、一九七〇年代に高校が事実上の準義務教育となるとともに、都道府県（あるいはそれより下位の地域）を単位とした高校教育の供給の仕方が決定づけられたと考えるからである。

そこで本章から第7章までは、高校教育機会が供給されてきた方法について、都道府県を単位としたケーススタディを行なう。このケーススタディを行なうことにより、誰もが高校に通えるようになってきた日本社会において、各都道府県が異なる社会基盤としての高校教育機会を備えるようになったこと、そして、このことが都道府県ごとで、それぞれ独自の地域社会を見つめる人々の社会の見方に結びついていることも紹介する。

## 各章のケースを見る視点

それぞれのケースでは、第一次ベビーブーマーの入学時期に各都道府県がどのような対応を取ったかに焦点を当てた。その上でさらに次の三点に注目した。第一に「進学率がどこまで上昇すると想定したか」という点である。第二に、「私立高校の寄与はどの程度であったのか」ていう点である。第三に「公立高校のうちどの学校を増やすか。特に普通科と職業科のどちらに重点を置くか」という点である。[1]

検討に入る前に、「どの程度の進学率を想定するか」と「どのような学校を増やすか」という二点について国としてはどのように考えていたのかを、簡単に確認しておこう。

進学率については、国は六〇年あるいは六一年の進学率と同等あるいはある程度上回るという程度を想定していた。[2] また、「どのような学校を増やすか」については、義務教育とは異なり、設置主体である都道府県が主体性を持って対処していくことが必要であるという認識が、文部省あるいは政府からしばしば示されていた。たとえば、当時、文部省にいた内藤誉三郎が国会で「一応文部省の計画を立てますけれども、義務教育のようなわけには参らぬと思う。そこで高等学校の場合に、どういうような高等学校を建てるのか、各県がそれぞれ自主的に計画をおきめにならなければならぬ」と国会の答弁で述べている。高度経済成長期における工業中堅技術者の人材養成の必要性を受けて、工業教育を重視した予算配分が行われていた。[3] そのため、財政力が弱く、都道府県による裁量の小さい自治体においては、工業高校を重視した増設が顕著に見られることとなる。

これらの事実を踏まえた上で、次節より、各県のケースの検討を行なう。各ケースには、それぞれの県における高校在籍者数と高校学齢人口（積み上げグラフ）、高校在籍率と私学率（折れ線グラフ）を示してある。[4] 全国値によって作成したグラフは図4-1（九〇頁）のようになる。その後、それぞれの府県のケースを見てみると、各府県ごとにこの形が大きく異なっていることが確認できるだろう。これがまさしく「地域性」が数字として表現されているものである。

## 中庸型の三県（静岡県・香川県・兵庫県）の検討

本章では、まず全国の平均的な様子を確認するために、第3章で「中庸型」と称した県のケースを提示する。中庸型とは、基本的には教育拡大の平均に位置する。私立高校も全国平均程度に教育拡大に寄与している。ここに分類される一六道県には、さらに次の三つの類型を見ることができる。第一に、公立・私立がそれぞれ教育拡大に寄与している割合が中程度であり、まさに平均として取り上げられそうな県である。ここから抽出したのが静岡県である。静岡県は、経済的に日本経済の縮図であるとしばしば指摘されており、テストマーケティングの地としてよく活用されている。[5] 第二の類型として注目されるのは、中庸型の中では比較的私立高校の寄与の小さい県である。岡山県、香川県、愛媛県など瀬戸内海沿いの県に見られ、その中から香川県を取り上げる。第三の類型として挙げられるのは、中心都市に都市型の構造がありながら、都市部の後ろに抱える農山村地域が大きいために、大都市型ではなく中庸型に分類される県である。宮城県、兵庫県、福岡県がこれに該当し、その中から兵庫県を事例として取り上げる。

### 1　静岡県——日本の社会経済システムの「縮図」における教育拡大

静岡県は先述の通り、日本経済の縮図であると言われている。そのためか、中庸型のなかでも平均的な動きをしており、静岡県の高校教育提供機会の構造を見ていくことは、いわゆる標準的な例を見ていくことにつながるだろう。次に示す、全国のグラフ（図4－1）を静岡県のもの（図4－2）と比べてみると、両者がよく似ていることがわかるだろう。とりわけ次の三つの点において、静岡県は全国の縮図ということができる。まず、第一次ベビーブーマー対策で用意した高校の収容力によって、全国のグラフと同様に、一九八〇年代後半の第二次ベビーブーマーの到来まで対処可能であった点である。第二に、高校在籍率の上昇カーブがほぼ同一の動きをしていることである。第三に、静岡県の方がなだらかな線を描くものの、私学率がほぼ三割で均衡するという点も、全国と一致して見られる傾向である。

静岡県がこのような特徴を持つにいたったのはなぜか。その政策的要因を、一九六〇年から六一年にかけて設置された県内へ「高等学校課程再編成協議会」の答申に見ることができる。この答申では、「四五年度（一九七〇年）の進学率を七二・五％と見込これに見合う定員増は恒久的に行う」、「普通科と職業科の比率は五〇：五〇とする」、「公立・私立の分担を二：一とする」という取り決めが行なわれている。[6]すなわち、この取り決めによって、第一次ベビーブーマー対策で増設された高校によってもたらされた定員収容力が「恒久的なもの」となったことで、その後、九〇％以上の生徒が高校に入学できるだけの高校教育機会が静岡県内につねに確保され続けることとなった。また、公立・私立の分担を二：一としたことから、静岡県内の私学率は一九九〇年代後半に至るまで、一貫して三〇％代前半で推移している。「普通科／職業科」あるいは「公立／私立」の配分を比率によって固定することで高校の供給の仕方を決めるという政策手法は、第一次ベビーブーマーによる急増期やその直後の減少期において、しばしば全国的に見られた。

では、静岡県では、第一次ベビーブーマー対策として、どのような形で高校の増設が行なわれたのであ

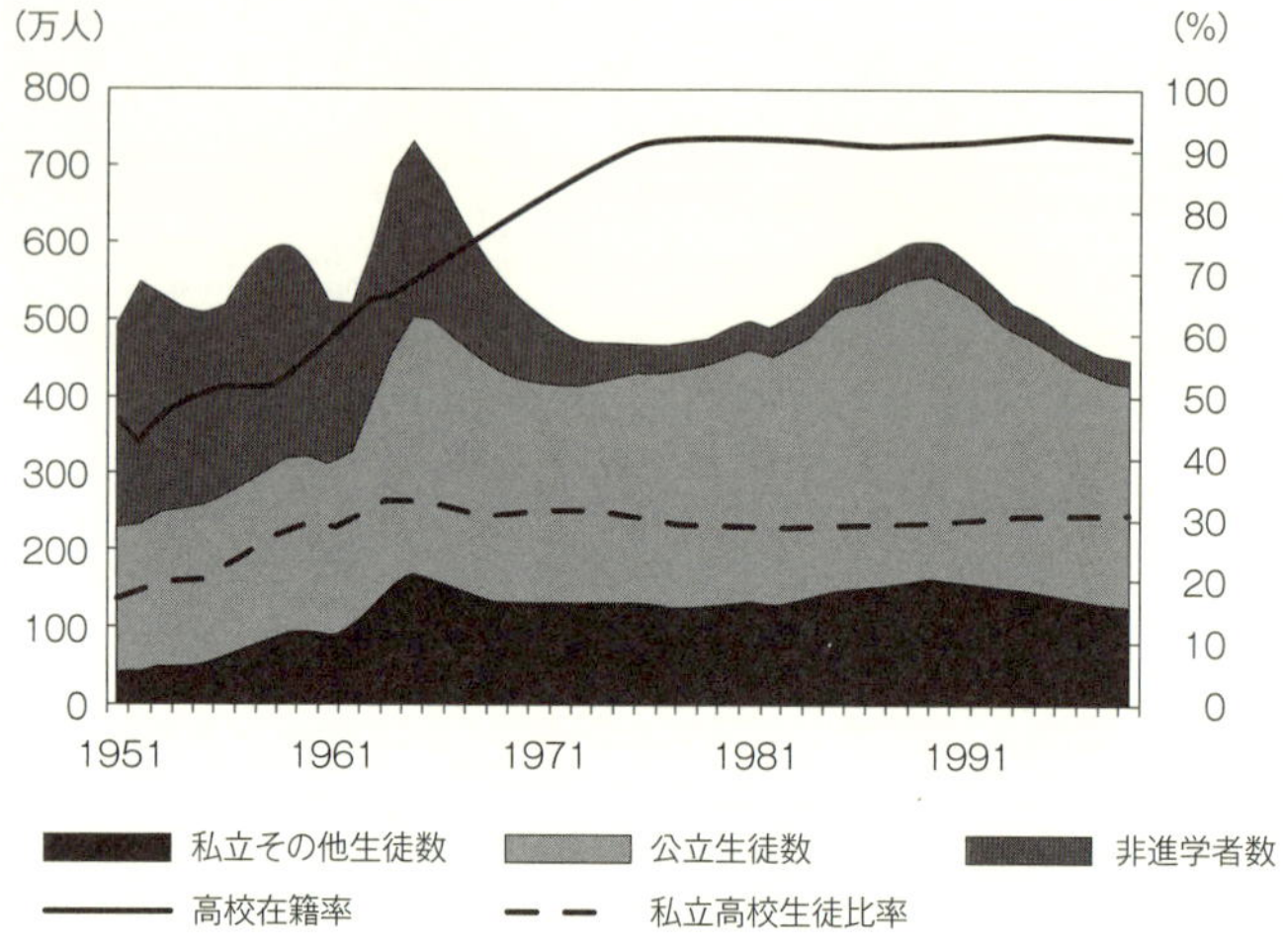


図4-1　全国の高校教育拡大過程　出所：『学校基本調査』

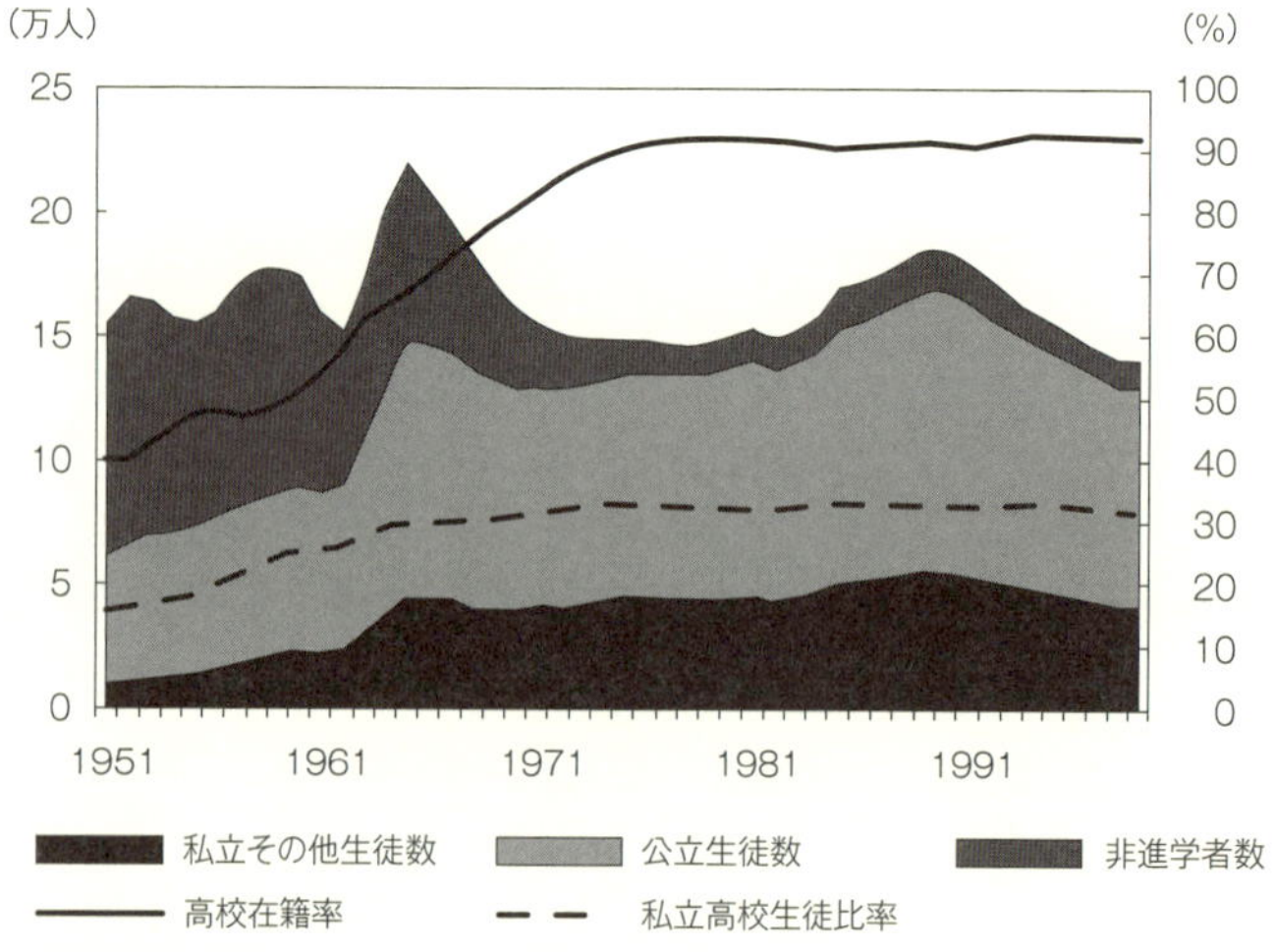


図4-2　静岡県の高校教育拡大過程　出所：『学校基本調査』

ろうか。静岡県は、富士川以東の東部[7]（沼津市・三島市など）、牧之原台地までの中部（静岡市など）、ほぼ旧遠州に相当する西部（浜松市など）に大きく区分される（図4－3）[8]。静岡県では生徒急増期に備えて、一九六一年から一九六四年の間に次の一一校が設置された（ただし、浜松城北工業高校は、浜松農工高校から農業経営高校が分離独立したことによる改名である）。

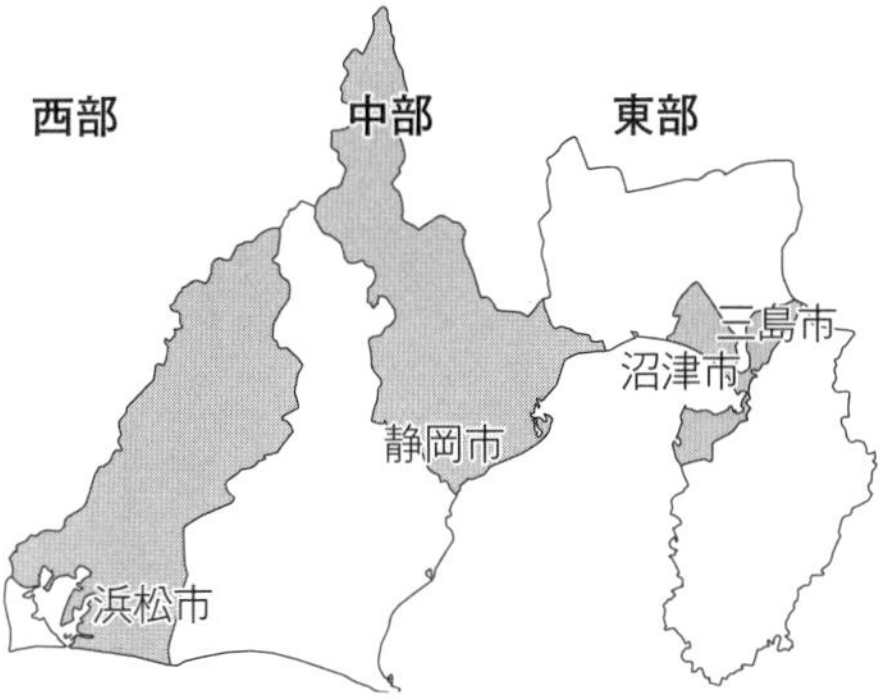


図4-3　静岡県

表4-1　1961年～1964年の間に設置された静岡公立高校一覧

| 西部（浜松市など） | 中部（静岡市など） | 東部（沼津市・三島市など） |
|---|---|---|
| 浜松西高校 | 清水工業高校 | 吉原商業高校 |
| 中遠工業高校 | 島田工業高校 | 御殿場南高校 |
| 浜松城北工業高校 | 焼津中央高校 | 伊東商業高校 |
| 農業経営高校 | 静岡東高校 | |

出所：『全国学校総覧』

表4－1からは、新設一一校が地域バランスよく配置されている上に、「普通科と職業科の比率は五〇：五〇とする」ために、職業科の設置が多く行なわれていることが読み取れる。このような地域バランスの考慮と普通科・職業科の計画的配置は、全国的に見られた現象であった。

また、静岡県の私立高校の増設にも、第一次ベビーブーマーによる急増期前後に全国的に見られた事例がいくつか見られる。たとえば、日本大学三島高校（一九五八年開校）のように、大学の附属校が設置された例である。もっとも、日大三島高校のように大学の拡大戦略と合致した例よりは、むしろ、浜松市が日本体育大学を誘致した浜松日体高校（一九六三年開校）のように、地方自治体側が積極的に附属校の誘致に動く流れの方が全国的に広く見られた。また、受験熱の激化に応じて予備校や学校法人以外の法人が高校を開校した例として、大学受験予備校を経営していた学校法人静岡学園が開設した静岡学園高校（一九六六年開校）や、静岡県自動車学校が設置した静岡自動車工業高校（一九六三年開校）が見られる。とくに後者のように、地元のアントレプレナーシップ（起業家精神）によって、私立高校が設けられたのかどうか、設けられたのであればどのような学校であったかは、各都道府県それぞれの教育観のあり方に影響を与えていくこととなった。

## 静岡県に見る全国の教育拡大の特徴

このような公私両者の積極的な高校増設によって、一九七〇年で七二・五％と見込まれていた高校進学率は、実際には八二・七％にまで上昇した。[9] この静岡県の事例のように、第一次ベビーブーマー到来前の予測よりも高い進学率を達成したことが全国で見られたことにより、誰でも高校に通える社会が作り上げられていった。今後、他の府県との違いを把握しやすいように、静岡県で行なわれた収容力が増強される過程から整理しておこう。

まず第一の特徴として、公立高校、私立高校両者を横断する形で行なわれた政策的な取り決めが挙げられる。静岡県の事例では、「高等学校課程再編成協議会」による「普通科と職業科の比率は五〇：五〇とする」、「公立・私立の分担を二：一とする」という取り決めがまさにそれである。[10] このような取り決めにより、誰が、どれだけ増やすか、ということが政策として決められた府県が存在する一方、このような取り決めがなかった府県も存在する。それらをめぐる政策的葛藤や混乱の有無を各府県で見ていきたい。

また第二の特徴として、公立高校の拡大でしばしば見られるのは、都道府県内の地域性に対する配慮である。日本の都道府県の多くは、交通事情などの面で県内の端から端までを高校生が移動して通うには難しい状況にあることが多かった。たとえば、静岡県は東西に約一五五キロメートル、南北に一一八キロメートルある。これだけの広さがあっても、全国では一三番目の位置である。高校は、大学とは異なり、できる限り生徒の通える範囲に作ることを各都道府県は意図しており、そのため、山岳部の存在などで地理的に区切られる地域を踏まえて、その地域ごとに公立高校を設けることが行なわれたのである。静岡県において、東部、中部、西部ごとでほぼ均等に高校が設けられたのはそのひとつの表れである。

第三に私立高校の新設においても、静岡県は全国に通じる特徴を持っている。ひとつが、知名度のある大学による附属校の設置の例である。これは繰り返しを恐れずに言えば、浜松日体高校のように、地方自治体側が積極的に附属校を誘致する動きの方が全国的に見られる。また、受験熱の激化に応じて予備校や高校法人以外の法人が高校を開校した例があった。この全国的な知名度を生かした大学附属校としての私立高校の設置と地域の予備校や学校法人以外の学校の設置が行なわれたかどうかは、それぞれの地域において、人々が持っている「私立高校」の認識を決めていく上での要因となった。すなわち、大学附属校や大学進学予備校が設けた私立高校の中には、大都市部の大学に進学できる学校として公立伝統校に互しうる「進学校」としての認識を地元の人々から得られることもあった。一方で、このような経緯とは異なる私立高校のなかには、地方にはしばしば見られる「官尊民卑」の風潮のなかで、戦前からの伝統を引き継ぐ公立高校はおろか、この時期に新しくできた公立高校のさらに下に位置付けられる私立高校も見られた。

## 高校教育拡大によって強化されてきた静岡県の独自性

ここまでは、静岡県を「全国の縮図」として見ながら検討してきた。しかし、静岡県の特徴がすべて全国に類型的にあてはまるようなものばかりではなく、静岡県に固有の事象もある。そのひとつが、生徒急増期における受験熱加熱によるペーパーテスト偏重批判を踏まえた、公立高校入学試験の選抜方式である。一九六七年から静岡県では、体力測定と面接が入学者選抜の内容に加わった。更に、一九六九年からは、調査書を主な資料としながら、体育を重視することが明記されていた。[11] この考え方には、「入学者選抜学力検査に対する関心の高まりは、いたずらに生徒の心身の負担を増しているのみならず、テストの点数にこだわり、健全な身体の育成や人間教育をなおざりにする傾向を招いていることはまことに遺憾なことである」という静岡県教育委員会の考えのもと、「強い身体、豊かな情操、高い知性」をもちあわせることを目指したものであった。[12]

静岡県ではこのように、勉強だけでなく体育のできる者を優秀とする考えが根強く、旧制中学校の流れをくむ各地域の「トップ校」が文武両道を目指そうとする動きが全県的に強い。現在でもこの流れは、学校独自の裁量基準で選抜を行なう「学校裁量枠」制度として受け継がれており、例えば、旧制の県立静岡中学校を前身とする静岡高校が定員の三%程度を野球実技による選抜によって、また藤枝市周辺の「学区トップ校」である藤枝東高校が定員の四%程度をサッカー実技によって、入学者選抜を行なっている。静岡高校は、全国高等学校野球選手権大会（夏の甲子園）での出場回数が二二回を数えており、静岡県内で最も甲子園の出場回数が多いだけでなく、全国すべての高校のなかでも一二番の位置にある。一方、藤枝東高校は、全国高等学校サッカー選手権大会での出場回数が二四回を数えており、これも静岡県内最多であるだけでなく、全国で十番の位置にある。このように、伝統ある公立高校がスポーツを重視し、さらにそれが長期にわたり、維持されてきていることは、静岡県に固有の高校教育機会の提供のされ方と結びついているといえる。また、静岡県では、このような風潮から旧制中学校を前身とする「学区トップ校」が重点スポーツとの両立を図るべく男子が多くなる傾向があった一方で、旧制の女学校を前身とする公立女子校が戦後長く存在してきた。しかしながら、現在では、全県ですべての公立高校が共学化している。

## 2　香川県——大規模化した公立高校とバッファーとしての私立高校で数年を乗り切る

一九八八年に大阪府に抜かれるまで面積が全国の都道府県で二番目に小さかった香川県（図4-4）は、新制高校発足当時から全国平均を上回る進学率を維持していた。他県同様に、第一次ベビーブーマーが高校生となる一九六三年度から高校生の急増が始まり、一九六五年度に高校生徒数のピークを迎えている。香川県が、高校生急増期対策を県政の重要施策として位置づけ取り組み始めるのはそれに先立つ一九六一年度からである。県教育委員会は当初、一九六一年度から一九六五年度までの五カ年の年次計画のもと、総事業費一七億九七〇〇万円余で、延床面積一一万平方メートルの施設を段階的に整備することを予定していた。しかし、それは必ずしも計画通りには進まなかったとされる。[13]

図4-4　香川県

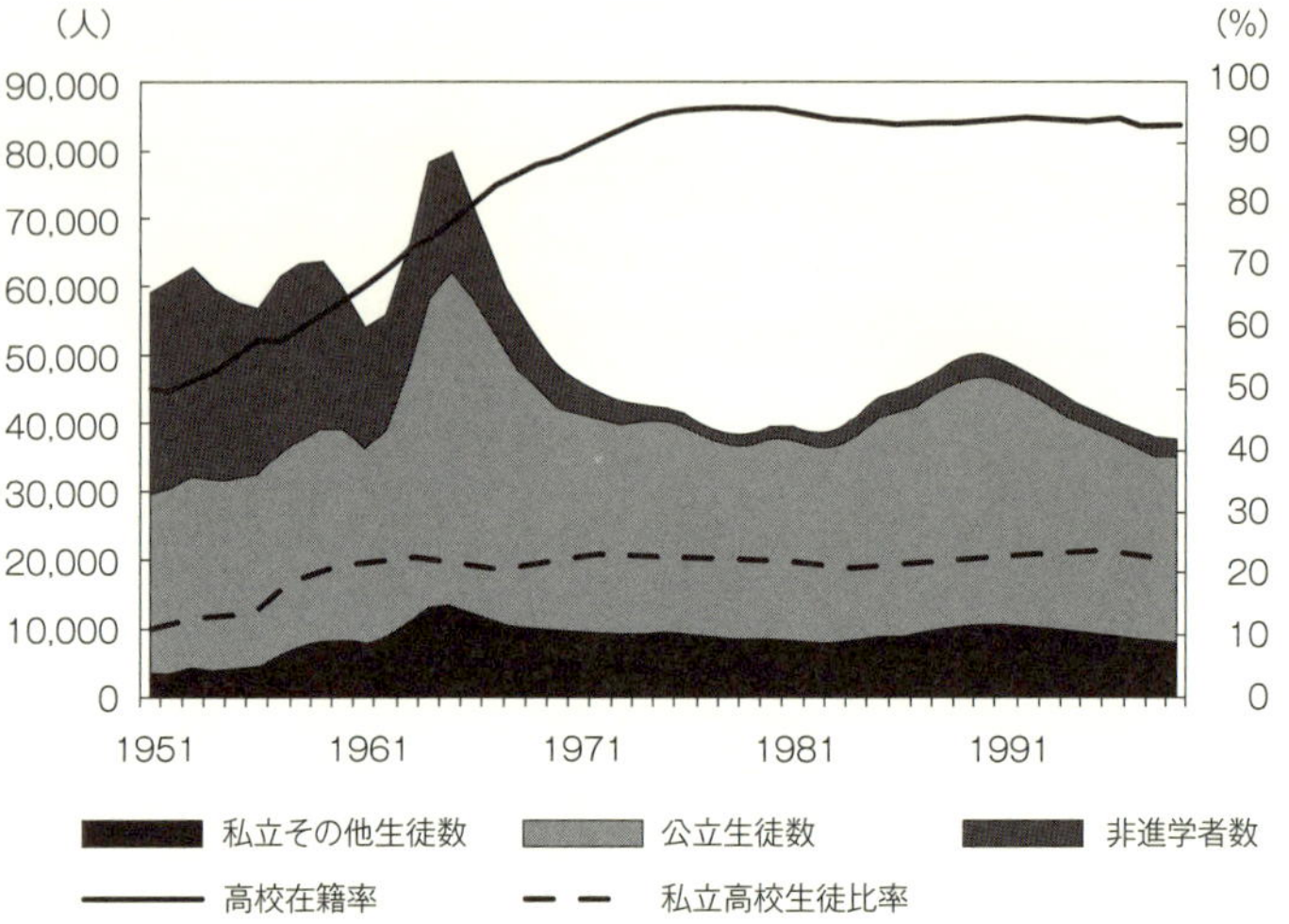


**図4-5　香川県の高校教育拡大過程**　出所：『学校基本調査』

### 後ろ向きだった高校新設

では、一体どのようにして生徒急増期の乗り切りがはかられたのであろうか。そもそも県の側では公立高校全日制課程への入学者は、出願者に対して七六％の入学率を維持することを前提に設備の拡充や教員の確保のための計画を立てていた。しかし、一九六二年九月の県議会で「高校生急増に関する決議」が採択され、この方針は転換される。出願に対して七六％の入学率を維持したままでは、出願数が増えると絶対数としての公立高校不合格者は増加してしまう。それは、県民の憂慮するところとなるため、「必ずしも従前の比率にかかわらず入学定員の増加を図るように努力すべきである」[14]という決議を行なっている。これをふまえて、翌一九六三年度には大幅な予算が措置され、教員等の増員、施設設備の拡充、新学科の設置等が行なわれ、公立高校の入学率は七七・七％に増加することとなる。[15]

しかし、高校の新設という点でみると、この時期に新設されたのは三豊工業高校（観音寺市）一校のみである。工業高校が新設されたのは、「中堅産業人を育成するという時代の要請と、生徒急増期対策を重ね合わせて解決しようとしたもの」であったという。[16] 高校の新設が抑制された理由は、図4－5にも示されるように、第一次ベビーブーマーが高校を通過した後には、その後、急激に人口が減ることが予期されていたからである。そのため、高校生数が増加するのは数年のみの一過性のものという認識があったからである。しかも、香川県では、第一次ベビーブーマー到来以前から、全国平均を超える進学率をずっと維持しており、第一次ベビーブーマー後の高校進学者に供給するだけの高校進学機会は量としては一応確保されていた。

そのため、一時的な生徒数増に対応するための収容力の増加は、既存の高校の校舎を拡充すること、具体的には、既存の校舎の改築や増設、一時的な措置として特別教室や会議室等の普通教室への転用によって乗り切ることが企図された。このことに関して、香川県校長協会の五十年誌に掲載の座談会で、井澤滋は次のように述べている。

ところで、当時の考えでは、やがてベビーブームは去るのだから、今学校で増設する必要はない、学校規模の拡大で対応したならば解決できるじゃないかということで、高校をつくらなかった。[17]

また、一九五八年頃のエピソードとして、高校の新設をめぐる次のような話が、紹介されている。旧制第一中学校と旧制高等女学校が統合した歴史を持つ高松高校に県知事や教育長がヒアリングに来た際に、十年後のベビーブーマー対策の話も出た。当時の教育長の意向としては、学校を新設することなく既存の学校数で生徒を受け入れてほしいと考えており、高松高校の場合は三千名程度は受け入れてもらいたいが、もし高松高校の声として高校の新設を望むならば、県としては、新設してもよいと考えている。これを受けて、教員の側は、「三〇〇〇人の学校というのはとても困るので、つくってもらえるなら作ってほしいという意見を出しましょう」ということになった。しかし、校長の「まあ一つここは、考えどころぞと。広島で一つ学校をつくったところが、従来の有名校が台無しになってしまった例があるんでね。その二の舞を踏んでは、我々ここにいるものとしては、困るんじゃないか」という一声によって立ち消えてしまい、学校新設の話はなくなったという。[18]

人口増加は県庁所在地である高松地区で顕著であり、たとえば高松高校ではピーク時の一九六五年には三〇四五人の生徒が在籍していた。[19] 県内の人口が高松地区に偏在していたことをふまえて、一九六三年度の入学者から学区制が、一四学区からなる小学区制から二大学区へと変更されたことも、[20] 高校教育の機会を確保する上で結果的にはプラスに働いたと考えられる。小学区制のもとでは、一つの学区に基本的には一つの高校しか設置されていないので、学区内の人口の急増に臨機応変に対応することは難しい。しかし、大学区制になれば、人口が急増している地区とそうでない地区をまとめて複数の高校で対応することができるため、生徒数の増減に対して柔軟な措置をとることが可能になるからである。とはいっても、既存の高校の設備の拡充で急増期を乗り切ったことは、全国的にも有数の大規模校を生み出すことにもつながった。

## 見逃せない私立高校の役割

このように生徒急増期への対応は、基本的に公立高校主体で行なわれていたが、私立高校の果たした役割も見過ごすことはできない。県の側からは私立高校に対して、私立高校急増対策費として貸付金等が措置され、施設の拡充が行なわれた。私立高校在籍者数は一九六〇年度には八一一七人であったものの、ピーク時の一九六五年度には一万二九六八人へと約一・六倍に増加していることからも、私立高校の側でも急増期に相当程度の生徒を受け入れたことが分かる。ただし、私立高校の方でも急増期に新設されたのは上戸学園高校（三豊市、普通科女子高、一九六〇年開校）一校にとどまっており、公立高校と同じく既存の高校を大規模化することで急増期の乗り切りが図られた。[21]

香川県内で私立高校が置かれていた状況について補足しておこう。県立高校の再編で公立定員が増加したことのあおりをうけ、急増期前の一九五〇年代後半までに香川県の私立高校の多くでは、私立高校生徒数が減少し、経営難に陥っていた。たとえば、一九六〇年度の私立高校の全募集人員は一五〇〇名であったのに対し、一月一五日現在で半数に満たない六六四名しか応募者がいないという状況であったという。[22]ここから、後述する徳島県ほどでないにせよ、公立高校に進学できるのであれば、あえて私立高校に進学することは選択しないという県民の選好があったことがうかがわれる。生徒急増期には私立高校の生徒数も増加しているものの、その後の生徒減少期には、ふたたび生徒確保の在り方が私立高校にとって死活問題として浮上することになる。一九四八年に発足した香川県私立中学高等学校連盟は、県教育委員会に対し、生徒急増期を除いた期間の公立高校の定員決定に際し、私学定員に配慮するように要望を続け、結果、一九七一年に教育委員会と私立側で「昭和四四（一九六九）年度を基準として、理論的に伸び率を公立・私立三対一とする」という旨の了解にこぎつけることとなる。[23]

以上のように香川県では、もともと高校進学率が全国平均を上回っていたこともあり、進学率の上昇を目指した政策が取られていたわけではない。入学率という一応の目安を設定して計画が立てられるものの、急増期を目前にして、入学希望をできるだけ叶えるように拡充方向へと変更されることとなる。しかし、その後の減少期を見越して、安易な拡大政策はとらず既存の高校の大規模化によって急増期は乗り切られた。また私立高校の側は急増期にこそ生徒数は増加するものの、その前後では生徒数確保が死活問題となり公立高校の定員の増減に翻弄され、バッファー（緩衝材）としての役割を担わされていたといえるだろう。

## 伝統校の意向が支える地域の構造

香川県の公立高校の動きとして注目されるのは、「従来の有名校」を台無しにしないという伝統校の意向である。もちろん、高等学校は、全国に旧制中学校や旧制高等女学校の流れを汲むものが数多く存在し、これらの学校の歴史と地元の名望家層の存在が強く結びついてきた。特に香川県のように、高松地区に人口が集中し、そこに伝統ある有名校が存在した県では、必然的に政治に上ってくる地元の伝統校の意向は強くなる。しかも従来から高かった進学率、比較して大きくなかった第一次ベビーブーマーのインパクト、これらの要因は新しい高校を作る機運を弱め、結果的に、地域の「伝統校」を残していく上でプラスに作用していった。この有名校、伝統校を台無しにしないという意向、そして、それらの有名校、伝統校が「公立」であって、公立高校を主体として政策を決めるという姿勢が既存の公立高校を一時的に拡大することにより、生徒急増期に対処し、私立も合わせてバッファーとして機能するという公立高校と私立高校のパワーバランスを作り上げていった。

このように、地域の伝統校である「一中」の意向が地域性を形作ってきた都道府県は現在でも少なからず存在する。香川県はそのような県の代表的事例といえるであろう。

## 3 兵庫県——大都市圏と広大な中山間地域の併存がもたらした県内の多様性

兵庫県は、京都府・大阪府とともに、関西大都市圏を構成している。しかし、京都府と大阪府が大都市型に属しているのにかかわらず、兵庫県は中庸型に分類される。これは兵庫県が内包する「地域」の多様性によるところが大きい。

兵庫県は、「神戸市」、「阪神地域」、「播磨地域」、「丹波地域」、「但馬地域」、「淡路地域」に大分される（図4－6）。兵庫県の総人口は、一九六五年当時で四三一万人だったが、神戸・阪神地域は大阪から連続する大都市圏を形成しており、県人口の半分がここに集中していた。すなわち、神戸・阪神地域と、それ以外の地域とでは、地域性における大きな断絶があるということができ、この両者の特徴が融合した結果、中庸型に属することになっていると解釈することが適当だろう。

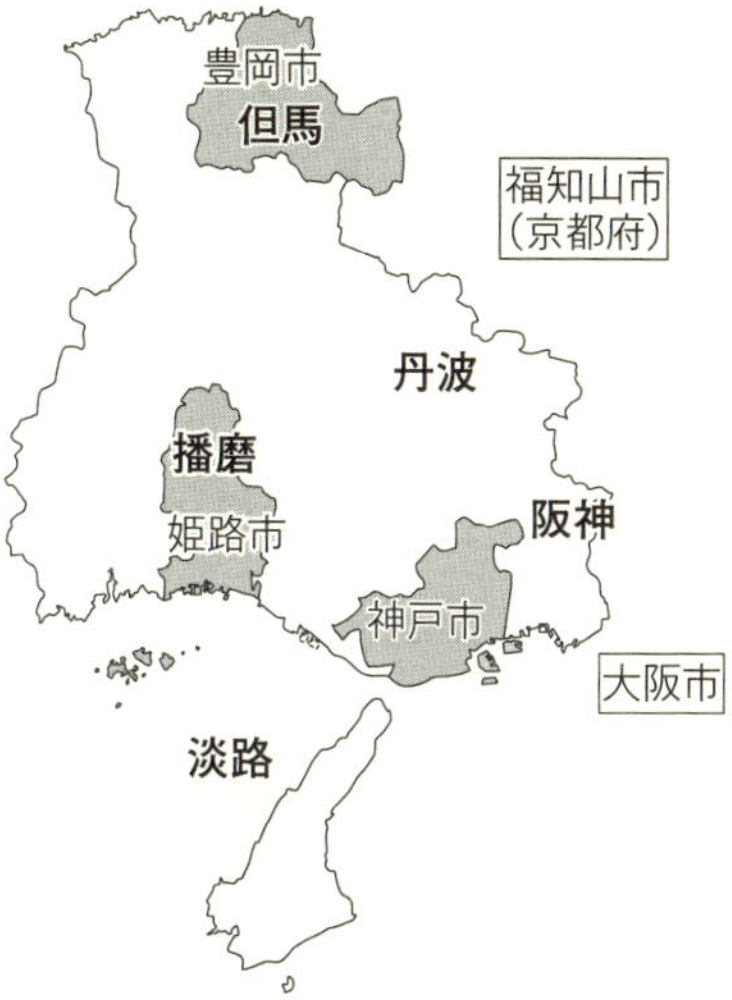

図4-6　兵庫県

**歴史的に「私学優位」となってきた神戸・阪神地域**

神戸・阪神地域は、戦前から現在に至るまで、関西を代表する文教地区となっている。これは、もともと神戸の街には明治以来の私学が数多く存在していたことに加え、大正から昭和初期にかけて、私鉄会社が積極的に働きかけて、神戸市内からの中等学校の阪神地域への移転が進んだことが理由として指摘できる。[24] このことについて『兵庫県教育史』は次のように記述する。

住宅地としての急激な発展に対して、公立学校の出足が著しく出遅れたのに対し、私学経営者の先見性・先取性が、公立に先んじて私学の地歩を確立し、その私学の優位性がかえって公立学校の増設を抑制する結果とさえなったのである。

このような、公立学校に先んじて確立された私学の地盤と、富裕なる階層を有する住宅としての特性に支えられて、他に類を見ない私学優先の風潮を生み出したのである。[25]

このような「私学優位」と評される状況が生じた理由のひとつに、兵庫県の新制高校への移行プロセスがある。兵庫県では、近隣の京都府や大阪府と同じく、戦後の教育改革においてはＧＨＱの厳しい指導が入った。一九四八年、兵庫軍政部は次のような指令を出し、公立エリート高校の解体を命令している。

税金で維持されている諸学校に、特殊な生徒たちのみ入学を許すという封建的慣習を排除するためには、公立学校はよく熟慮して学校区を定められるべきである。かくすることによって、その校区の全児童は教育の機会均等を得るであろう。[26]

このような形で公立高校が、旧制中等学校を大きく再編する形でスタートしたのに対し、私立高校の多

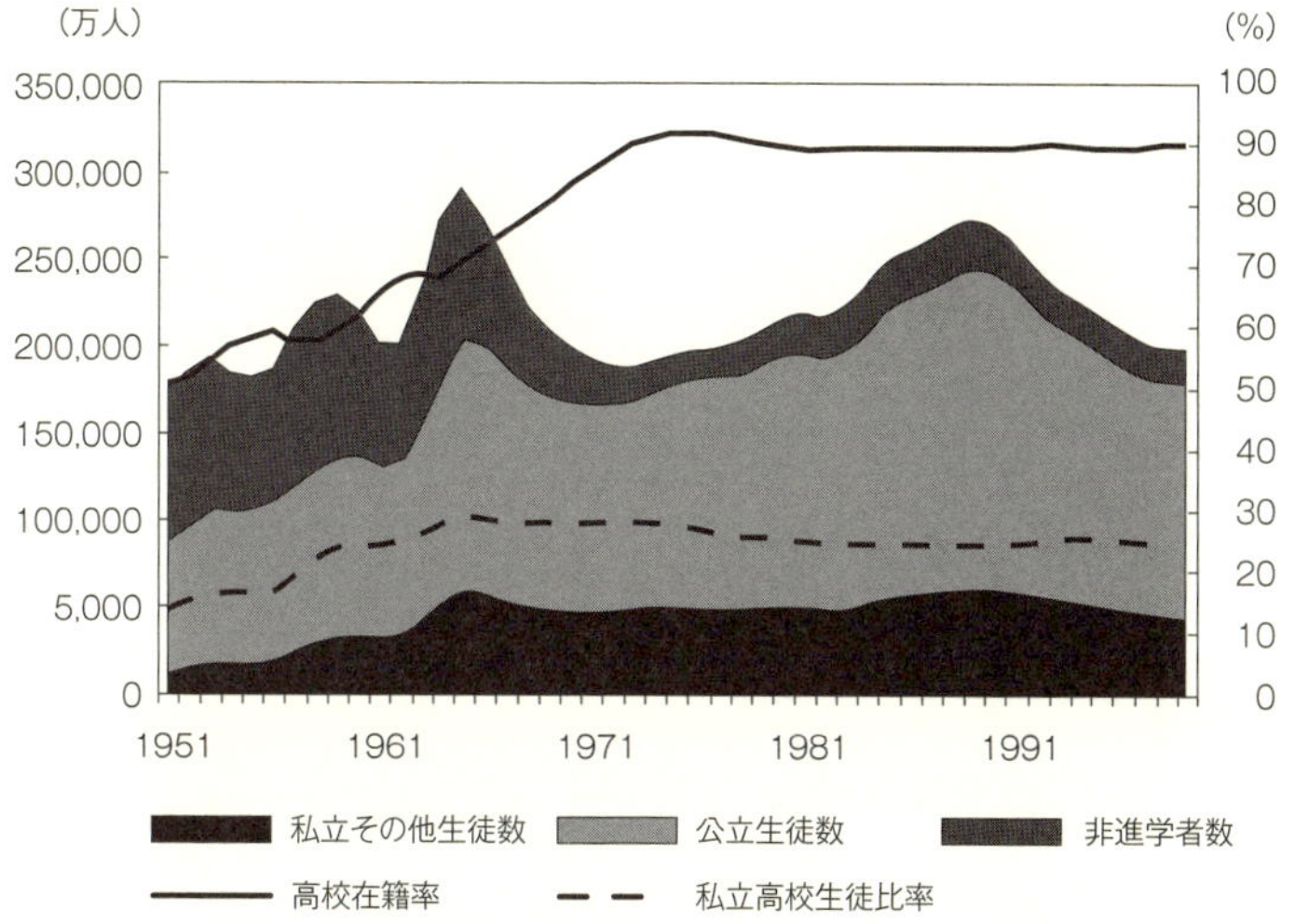


**図4-7　兵庫県の高校教育拡大過程**　出所：『学校基本調査』

くは男女別学を維持し、いわゆる公立名門校が消失したことにともなう受験生の引き受け先となった。たとえば、神戸一中は新制神戸高校として再編されたが、小学区制の実施によって、すべての神戸一中生が神戸高校に進学できなかった。また、男女共学を望まない生徒も少なくなく、こうした生徒を引き受けたのが、戦前は神戸一中に入学できなかった生徒が入学する灘高校であった。灘高校には神戸一中の教員も移籍し、進学校として急成長を遂げるきっかけとなった[27]。

一方、兵庫県の中山間地には、多くの定時制分校が設立された。定時制課程は、戦前の夜間中学校や青年学校の流れを継承し、勤労青年に教育機会を保障するという理念の下で出発し、一九五〇年には、三二校の定時制中心校と、四七校の分校が、地理的空白を埋めるように県内各地に設置されていた。

以上の兵庫県の地域の多様性を統合して、進学率、私学率を図示すると図4-7の通りになり、静岡県、香川県と同様に「中庸型」に位置付くことになる。

## 急増期に顕著となる地域性

急増期を前に兵庫県は、一九六一年の段階で、阪神地域に工業高校を二校、神戸市に商業高校を一校の新設を計画した上で、五一五学級の増設によって急増期を乗り切ろうと計画している。しかし、教職員組合などが要求するさらなる高校の新設には、一貫して否定的な態度をとり続けた。当時の兵庫県知事だった阪本博は県議会で次のように述べている。

たとえば三八年というピークをしんぼうして越せば、あとしばらく待てば、若干の入学難の程度は上がってくるだろうけれども、横ばいの状態になって、その程度ならば、高等学校を新設しなくてもいいのじゃないか、という考え方もあるのであります。[28]

しかし、急増対策が公立高校だけではとても間に合わないことは、県当局は十分に認識していた。一九六一年には「兵庫県高等学校生徒急増等対策審議会」が設置され、公私一体での急増対策がここで検討された。そして、六三年からの急増に対して、公私の募集の比率を七五：二五とし、その後の急減期にもこの比率を基本線として維持することが確認された。[29]

たとえば、公江喜市郎兵庫県私学総連合会会長が次のような発言を行なっている。

一谷副知事が、総務部長なり教育長をしておられましたが、この急増、急減に際しまして、公立学校だけでは生徒を収容できない、そこで私学のほうに、何とかできるだけのものを収容してくれという話になった。[30]

表4-2　兵庫県で増設された高校

| 神戸市 | 阪神地域 | 播磨地域 | 丹波地域 | 但馬地域 | 淡路地域 |
|---|---|---|---|---|---|
| 神戸商業<br>鈴蘭台<br>青雲（通信）<br>◎八代学院 | 武庫工業<br>宝塚<br>◎仁川学院 | 姫路商業<br>西脇工業<br>東播工業<br>伊和<br>明石南<br>新宮<br>錦城<br>白鷺工業<br>◎市川商業<br>◎白陵<br>◎東洋大学附属姫路 | 氷上農業 | 村岡<br>和田山商業<br>◎近畿大学附属豊岡女子 | （増設なし） |

◎：私立高校　　出所：『全国学校総覧』

これは、当時の副知事であった一谷定之亟の「〔一教室に…引用者注〕五十五人入れて、まだ私学にお世話にならないと、収容できんということですからね。」[31]という意向を受けたものであった。ここで、重要なのは、公私間で急増期以降もこの比率を維持することが確認されたことである。つまり、兵庫県では一九六〇年代後半以降、公立高校と私立高校が一体となって教育機会を提供していく枠組ができあがったのである。

これらの政策の結果、増設された高校をまとめたものが表４－２である。表４－２では、人口が急増した沿岸地域の中でも、特に高校不足が顕著であった播磨地域に多くの高校を増設したことが注目される。先述したように、神戸・阪神地域では数多くの私学が存在していた。そして、これらの私立高校が先述の発言を受けて、「できるだけのものを収容」してきた。その結果、神戸・阪神地域の私立全日制高校において、一九五八年に一校あたりの平均生徒数が七七〇・七名だったのが一九六五年には一二四〇・七名で四七〇名増加している。同地域の公立全日制高校が一一七三・〇名から一四六六・六名と二九三・六名の増加と比較しても大幅に増やしている。その結果、神戸・阪神地域での私学率は三七・七％から四二・〇％まで上昇している。

これに対して、播磨地域では、分校が全日制高校に移管したものも含めて八校が増加している。この地域の学校の増やし方は、しばしば都市部郊外に見られるものである。第7章の大阪府、神奈川県の事例で詳述するが、都市部（兵庫県で言えば、神戸・阪神地域）の私立高校は公立高校よりも柔軟に人口急増期に定員増を行なうことができる。一方で、都市部郊外の地域はそれらの地域よりも歴史的に私立高校が少ない。また人口急増期を迎えるまで公立高校の数も少ないことも多い。そのため、このように人口が急増する郊外地域に特に政策的に集中して学校を増やすことは、都市部の高校政策として、散見されるものである。もちろん、このような地域では私立高校が果たす役割も大きい。私立高校は、姫路市・高砂市・市川町（以上播磨地域）・豊岡市（但馬地域）に四校が新たに開校し、神戸・阪神間以外の地域全体の私学率は一三％に上昇している。そのうち、姫路市に設けられた東洋大学附属姫路高校と豊岡市に設けられた近畿大学附属豊岡女子高校はともに地元の熱心な誘致によるものであった。姫路市を含む播磨地域の拡大のさせ方は、公立、私立がともに大拡張していく点で、第6章で扱う宮崎県の事例とも似ている。

兵庫県を特徴づけるのは、大都市型の性質を持つ神戸・阪神地域および郊外地域としての播磨地域だけでなく、それ以外の地域の存在である。すなわち、県北部の丹波・但馬地域や淡路地域は、急増対策の対象とはならなかった。これらの地域では定時制分校の統廃合が進み、全日制課程への移行、あるいは独立校としての再編が行なわれた。定時制分校は、地元の町村が費用負担して、中学校や小学校に間借りする形で開校したが、施設面や教員配置の面での見劣りは否めず、生徒も働きながら学業を修了することに困難を抱えていた。そのため、すでに一九五〇年代から統廃合の方針が示され、漸次進められていった。

また、兵庫県において見逃せないのは、県をまたいで私立高校に通う生徒の存在である。神戸・阪神地域や、県境を越えて大阪府、あるいは京都府福知山市などの私立高校に通学した生徒も少なからず存在し

ため、実際の私学進学率は、もう少し高かったと推定される。たとえば福知山市にある四つの私立高校は、生徒の半数近くが府外からの通学者で占められており、国鉄福知山線や山陰線に乗って兵庫県北部から二〇〇〇人ほどが通学していた。[32]

このように、兵庫県では、神戸・阪神地域においては、公私一体となった急増対策およびその後の急減を見越した対策が取られてきた。また、播磨地域では、大都市型の郊外地域とも類似する拡張政策が取られてきた。その一方、その他の地域では定時制分校の整理再編と中心校の整備を中心に、伸び続ける高校進学希望者の収容が進んでいった。このような各地域で見ると、かなり様相の違う拡大のさせ方が併存することにより、結果として「中庸型」に統計数字の上で表現されるところに兵庫県の特徴がある。

## 中庸型クラスターのケーススタディのまとめ

本章で見てきたのは、全国で見れば、「中庸型」に位置する標準的な教育拡大の仕方であった。そのなかでも「標準」として位置付けた静岡県では、公私間の取り決めの存在、地域ごとに均等な高校の増設、大学附属校および地元のアントレプレナーシップによる私立高校の設置例を見てきた。これらの措置が他府県でも取られたかどうかは、それぞれのケースを見る上での基準となりうるものである。静岡県では、このような標準性を読み取っていくとともに、旧制中学校の流れを汲む伝統校においてスポーツが盛んな事例を取り上げ、ここに静岡県の独自性も紹介した。

香川県で見てきたのは、第一次ベビーブーマーの到来のインパクトが比較的小さかった県における標準的な対処の仕方である。加えて、旧制第一中学校を中心とした地域名門校の意向が強く残った地域の事例であり、この点も以降のケースを見ていく上での示唆を与える。最後に見てきた兵庫県は、大都市型の私立優位の地域、一五歳人口の急増が著しかった郊外型の地域、そして、比較すれば人口急増のインパクトの小さかった地域それぞれの混在によって、「中庸」な教育拡大が見られたケースである。

第5章から第7章では、本章で得られた「標準」あるいは「中庸」に対して、それぞれの地域でどのような特質があるのかを検討する。

## 注

[1] なお、クラスター分析では、一九九七年度までのデータを投入しているが、本節の説明では、大規模な人口移動のあった大都市型を除き、第一次ベビーブーマーが入学した時期を中心とした記述を行なった。なぜならば、第2節でも説明したように、この時期の対策を論じれば、大都市型の地域以外は、進学者・進学率の両面においての量的補充が説明できるからである。

[2] たとえば、六一年度予算案策定段階において、進学者の急増する一九六三年に向けて、二カ年で準備していくことが示されている。その中で、一九六一年に文部大臣だった荒木萬壽夫は「その目標は、生徒が急増していきますに応じて、今申し上げたような進学志望の比率を同様な程度、もしくはそれよりある程度上回るであろうと想定し、そして入学率は九六％見当を確保したい」と述べている。

[3] 文部大臣の荒木萬壽夫は、「都道府県が一応設置者として主たる責任の立場にある」という認識を示した上で、「経済界の人材需要の面も考え合わせまして、工業高等学校の新設分につきましては増設を相当考慮すべきであろうというので、二〇〇校のうち六割ぐらいを工業高等学校として新設をしたい、その残りは一般の普通高等学校で新設をしていきたい」という方針を六一年度から六三年度の予算措置として行なっていくことを示している（一九六一年一〇月二三日参議院文教委員会での発言）。

[4] 「高校学齢人口」には、三年前の中学校在籍者数を用いている。「高校在籍率」は、「高校在籍者数／高校学齢人口」として算出している。実際には、県外への流出あるいは県内への流入によって、実際の進学率や在籍率と異なる可能性もある。

［5］坂本光司・南保勝・杉山友城『データでみる地域経済入門――地域分析の経済学』（ミネルヴァ書房、二〇〇三年）九頁。

［6］静岡県高等学校長協会編『静岡県高等学校校長協会四十周年記念誌』（静岡県高等学校長協会、一九九〇年）別表。

［7］東部からさらに伊豆を分割して四分割する地域区分もある。

［8］第4章から第7章の白地図はCraftmap（http://www.craftmap.box-i.net/）を利用した。

［9］なお、静岡県は、高等教育が不足している県のひとつであり、常葉学園、聖隷学園などの私立高校を持つ学校法人がその後、大学を設置するに至っている。現在では、第一次ベビーブーマー対策時に高校設置を行なった学校法人すべてが大学を所有している。

［10］このような取り決めとして、他県で有名なものは富山県において、一九六一年の「第二次富山県総合開発計画」にて、普通科高校を三、職業科高校を七とする「三・七体制」が挙げられる。「三・七体制」については、冨江英俊「富山県高校教育の「三・七体制」をめぐる言説分析」（第五七回日本教育社会学会発表資料、二〇〇四年）を参照。

［11］高等学校入学者選抜改善検討委員会『静岡県公立高等学校入学者選抜の改善について（報告）』（高等学校入学者選抜改善検討委員会、一九九五年）。

［12］静岡県高等学校長協会編『静岡県高等学校校長協会三十周年記念誌』（静岡県高等学校長協会、一九八〇年）一五三頁。

［13］香川県教育委員会編『香川県教育史　通史編（昭和二十年‐平成十年）』（香川県教育委員会、二〇〇〇年）三九一頁。

［14］香川県教育委員会編『香川県教育史　資料編（昭和二十年‐平成十年）』（香川県教育委員会、一九九九年）二四一頁。

［15］香川県教育委員会前掲（通史編）三九一頁。

［16］同上書五二八頁。

［17］香川県高等学校長協会五十周年記念特別委員会（記念誌編集委員会）編『香川の高校教育五十年』（香川県高等学校校長協会、一九九九年）一四頁。

［18］同上書一五頁。

［19］同上書によると、一年生が一八クラス、二年生が一七クラス、三年生が一六クラスの計五一クラスあったという。単純計算で一クラス平均約六〇人の生徒が在籍していたことになる。遠足の際に、観光バスを駐車することができず時差出発したり、教室移動の際の廊下が大変なラッシュとなり、床が磨り減ったりしたという。

［20］大学区制は普通科について適用されたが、実際には高松市を中心とする東讃の第一学区、丸亀市を中心とする西讃の

第二学区のほかに、本来は第二学区であるものの、第一志望のみ第一学区の高校に出願できる共通地域が設けられた。また学区制の見直しは、町村合併にともなう行政区画と小学区の間の不整合、交通手段の発達、そして学校選択の自由を求める県民の声を背景にしていたという（香川県教育委員会編前掲（資料編）五四八－五四九頁）。

〔21〕香川県教育委員会編前掲（通史編）七三三－七三四頁。

〔22〕同上書三四〇頁。

〔23〕同上書七三四頁。

〔24〕湯田拓史『都市の学校設置過程の研究――阪神間の文教地区の成立』（同時代社、二〇一〇年）。

〔25〕兵庫県教育史編集委員会編『兵庫県教育史』（兵庫県教育委員会、一九六三年）八二二－八二三頁。

〔26〕同上書七七七頁。

〔27〕同上書四八八頁。また灘高校教員の証言による。

〔28〕阪本博知事の一九六〇年三月一〇日兵庫県議会本会議での発言。

〔29〕兵庫県教育史編集委員会編『兵庫県教育史昭和27年～64年』（兵庫県教育委員会、一九九九年）四五八頁。

〔30〕兵庫県私学総連合会『兵庫私学――創立二十周年記念』（兵庫県私学総連合会、一九七〇年）二二頁。

〔31〕同上書二四頁。

〔32〕京都府総務部文教課編『私学年報昭和四〇年版』（京都府総務部文教課、一九六六年）。

## コラム　大学附属高校と高校教育拡大

日本でいちばん「附属高校[1]」を持っている大学はどこだろう。答えは日本大学。北は北海道から南は宮崎県まで、二三の付属高校（さらに中等教育学校が二校ある）を展開している。付属高校には、学校法人日本大学が設置する「付属校」と、かつては付属校だった「特別付属校」、提携関係にある別法人が経営する「準付属校」の三種類があって、山形県のケースで登場した日大山形高校は「付属校」、日大第一高校や日大第三高校は「特別付属校」、宮崎県のケースで登場した宮崎日大高校は「準付属校」ということになる。日大明誠（山梨、六〇年）・日大山形（六二年合併）・長野日大（六二年提携）・土浦日大（茨城、六三年）・大垣日大（岐阜、六三年）・宮崎日大（六三年）・札幌日大（北海道、六四年）・佐野日大（栃木、六四年）・日大豊山女子（六六年、東京）・長崎日大（六七年）と、六〇年代の第一次生徒急増期には全国に次々と付属高校が誕生して高校進学需要の受け皿となり、さらには地方からの首都圏への大学進学を実現する道を開くことにもなった。

日大と同様に、この時期に附属高校を相次いで開校したのが、東海大学であった。東海大学第二（熊本、六一年）・東海大学付属相模（神奈川、六三年）・東海大学第三（長野、六三年）・東海大学第四（北海道、六四年）・東海大学第五（福岡、六六年）と、こちらも北海道から九州まで附属校を開設し、現在では一三の付属高校・系列高校を持っている。

近年では、ふたたび大学の附属高校が増加する傾向にある。早稲田大学は、二〇〇九年に大阪府の私立高校を系列化し（早稲田摂陵）、二〇一〇年には佐賀県に早稲田佐賀高校を開校した。立命館大学も、一九九五年に北海道の高校を合併し（立命館慶祥）、二〇〇九年には大阪の初芝学園と連携するなど（初芝立命館）、積極的に拡大している。この背景には、生徒減少期にあって、学生を確実に確保したい大学サイドや、有名大学との合併や連携によって生き残りをかける高校サイドの思惑がある。合併した系列校の中には、経営が困難になり大学法人に「身売り」された高校もある。

これからも、私立大学と私立高校の双方が生き残りをかけて、さまざまな形で両者の連携が模索されていくことだろう。中には学校経営上の苦肉の策としての連携も少なくないが、高大連携が活性化されることによって結果、新たな日本の教育を切り拓く原動力となる可能性も大いに秘めた動きであるともいえる。

[1]　法令上は「附属」と表記されるが、日大や東海大など学校法人によっては「付属」の表記を用いている。

第5章

# 各都道府県のケーススタディ（2）公立拡張型
## ——徳島県・愛知県

本章では、公立拡張型の県を事例として取り上げる。この公立拡張型の県とは、当初の高校進学率が高くなく、第一次ベビーブーム世代の通過の際に私学率が一時的に上昇するが、その後下落していった県が含まれている。全国の都道府県で比較してみると、教育拡大期において、公立高校の拡大が果たした役割が大きいと考えられるクラスターである。ただし、クラスター内の分散が大きいため、その分散の大きさも考慮して、全国で最も私学率の低い徳島県と、三大都市圏の中で唯一公立拡張型に分類された愛知県の二県を取り上げる。

## 1　徳島県——山地の多い地域で「平均並み」を求める取り組みと私立高校への低い信頼感

徳島県は、二〇一四年六月までのところ、全国で唯一、私立高校が甲子園に出場したことがない県である。日本の地方都市には、進学校と認識される私立高校はなくとも、スポーツで名を馳せる私立高校があ

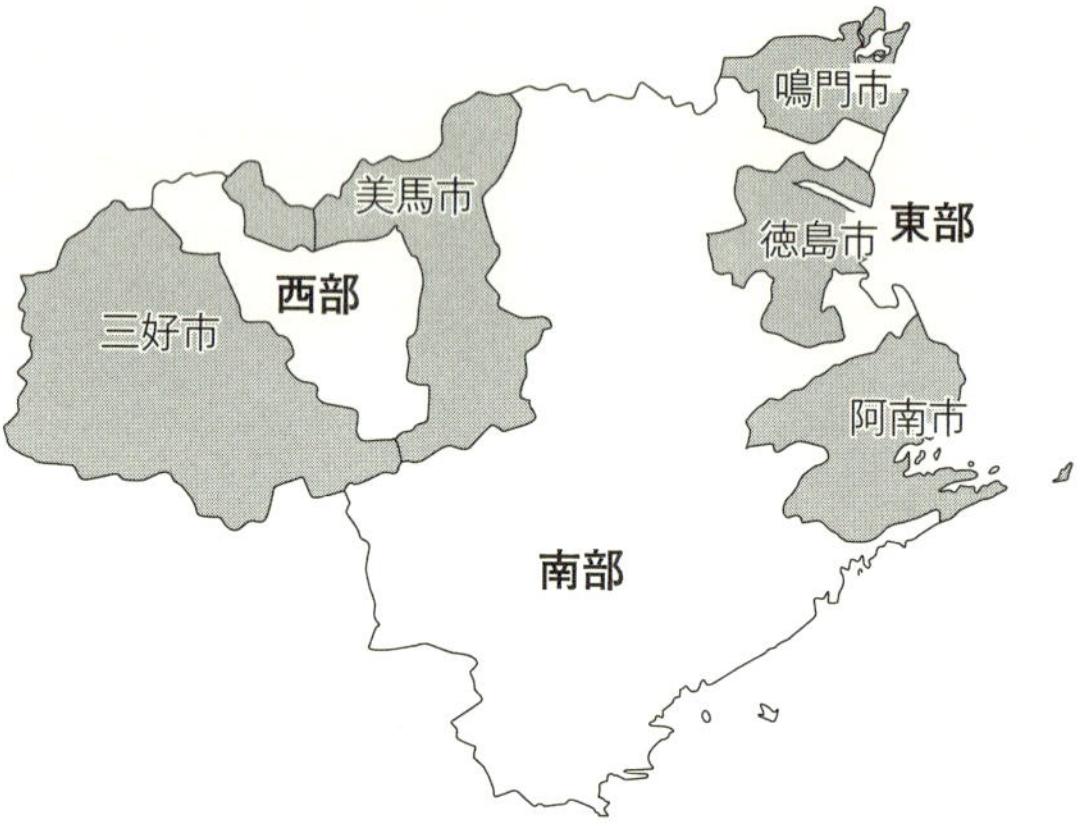


図5-1　徳島県

る県は非常に多い。そのようななかで、スポーツで名を馳せる私立高校すらない徳島県では、どのような高校が存在するのだろうか。高校進学率上昇期の変化に注目しながら、徳島県の高校教育機会のあり方の変容過程を見てみよう。

## 山地の多い地形と低かった高校進学率

徳島は、江戸時代には木材や藍の産地として大いに繁栄していた。しかし、その豊かな自然が、近代化にとっては足かせとなってしまった。県の面積の八割を占める四国山地の険しい山並みは、県内の物流を妨げることとなった。また、険しい山並みは、高校に生徒が通うための障壁ともなっていた。徳島県では西部や南部の中山間地に多くの分校や分教室を設置し、高校教育機会の確保に努めたが、その多くは戦時中の青年学校の延長として設置されたもので、定時制課程かつ農業課程・家庭技芸課程が中心であった。その様子を、三好地方出身の原田義章議員は県議会で次のように表現している。

ことにまた美馬、三好方面に行きましては耕地を開拓しようにも土地がありません。山の傾斜地、九十

郵 便 は が き

恐縮ですが、
切手をお貼り
下さい。

101-0051

(受取人)

東京都千代田区
神田神保町二—一〇

新曜社営業部 行

通信欄

# 通信用カード

■このはがきを，小社への通信または小社刊行書の御注文に御利用下さい。このはがきを御利用になれば，より早く，より確実に御入手できると存じます。

■お名前は早速，読者名簿に登録，折にふれて新刊のお知らせ・配本の御案内などをさしあげたいと存じます。

お読み下さった本の書名

通 信 欄

## 新規購入申込書 お買いつけの小売書店名を必ず御記入下さい。

| | | |
|---|---|---|
| (書名) | (定価) ¥ | (部数) 部 |
| (書名) | (定価) ¥ | (部数) 部 |

(ふりがな)
ご 氏 名　　　　ご職業　　( 歳)

〒　　Tel.
ご 住 所

e-mail アドレス

| | | |
|---|---|---|
| ご指定書店名 | 取次 | この欄は書店又は当社で記入します。 |
| 書店の住 所 | | |

度もあるような傾斜地に住まいをいたし（笑声）まあ笑うことないんじゃ。とにかく行ってごらん。東祖谷、西祖谷あるいは山のてっぺんまではられておる。その上に人が住んでおる。サルではございません。人間が住んでおる。やはり普通並みには教育をしてもらわなければならぬと私は考える。[1]

原田議員が指摘した東祖谷・西祖谷には、当時、池田高校の祖谷分校と祖谷分校西祖谷教室がそれぞれ置かれていた。祖谷分校全体の在籍生徒数は一九六〇年で男子三九名、女子二四名であり、農業課程のみが設定されていた。[2]その上で、原田議員は、「われわれのような僻地、いわゆる美馬、三好のようなところのものは、要するに人間の生産地」であるとして、「教育の必要、あるいは技術者の養成ということには、どうしてもその付近の父兄のものが中心になって考えなければならぬ」と訴えている。[3]このように、土地がない中に人が居住していながら、「とり分け県民の所得もおいおい向上して参りまして、私たちの子供のころとは違って、たいていの家庭では、子供たちを高等学校に進学させ得るという経済的なゆとりを持っているように考えられる」[4]のが当時の徳島県の状況であった。

このころの徳島県の高校進学率はまだ五〇％程度であり（一九六〇年の時点で四九・六％）、全国平均（五九・六％）や四国の他の三県（香川六六・〇％、愛媛五五・〇％、高知五四・九％）と比べても低い水準にあった。そのため、全国水準に近づけることが当座の目標として強く意識されていた。県議会では仁科義之教育長が、「本県の高等学校への入学率が四国の他の三県に比べまして、最低であると、全国平均から比べても、一〇％も低い」という中尾健蔵議員の発言に対して、次のように答弁している。

今後これは全国水準に近づけるべく努力いたしまして、昭和四五年におきましては、全国水準の七二・

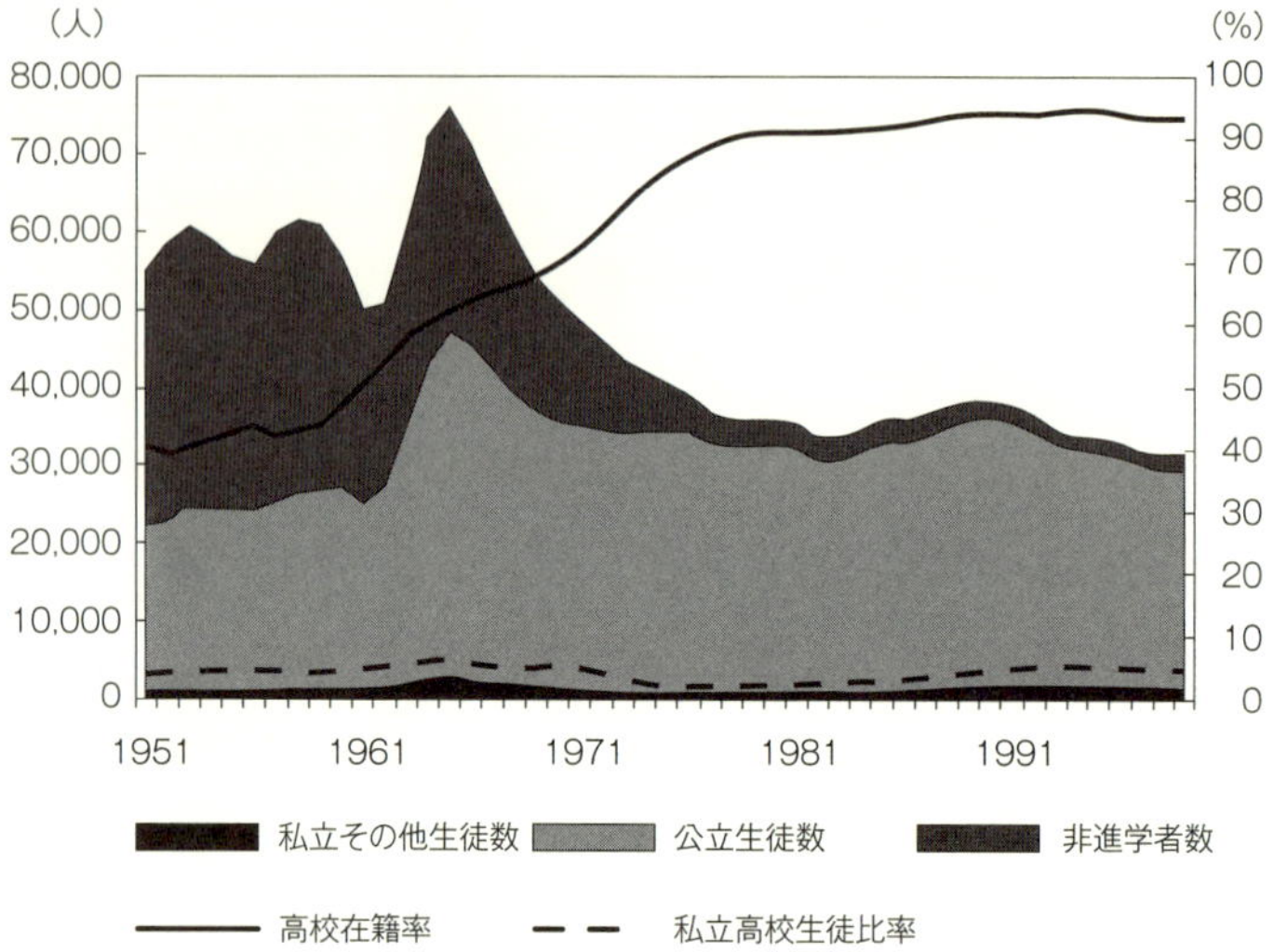


図5-2　徳島県の教育拡大過程　出所：『学校基本調査』

六八％に対しまして、本県は七二・五二まで近づけて行くというような計画を持っております。ただ、本県におきましては、他県に見るごとく有力な私立高校がございませんので、私立高校に依存しないだけ県としての努力が必要だと思っております。[5]

このように、徳島県では、他府県で見られるように、生徒収容力の増強を私立高校にも期待する動きは見られなかった。これは非常に特徴的な姿勢である。その拡充政策の過程をグラフで示すと次の図５－２のようになる。私学率はほぼ横ばいで比率もきわめて小さく、県立高校の定員拡充が徳島県において唯一といってよい収容力増強の手段であった。

### 強い私立不信の下での公立高校増設

一九六〇年当時、徳島県には、徳島市に四校、鳴門市に一校、美馬郡に一校の私立高校が開かれており、合計六校の私立高校があった。しかしそのいずれもが、生徒数が三〇〇人に満たない小さな学校であった。そしてこれらの学校はいずれも、高校生急増期を迎えても一学年あたりのクラス数を増やすことにより、学校規模の拡大に踏み切ることをしなかった。そして徳島県としても、(私立拡張型クラスターで登場する宮崎県や山形県に見られるような)積極的な私立高校の誘致を行なわなかった。その理由のひとつに、行政や県民の意識としての私立高校に対する信頼感の低さが挙げられる。高校教育拡大期にあっても、私立高校にはあまり期待できないという心情の吐露が、原菊太郎徳島県知事の県議会での次のような答弁からうかがえる。

私立学校の助成金もいいですが、私立学校を設立しておる人が確実な人であって、教育にほんとうに熱心で、金もうけ主義でないとすれば、相当行けるかも知れません。これも警戒を要するので、まあ効果的にどうか知りませんが、公立の学校の方がよくはなかろうかというような考えを持っております。[6]

そして徳島県では、国と時代の要請に応じて職業科高校を中心とした公立高校を増設するとともに、既存の高校の定員の急拡大を行なうことにより、できる限り多くの高校進学希望者を進学させ、進学率を上昇させていこうとした。

まず一九六〇年から六五年までの間に徳島市立高校(普通科)・阿南工業高校・鳴門工業高校の三校が新設された。また、多くの山村集落を抱えていた徳島県では、小規模の定時制分校を数多く設置していたため、その分校を統廃合させながら、分校の独立も進めた。阿波商業高校や勝浦園芸高校のように分校が独立して新たに職業高校になったものがあり、職業科の再編も全県的に進められた。さらにこの時期には

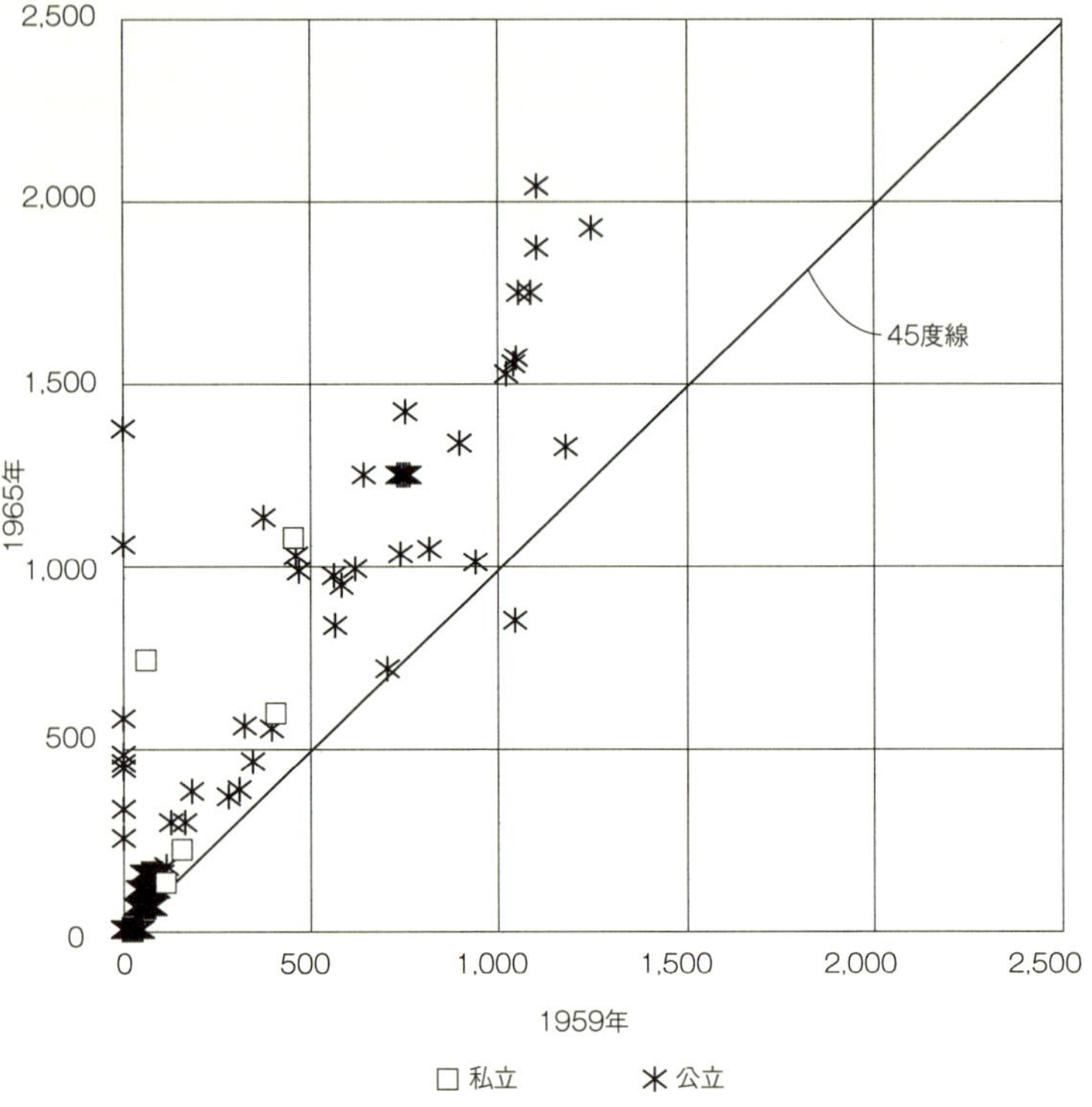


**図5-3　徳島県　高校の生徒数の変化**　出所：『全国学校総覧』

学区の再編も行なわれ、効率的な生徒収容が試みられた。さらに、既存の公立高校でも定員拡大が行なわれた。県内各高校の生徒数は、一九六〇年時点では最大で一二四九名で、一〇〇〇名を超える学校は六校のみだったものが、一九六五年になると、最大で二〇四三名となり、一五〇〇名を超える高校が八校、一〇〇〇校を超える学校も一五校と、各学校で定員の急拡大を行なっている。

図5－3は、県内各校の生徒数の推移を表したもので、横軸に一九五九年当時の生徒数と、縦軸に一九六五年当時の生徒数をプロットしたもの

である。これを見ても、公立高校の大規模化が進行する一方、私立高校は中小規模にとどまっていたようすがわかる。

## 徳島県で私立高校が拡大しなかった理由――私立不信と県内における起業家精神の弱さ?

私立高校がこの時期、大規模化をめざさなかった理由は明らかではない。県内六校の私立高校は、かつて裁縫学校であった小規模な学校が多かった。日本の私学は生徒からの納付金によって経営が支えられる財政構造をとっており、たとえば宗派を母体としたり、篤志家による経済的支援を受けたりするのでなければ、生徒数を増やすことが経営の安定と拡大につながるほぼ唯一の手段である。しかし徳島県の私立高校はその方法をとらなかった。私立高校の少なさに見られるアントレプレナーシップ(起業家精神)の弱さが、背景のひとつとして考えられる。しかもこのころの徳島県の私立高校は、家政科を中心とした職業科が中心だった。その分野に公立高校が大きく伸びて入り込んできたことで、私立高校は公立高校との競合によって拡大の機会を失うことになったのである。

このように、徳島県の高校生急増対策は、公立高校の新増設という行政的手法によってほぼ達成された。私立高校は経営規模を拡大させず、新設も見られなかった。当時存在した学校施設の拡張と分校の本校への独立を中心に、徳島県は高校教育機会の提供を行なっていたのであった。そしてこの公立高校主導の高校教育拡大の後、徳島県では勉学、スポーツ両面において、公立高校優位の状況が続いていくことになる。

## 2　愛知県——比率による高校教育機会の提供構造によって拡大した進学率

### 高校進学率の低かった愛知県

愛知県が、なぜ大都市型ではなく公立拡張型に入るのか、疑問を持たれた読者は少なくないだろう。「もともとの進学率は低く、公立高校が主体となって教育拡大が達成された県。私立高校の教育機会の担い手としての重要性は相対的に高くない」と判定された理由を明らかにしていきながら、愛知県の教育拡大の特徴を見てみよう。

図5－5は、愛知県の高校進学率の変遷である。ここからわかるように、愛知県の進学率は、一九六〇年代の初めまでは全国平均よりも低かった。そして、第一次ベビーブーマー対策に日本全国で取り組んでいる時期に全国値を抜き、一九七五年以降はまたふたたび全国値以下となっている。後者の時期についてはすでに先行研究に詳しいので[7]、他県同様に、第一次ベビーブーマーの対策の仕方に注目してみよう。

図5-4　愛知県

## 厳しい「ジョンソン旋風」の下での高校三原則の実施とその後の転換

まず、前提として注目すべきことは、愛知県では、新制高校発足時点では、きわめて三原則に忠実な教育体制を取ろうとしていたことである。これは、第6章で述べる群馬県とは対照的な占領軍の対応によるところが大きい。愛知県では、「総合制」、「男女共学」、「小学区制」の高校三原則が、東海北陸軍政部のジョンソン民間教育課長によって強硬に推進された。そのようすは「ジョンソン旋風」[8]という異名まで生んだという。[9]愛知県の新制高校は、一九四八年に一二九校（国立一、公立九二、私立三六）で発足したものの、総合制を推進するために高校の統廃合が推し進められ、翌一九四九年には公立学校総数は四八校にまで減少した。また、この統廃合後における総合制高校の比率は八五％（四一校）と、全国平均の四二％をはるかに上回るものだった。[10]男女共学も、施設面の不備とそれに対応する予算不足を理由とした地元の反対を押し切る形で、統廃合と同時に進められた。さらに、それぞれの生徒の居住する地域に応じて、通うべき公立高校を一校のみ割り当てることを基本とした小学区制による公立高校の通学区制

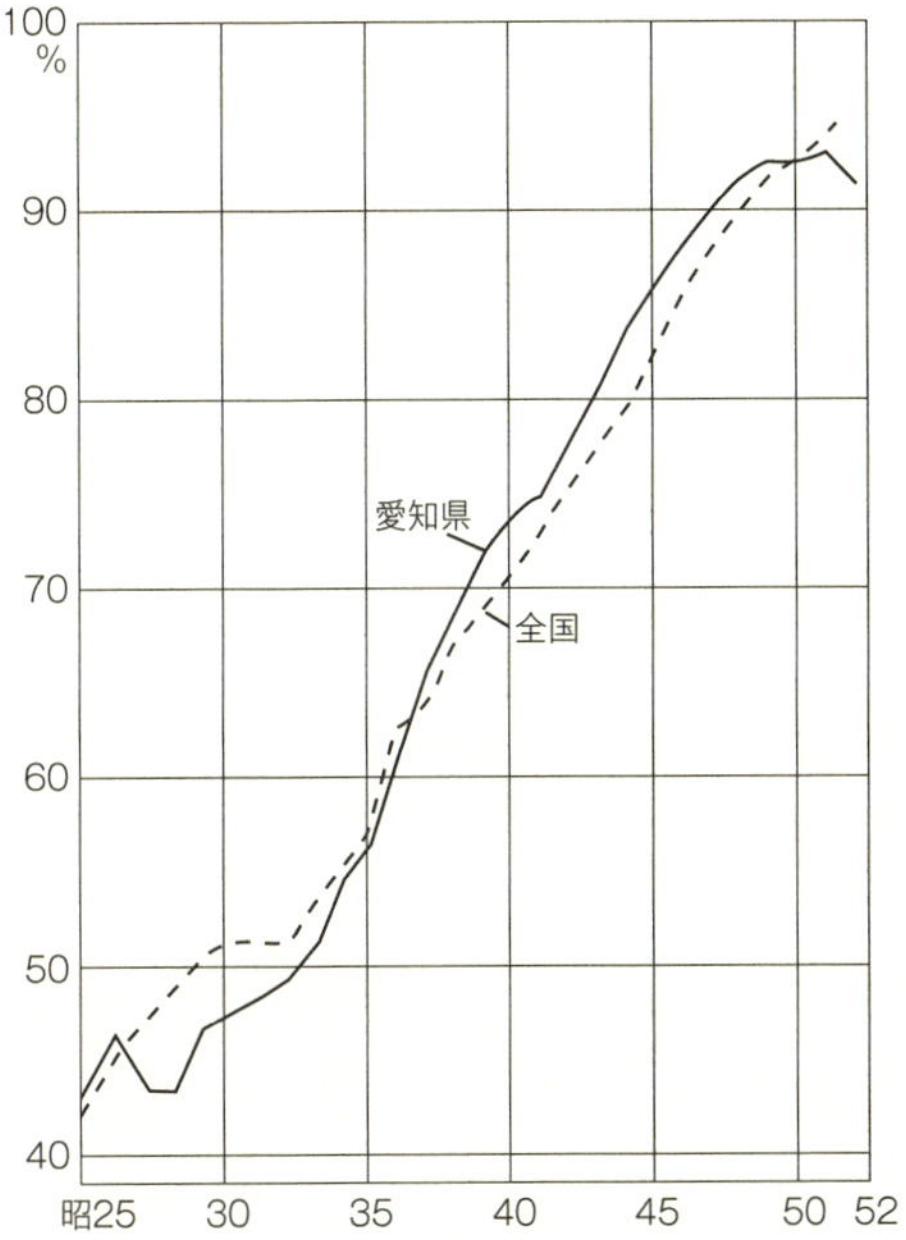


図5-5　愛知県と全国の高校進学率の比較

出所：愛知県公立高等学校校長会編『愛知県高校教育三十年』七〇頁より再引用

度もまた、同時に施行されることとなった。この小学区制は、愛知県内の私立高校にとって厳しい状況を強いるものとなった。そのことについて、私立高校の立場から次のように触れられている。

「ジョンソン」旋風ともいわれた男女共学は、私学にとっては影響するところが少なかったが、一学区一高校制で学区内高校入学志望者は、全員入学させるたてまえとしたのは、私学にとっては死活の大問題であり、私学の入学者は、その学校の伝統を慕って入学するものか、男女共学を嫌うものか、あるいは公立高校の落伍者という、私学不在の片手落ちの処置は、私学のさかんなアメリカ軍の施政方針とは考えられぬものであった。

私学関係者は数次にわたり、軍政部に窮状を訴えたが、わが国私学の経営実態に対する認識が足りず、少しも耳を傾けてくれなかった。

占領軍の感情をそこねては、「好ましからざる人物」という烙印のもとに、職を追われる実情は、敗戦国の悲しさ何から何まで占領軍の方針に盲従するよりしかたがなかった実情では、当局としても、私学の窮状を黙視するほかはなかったし、官尊民卑の思想のぬけきらない一般父兄としては、経費の高い私学よりも安価な公立に魅力があったので容易に解決にいたらず、生徒の減少によってヂリ貧に陥った私学の中には、お互いの生徒争奪という、みにくい場面も生じた。[11]

このように、私学関係者からも評判の悪かった小学区制[12]は、従来の優秀な生徒を幅広く集めることができなくなった公立高校関係者にも不評であった。そのため、ジョンソンによって徹底された高校三原則の施策のうち、サンフランシスコ講和条約で主権を回復した後にまず取り組まれたのが学区制であった。職業科（商業科、工業科）の大学区制の施行後、一九五六年四月からは尾張学区・三河学区の二学区とする大学区制に愛知県は移行した。これに対して、愛知県小中学校校長会や名古屋市小中学校校長会は大学区制に反対し、衆参両院の文教委員会に愛知県および名古屋市の教育委員が参考人として呼ばれる事態となった。[13]しかし、文部省は、第1章でも扱ったように基本的に不介入の方針を取っており、結局、愛知県教育委員会の決定に従って大学区制が実施されることとなった。この大学区制の実施は、公立高校にとってはより広範囲から集まる生徒の中から入学者を選抜することを可能にし、[14]私立高校へも「入学者が次第に増加する喜ばしい景況となり」、「私学人に希望と勇気を与えた」という。[15]すなわち、愛知県の大学区制は高校段階では受けられる教育に差異があってもよいという「自然」な見方に従うことにより、実施されてきた。

## 第一次ベビーブーマー通過時における公私協同体制の構築

その後進められた愛知県の第一次ベビーブーマー対策は、大学区制による生徒の自由な学校選択と、高まる進学熱に公私両者が共に対応することにより、過剰に高校を増設して消耗しあうような状況とはならなかった。この事情について、公立高校側からの資料では、「私立高等学校についてみると、（中略）特に高等学校生徒の急増期に当たっては、その果たす役割が大きくなったのに対応し、融資、補助金の大幅な拡大を図っている」と述べるにとどまっている。[16]愛知県私学協会はここで起きたことを次のように詳細に述べている。

私学側には、三、四新設するしるしはあったが、転用する特別教室も少なく、老朽校舎も余りなかったので、勢い教室を新設する必要があり、したがって校地拡張もしなければならず、わずか三年のために莫大の費用を投入し、漸減期におこる生徒の減少が予想されるときの、私学の経済的困難を杞憂し、県当局、県・市教育委員会県議会等と数次懇談の結果、昭和三五年度を基準とし、急増、急減に対し、その収容割合を公立六、私立四（名古屋市内は公立四私立六）とすることに意見の一致を見、県費をもって高校生急増助成、及び利子補給による貸付金を交付することに交渉が成立し、もって愛知県内に一人の中学浪人も出さない決意を示し、県民一般も安堵の胸をなでおろしたことであった。[17]

ここで注目すべきは、昭和三五年度すなわち一九六〇年段階に基準をおいた公立六：私立四という比率が決められた点にある。一九六〇年段階というのは、まだ戦前戦中に生まれた子どもが高校に通っていた頃であり、この取り決めは一九四五年生まれの急激な減少とその後の急激な拡大という両者を見込んだものであった。これは、「昭和三六年度高校入学生が、戦争の影響を受けて急減することになり、公立高校が従来のまま募集することになれば、私学の生徒数は激減することになる」[18]ことを回避しようとしたものであった。

すなわち、愛知県は公立高校、私立高校共に、両者が受け入れる割合を初めから合意した上で、その割合通りの拡大を第一次ベビーブーマーに対して行なったのである。そしてこの「六：四」という取り決めがあることによって、愛知県では結果的に、その後も含めて旺盛な高校増設がもたらされた。

まず、上記のように、三、四校と見られていた私立高校の新設が、愛知県による融資や補助金の大幅な拡大によって、一九六二年の守山女子商業高校・東海女子高校に始まり、六五年までのわずか四年の間に八校（分校を除く）が集中して新設された（六三年に光ヶ丘女子高校・聖カピタニオ女子高校・星城高校、六四年に岡崎城西高校・弥富高校、六五年に中部工業大学附属高校）。一方、公立高校では、まさに私立八校増に対応するように、一九六二年から六五年の間には、表5－1のように、ちょうど一・五倍の一二校が増設された。つまり、愛知県では、公私間の取り決めに応じて、公私両者が協調しあいながら高校を増設したのである。

表5-1　愛知県公立高校の開設一覧

| 年 | 高校名 |
|---|---|
| 1960 | 緑丘商業高校 |
| 1962 | 名南工業高校 |
| 1963 | 千種高校、豊丘高校、中川商業高校、一宮工業高校、半田工業高校、刈谷工業高校、名古屋市立北高校、名古屋市立若宮商業高校、春日井高校（分校から独立） |
| 1964 | 吉良高校（分校から独立） |
| 1965 | 佐屋高校（分校から独立） |
| 1966 | 一宮西高校（分校から独立） |

出所：愛知県公立高等学校校長会編『愛知県高校教育三十年』七五頁に基づき作成

愛知県の高校教育拡大過程は図5－6のように示せるが、公私協調した取り組みが功を奏し、一九六〇年以降の在籍率が順調に増加している。このことにより、愛知県は、公私両者の協調が見られなかった県よりもスムーズに高校教育機会を第一次ベビーブーマーに対して提供することに成功したといえる。この「成功」という認識は、当時急増対策委員長を務めた越原公明（越原学園理事長）が、私学協会関係者の座談会の中で、次のように述べていることからもうかがえる。

急増、急減に対して、私学協会が協力してきたいき方それがなかなかうまくいかないけれども、しかし、結果的に見て、かりにこれがなかったならばね、もっとひどい混乱状態になっていたにちがいない。（中略）協定は理想通りにはいかなかったが、丁度今日、過去を省みると、それはそれなりに相当の効果をおさめましたね。他府県を見ますと、例えば大阪等で、二千人以上の生徒があった学校で、急減にさしかかると、もう、経営者も替り、お手をあげたところのあることを

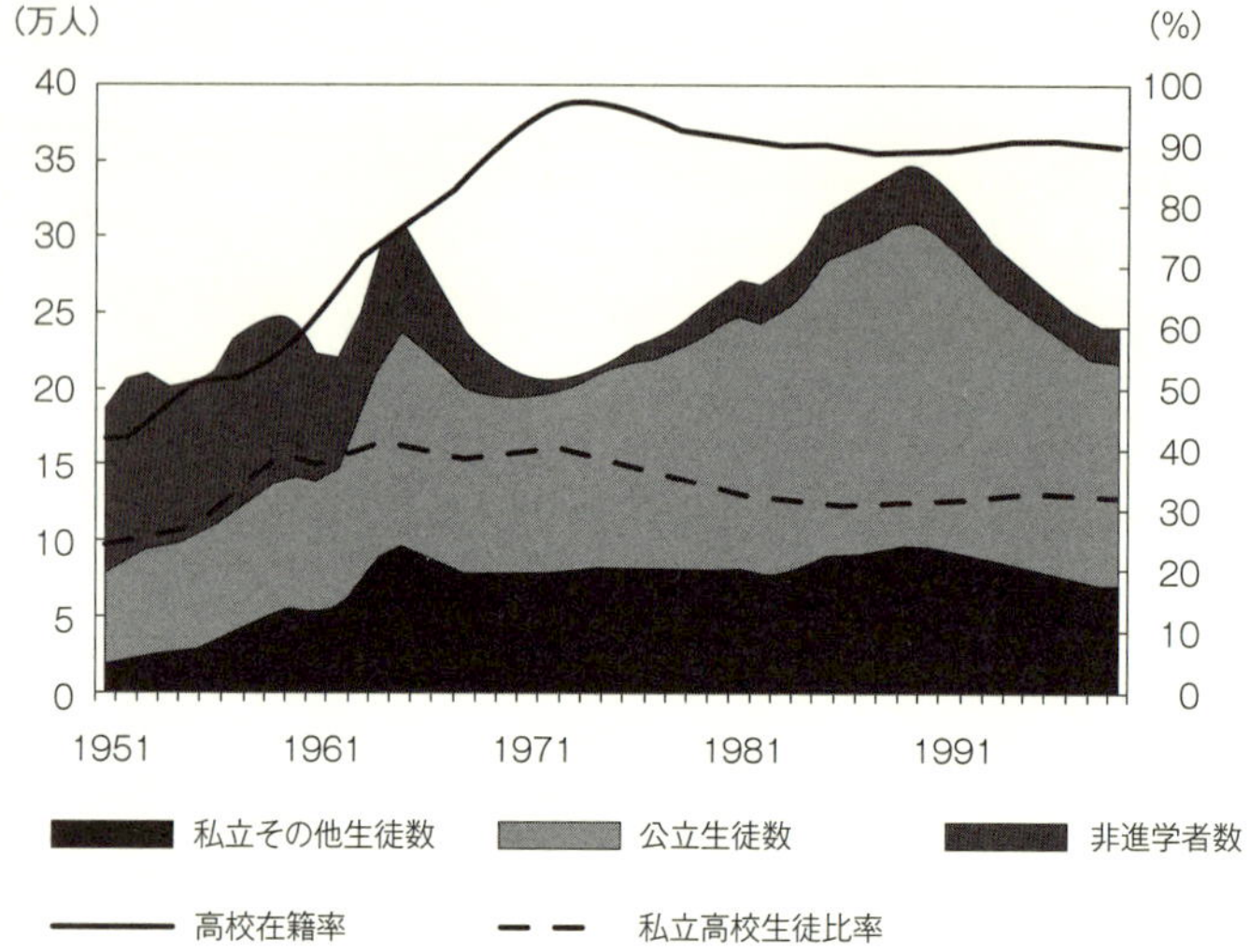


**図5-6　愛知県の高校教育拡大過程.** 出所：『学校基本調査』

聞いています。また、中部地区でも、お隣りの三重県に一つならず二つあるんですね、こうしたなかに愛知県では完全にお手をあげて、学校を閉鎖するとか、大きな学校へ身売りするというようなことは聞いておりません。これは、たしかに皆の協力の結果ではないでしょうか。[19]

愛知県は、先述の静岡県、兵庫県などとともに全国でも逸早く、第一次ベビーブーマーによる急増期およびその後の急減期を前に、公私間で協議を行い定員の比率を決定した。高校教育を「公私間の比率」によって提供するという構造の原型を、この愛知県の教育拡大の事例から見出すことができる。ただし、この公私間の比率によって調整する方法は急増期には対応しやすくても、漸増期には、対応しづらかった点も否めない。私立高校は個々の学校法人の経営体力を超えては拡大せず、それに呼応して公立高校の増設も抑制されたからである。その結果、愛知県は一九八二年から八六年の高校進学率が「全国最低」となったことは、八〇年代の研究ですでに問題として指摘されている。[20]

## 公立拡張型クラスターのケーススタディのまとめ

本章では、公立拡張型の事例として、徳島県と愛知県を検討してきた。このうち、愛知県については、当初進学率が低かったため、公立拡張型に分類された。その後の拡大過程では、当初から数多くあった私立高校が公立高校と手を取り合った事例の典型として、比率によって公私間の配分が決められたことによる高校教育機会の提供が行なわれてきた。これは、公立拡張型クラスターとしても、例外的な位置といえるかもしれない。

一方、山地の多い県内において、強い私立高校不信を背景として公立高校中心の供給が行なわれた徳島県は、国や公共団体が主導して経済発展してきた日本の社会構造を考えていく上で多くの示唆を与える事例である。本章の分析では割愛したが、離島の多い長崎県についても調査を実施したところ、キリスト教系の私立高校が存在する長崎市周辺を除き、徳島県と類似した結果が見られた。それ以外にも公立拡張型のグループに含まれる県のうち、山間部の多い岩手県や、能登半島を抱えて交通の不便な地域の多い石川県は、徳島に比較的類似した事例といえるであろう。これらの県がすべて徳島県ほどの強い公立不信を抱えていたかどうかについては、調査検討の余地は残されているものの、徳島県を顕著な例とする公立高校を中心とした拡張の仕方は、日本という後発産業型の社会における教育拡大として一つの類型を成していると言えよう。

# 注

［1］徳島県議会『徳島県議会定例会会議録』（徳島県議会、一九六〇年三月）八〇‐八一頁。

［2］徳島県立池田高等学校祖谷分校『徳島県立池田高等学校祖谷分校閉校記念誌』（徳島県立池田高等学校祖谷分校、二〇〇五）六〇頁。

［3］徳島県議会前掲八一頁。

［4］徳島県議会『徳島県議会定例会会議録』（徳島県議会、一九六一年九月）一一九頁。中尾健蔵議員の本会議の発言。

［5］同上書一二五頁。

［6］徳島県議会『徳島県議会定例会会議録』（徳島県議会、一九六〇年十月）三〇頁。

［7］たとえば、小川利夫編『愛知の高校入試改革――これからどうする高校進学　入りたい高校が遠のく、私立高がつぶれる』（エイデル研究所、一九八七年）が挙げられる。

［8］他の地域でも改革派の急先鋒となった軍政部の担当者の名をとって「マクレラン旋風」「ケーズ旋風」などと呼ばれた。

［9］愛知県公立高等学校校長会編『愛知県高校教育三十年』（愛知県公立高等学校長会、一九七八年）二〇頁。

［10］同上書一〇‐一四頁。

［11］愛知県私学協会編『愛知県私学協会二十年史』（愛知県私学協会、一九六八年）一〇六‐一〇七頁。

［12］ただし、私学関係者からも小学区制が大変評判が悪かったことは、同じく高校三原則が徹底された京都府や高知県の事例から見ても異例といえるかもしれない。

［13］愛知県公立高等学校校長会編前掲五〇頁。

［14］同上書五〇頁。

［15］愛知県私学協会編前掲一〇七頁。

［16］愛知県公立高等学校校長会編前掲四六頁。

［17］愛知県私学協会編前掲一〇八‐一〇九頁。

［18］同上書一〇七頁。

［19］同上書一七九‐一八〇頁。

［20］小川編前掲書。

# 第6章

# 各都道府県のケーススタディ（3）私立拡張型
## ——宮崎県・山形県・群馬県

第5章で検討した公立拡張型クラスターは、主に公立高校が新たな教育機会の提供の担い手となって教育拡大を達成した県であった。私立拡張型に類別される県は、公立拡張型クラスターとは対照的に、第一次ベビーブーム世代以降も私立高校の寄与が比較的大きなクラスターであり、教育拡大期を通じて高校進学機会の配分方法が最も大きく変化した地域であるということができる。これらの県は、一九五〇年代の県内の私学率が一割に満たないところがほとんどであった点で共通している。すなわち高校進学率が拡大する以前に、人々が高校に行くことを考えた場合、ほぼ公立高校しか存在していなかったところに、例外的存在として、私立高校が存在していたような地域である。この例外的存在としての私立高校から〈高卒当然社会〉における人材育成を担う教育機関としての地位を確立していったのが私立拡張型クラスターにおける私立高校である。私立拡張型の拡大前と拡大後では、どういう高校があったのかをまとめると、次のように示せよう。

本章で扱う私立拡張型の県は、このような大きな変化が明瞭に現われた地域である。そのリアリティを

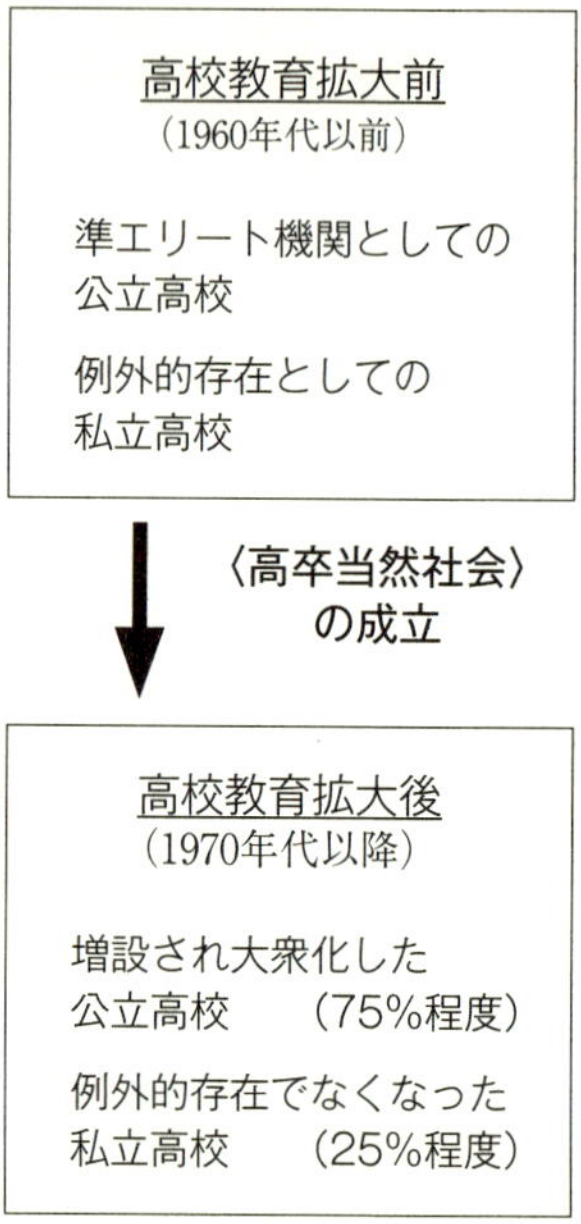


捉えるために次の三つの県を選択した。まず、第一次ベビーブーマーが進学する前に全国最低の進学率から平均並みの進学率へと上昇を遂げた宮崎県である。次に、高校三原則による小学区制の下で多数の分校設置も含めた高校設置を行なったものの、拡大期に高校が足らず、結果的に拡大期の私立高校の増設が大きく寄与することとなった山形県である。そして、山形県とは対照的に、高校三原則とはまったく異なる旧制中学校、高等女学校、実業学校のヒエラルキーを男女別学の公立高校にそのまま残した高校設置を行い、その影響が今なお強く残る群馬県である。

## 1　宮崎県——全国最低の進学率から「平均」への取り組み

### 全国最低の高校進学率をめぐる中央と地元の認識

全国的に高校教育拡大が始まる前であり、かつ生徒の急増期の前でもあった一九六一年の時点で宮崎県の高校進学率は三七・七％と、全国最低であった。この時期の宮崎県には私立高校がほとんど存在せず、先に見た香川県や徳島県と同様の公立優位の典型的な地域であった。また、図6－1に示される宮崎県は、南北に一六〇キロメートル、東西に七〇キロメートルあり、宮崎市周辺の平野以外は全体的に山が多い。大都市圏が存在せず山間部を多く抱えるという地勢的事情もあって、山間部や農村部における小規模校や分校が数多く存在していた。小規模校が多いということは、学校数に比して収容能力が高かったとはいえず、高校進学率が低くとどまらざるを得ない供給サイドからの要因となっていたと思われる。

　宮崎県の進学率の低さは、国会でも問題として取り上げられるほどであった。たとえば、参議院文教委員会では、社会党の矢嶋三義が「都道府県別に進学率が出ていますが、宮崎県の三七・七％というのは最低で、他の都府県に比べて著しく落ちているわけですが、この三七・七％という宮崎県の進学率は間違いない数字なのかどうかということと、どういうところに原因があるのか」を政府委員の内藤誉三郎に質している。それに対して、内藤は、アンバランスな地方財政を交付税で調整するとともに、「全体の水準を上げるように、特に低いところには文部省も指導いたしまして、平均に持っていくように今後指導して参りたいと思います」と答弁している。[1]

図6-1　宮崎県

　ここで示唆的なのは、「平均に持っていくように」指導を行なうという点である。戦後の日本の地域間格差の是正についての言論を見ていくと、「平均」[2]に持っていくことを目標とすることがしばしば示される。そして、各地方が平均を目指すことで、平均値そのものが上昇し

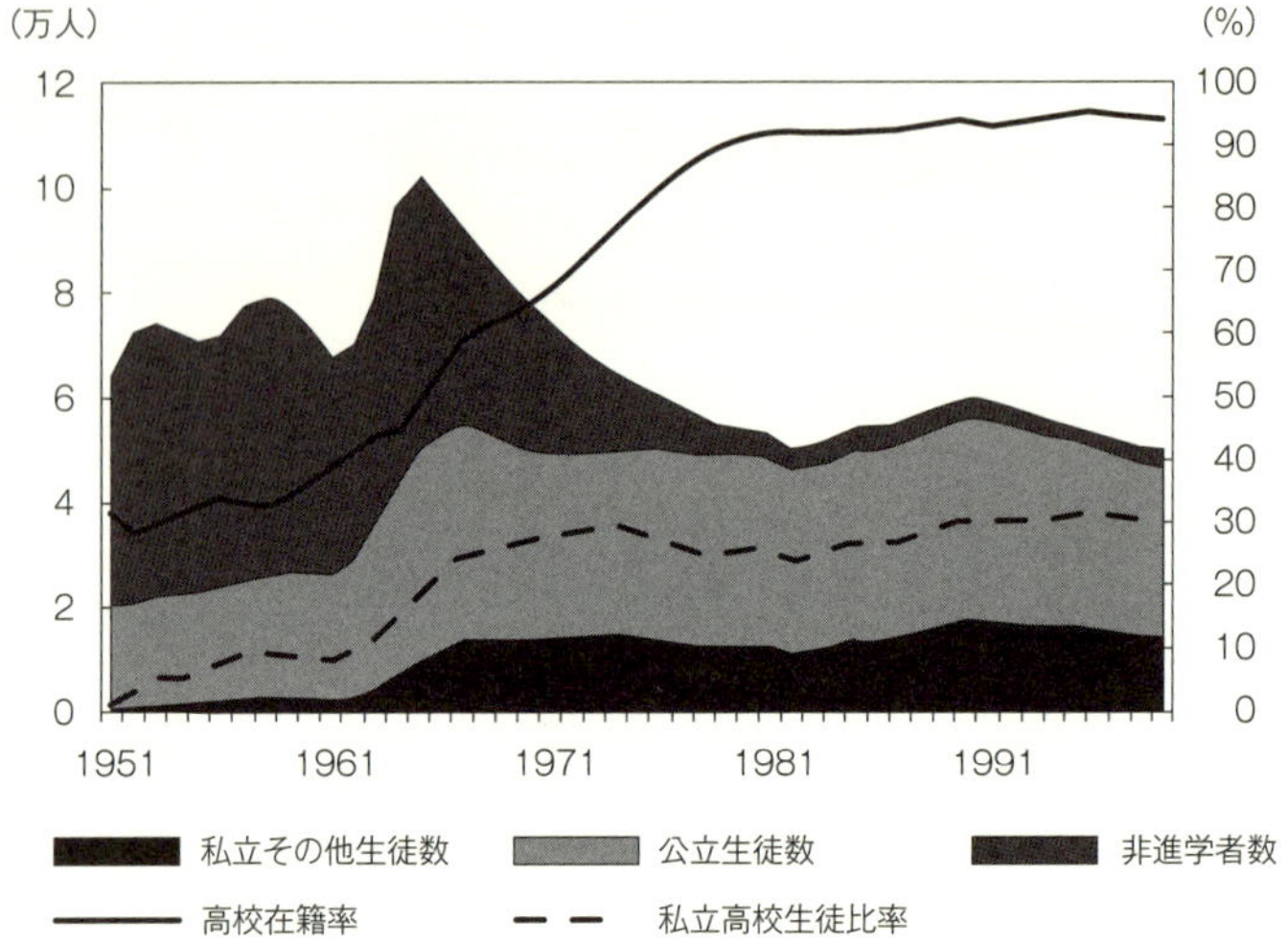


**図6-2　宮崎県の高校教育拡大過程**　出所：『学校基本調査』

ていき、結果的に全体が上昇していく過程を取っていくのである。宮崎県では、図6－2のように、第一次ベビーブーム以前には二万八〇〇〇人程度であった高校生の数が、ベビーブーマー通過時にはいずれも五万人程度へと急増する。

では、中央政府の認識に対して、宮崎県の方では、どのような認識を持っていたのだろうか。当時、宮崎県教育委員長であった富高憲晃が、宮崎県議会にて、次のような発言を行なっている。

> ご承知の通り本県の全日制高等学校への進学の比率というものはきわめて低い。昭和三一年の二八%が、本年（六三年）には、四二%に上昇し一四%の伸びである。いわゆる高校再編成の手直しの時期の到達年度の四五年（一九七〇年）には、目標を少なくとも五七%程度にまで伸長させていきたいと考えて、進学率が伸びるように行政指導の面においても努めて参りたい。[3]

つまり、国としても、宮崎県としても、その時点で認識している平均程度の進学率に上げていくことが目指されたのである。

## 「平均に持っていく」宮崎県の高校増設過程

宮崎県は、図6－2に示されるように、全国平均程度まで進学率を上昇させていく。高校増設の具体的方策として、二つの特徴があった。第一は、予算措置のつきやすかった工業高校を中心とした職業科を増設したことである。第二は、県庁所在地である宮崎市のほか、周辺自治体から人の集まりやすい地方都市機能を持つ延岡市、都城市の三地域を中心に置き、競い合わせる形で高校増設を行なったことである。

第一の職業科の増設から見ると、高校入学者が急増する一九六一年には、日向工業・小林工業・都城工業が、六二年には、日南工業・西都商業が設置され、さらに六三年には、門川農業と小林商業が普通科高校から分離独立した高校となるための予算措置が行なわれている。これらの職業科の高校は、宮崎と延岡の間の都市（日向工業・門川農業・西都商業）や、宮崎と都城の両方から少し離れた場所（小林商業・日南工業）に作られた。一方で、同時期の普通科高校の設置に目を向けてみると、第二の地域のバランスが考慮されている。一九六二年には、宮崎・延岡・都城のそれぞれに普通科高校が設置されており、また、六三年には、この三都市にて小学区にすることでできる限り不合格者を出さないような入試制度の変更（総合選抜）も実施されている。

後者の地域のバランスは、高校を誘致する政治力にもなった。顕著な事例が宮崎日本大学高校の設置である。学校設立に関わり、理事長も務めた小谷政一は、創立二〇周年記念誌の中で、「都城市に国立高等専門学校の誘致が決定したこと等で、宮崎市としても文教都市を標榜している立場から、私立の学校を誘致したいという強い考えが、有馬市長にあることを私は承知していた」と述べている。[4] 小谷はこの記事の中で、宮崎県知事以上に宮崎市長の有馬美利の政治力が大きかったと回想している。たとえば、一九六二年から、宮崎県知事と宮崎市長が日大関係者と日本大学の附属高校誘致のための接触を始め、国道及び線路沿いの校地の確保が行なわれた。この校地の確保には、市長自らが地権者との取得交渉に当たった上で、一日市有地として確保したのち、市議会に諮って提供されたとされている。[5] その後、六三年三月に、宮崎県の政界・財界・教育関係者が集まって発起人会を作り、新たに作る学校法人を日本大学の準附属にしてもらうように陳情を行い、四月には宮崎日本大学高校開校に至っている。[6]

以上のように、当初、高校進学率の低かった宮崎県では、地域間のバランスを取りながら公立高校を増設しただけでなく、東京の私立大学との直談判を経て、私立高校も誘致して、高校進学者の拡大を進めた。私立高校は、六一年度に三校だったのが六五年度には一一校に増えている。公立高校の学級定員も、普通科・商業科は五〇名から五五名に、その他の職業科は四〇名から四四名に増やして、「全国最低」であった進学率の上昇を図った。

以上の経緯を踏まえれば、宮崎県は公私両者の積極的増設によって、生徒急増期を乗り越えるだけでなく、全国から見ても「平均」となる教育拡大を行なうことに成功したといえる。図6－2に量的に示される間にはこのようなプロセスがあったのである。

## 私立高校の拡大を支えた地元のアントレプレナーシップとその後の経営難

宮崎県の高校教育拡大過程には、大変興味深い一面がある。それは、地元のアントレプレナーシップ（起業家精神）が私立高校設置に強く影響している点である。宮崎市にある旭進学園《きょくしん》や都城市にある久保学園の学園史をはじめ、戦後、宮崎県内に設立された私立高校の学校方針の中には、「大和魂」「武士道精神」「愛国心」を失ったとする戦後の教育を憂える教育理念がしばしば見られる。この宮崎県内のアントレプレナーシップを持って設立した学校の教育理念を学園史から見てみよう。たとえば、宮崎第一中学校・高校を経営する旭進学園の学園史に記された「設立の動機」には次のような記述がある。

日本は強い。この敗戦を機会として、二度と日本が立ち上がることのないようにしなければ、また何時の日か日本は再建して、白人国をおびやかすようになる。それには日本人から「大和魂」をなくし骨抜きの精神薄弱児をつくることである。それは「教育」から始まる、とマッカーサー元帥は考えたのである（中略）〔創立者の：引用者注〕佐藤一一氏は静かに世相を憂え、このままゆけば、日本は遠からず精神的ルンペンとなって滅亡すると痛感した。そして日本の滅亡を救うためには、教育の立て直しを緊急とすると決意し、新しい時代を築くために、「日本精神」を復興すると共に「技術・技能者」養成という二本柱を中核とする教育方針を樹て、日本の再建に努めようとの志を立てたのである。[7]

また、都城高校を経営する久保学園の学校史の「高等学校本校教育の特色」に次のような記述がある。

第二次世界大戦での敗戦に伴う混乱と退廃の中で、わが国の民主主義教育は、民主主義についての深い理解が、なされないままでの出発であり、日本古来の民族性を、培ってきた文化そして、武士道精神が、日本の教育の基本から抜き去られ、道徳教育の指導に、具体性を欠く傾向が見られた。（中略）とくに、若者の心の持ち方の教育について「戦後の教育のなにかが間違っていたのではないか。」とする考えが、教育界の内外を問わず次第に大きくなって、危惧の念を持つ人が多くなり、道徳教育の必要性が求められるようになった。

当時、学校創立者で初代理事長の久保正義先生も、危惧の念を持つ一人で、現状の教育を憂い、見識に富み、勤勉且つ礼節を尊び、国を愛する質実剛健の三州健児を、世に送らんと、「愛国心」、「誠意」、「見識」、「気魄」、「勤労」の教育理念を掲げて、昭和三十五年四月二五日、都城高等学校の前身である「都城高等電波学校」を都城市八幡町の地に設立されたのである。[8]

高校教育拡大期にこのような戦後の教育を憂えた創立者による学校法人が設立され、またその多くが誰でも高校に通える社会になりつつある日本の大衆化した高校教育を担い、健康な中堅労働力の創出を担っていた。この事実は、それぞれの地域社会が変化するなかで新たに学校に通うようになった人々がどのような社会に適応できるような教育を受けてきたのか、ひいてはこのような人々の意識構造を考える上でも興味深い事実である。

もちろん、このような地元の篤志家による私立高校にかなり依存した高校教育拡大は、私立高校一つ一つが独立した学校法人であるがゆえに、それぞれの学校の経営問題と直結するという難点も抱えていた。たとえば、旭進学園の学校史には次のような記述がある。

三十九年九月一日、県に対して高校認可の申請をしていたが、私学審議員の中に、本学園の認可に反対する者がいて二回の審議会で結論が出ず、ようやく十一月二十五日の私学審議会で正式に認可され、四十年四月開校の運びとなった。

各種学校の中では、最初に認可されたわけで県下第六番目の私立高校として誕生したのであったが、その後、経理学校等八校が次々と高校の認可を受け、五校の私立高校が一躍十四校に増えて文部省を驚かせたのであった。

勿論、三十九年度がベビーブームであったので、本来私立高校をつくるならば、それまでにつくるべきであって、ピークを過ぎて、中学卒業生が減少しようとする時期に大量に増えたのであるから、その後、私立高校同士鎬《しのぎ》を削ることになった。[9]

実際、この旭進学園でもその後の資金繰りが苦労し、大阪の大学や企業に協力をかけあった経緯が記述されている。また、当時、似たような名前の学校が相次いで倒産あるいは不渡りに至ったため、債権者が学園に押しかける事態になったことが記されている。[10] このように、学齢人口のピークを過ぎた時期に私立高校を増設することは高校教育機会の拡大に寄与した。そして、進学率をさらに押し上げることとなり、全国最低の高校進学率であった宮崎県を誰もが高校に通える社会に変化させたのである。もちろん、その後の生徒減少期の私立高校の経営難につながっていくことになった点は見逃せない。とはいえ、紆余曲折を経ながら、宮崎県は全国最低の進学率を平均並みにまで持っていくことができたのである。

## 2　山形県——新設された私立高校による公立高校不足の補完

### 戦後に行なわれた着実な公立高校の整備

山形県では、隣県の宮城県や福島県と異なり、いわゆる「高校三原則」に則って新制高校への移行が進められた。多くの県がそうであったように、結果的には共学化のみが定着することとなったが、この過程で戦前の中等学校が再編された。たとえば、旧制の山形中学校は、新制山形第一高校となってすぐに、旧制山形第二高等女学校を引き継いだ山形第五高校と統合されて山形東高校となったが（一九五〇年）、すぐに山形北高校が分離された。また、旧制山形第二中学校と旧制山形第一高等女学校も、それぞれ新制山形第二高校・山形第四高校となったあと統合されて山形南高校となり、二年後に山形西高校が分離して現在にいたっている。同じような旧制中等学校どうしの再編整理は全県で行なわれた。

図6-3　山形県

　また、山形県では、勤労青少年養成のための定時制教育に力が注がれ、県立の独立校が一八校、併置校が二七校設置された。分校も七〇校が開かれ、その後も新設が進んだ。[11] この方針は、文部省方針を大きく上回るものであった。[12]

　私立高校は、戦前の裁縫学校の流れを汲んで五つの高校が発足した（山形市二校、米沢市二校、酒田市一校)。これらはいずれも家政科が中心の小規模な女子校であった。加えて、新たに小国町の山中にキリスト教系の小さな共学校が設立されたが、六校合わせても、一九四八年の段階では私学率は五%に満たず、五七年でも九%でしかなかった。[13]

このように、山形県では、新制高校の発足にあたって、公立高校がくまなく配置されて高校教育機会を提供する体制が整えられ、その後も着実に公立高校の整備が進められていった。私立高校は、公立高校ではできなくなった別学による女子家政教育を担うものとして存在した。

## 見積もりの低かった公立高校急増対策と相次いだ私立高校の開校

生徒急増期を前に、山形県は一九六〇年「高等学校整備対策協議会」を設置し、翌六一年から六七年までの高校整備計画について諮問した。ここで作成された整備計画の概要は、「全日制課程については主に超過収容によって対応しつつ、職業課程を充実させ、とりわけ工業科・商業科を強化する。定時制課程については全日制課程への転換を図り、分校は地域的に必要な最低限にとどめるものとする」というものであった。[14] そしてこの計画に基づいて、新庄工業・長井工業・酒田工業・寒河江工業の四校が新設され(一九六六年には新庄農業も開校する)、各校は学級増を行なった上に学級定員を五四人に増やして(工業・農業科は五〇人)対応した。

ただし、この計画は、進学率の上昇を毎年一%ずつと見なして策定されたため、現実と大きく乖離しており、実際の高校進学希望者の増加には十分に対応できないものであった。[15] 計画が策定される以前の五〇年代の後半から、すでに高校入学難によるいわゆる中学浪人が問題となっていたにもかかわらず、県は積極的な高校拡大を行なわなかったといえる。たとえば山形市内では、毎年高校入試の不合格者が一〇〇〇

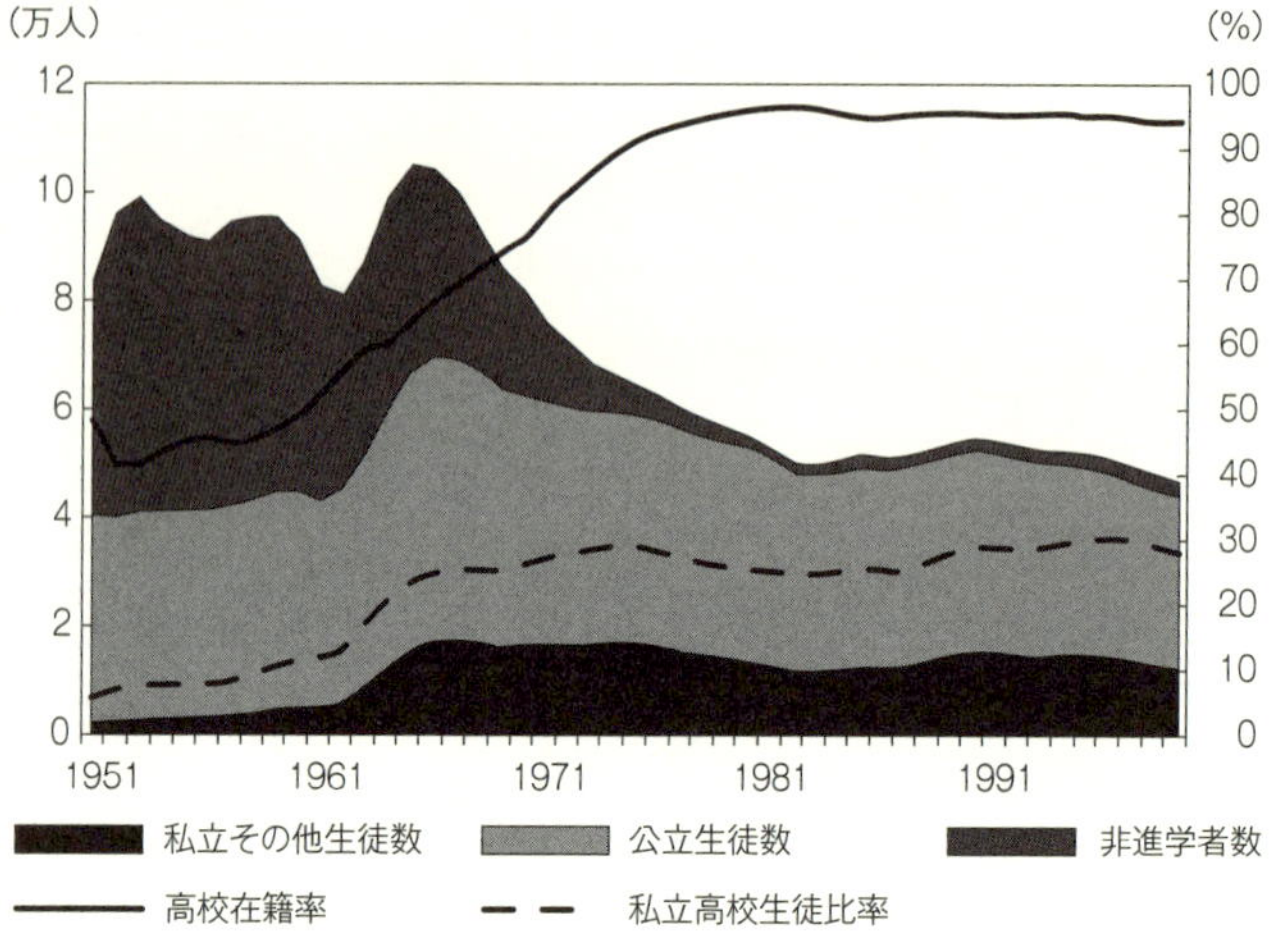


**図6-4　山形県の教育拡大過程**　出所：『学校基本調査』

人近くに達する事態が発生し、校長会やＰＴＡが「高校学級増設期成会」を結成して県や市に働きかけを行なうということが起きていた[16]。

急増期を目前にしても、県の腰は重かった。県議会における安孫子知事の答弁では、公立高校の新増設の必要性は認めながらも、他の事業との兼ね合いもあり、大々的な対策を県として取ることには消極的な発言が重ねられている。

> 高校急増による他事業への圧迫というものは一目瞭然でございます。（中略）
> 今後とも努力を続けて高等学校の急増設による他事業への圧迫というものを極力少なくするという方向に努力をして参る所存でございます。（中略）
> どうせ四、五年たちますればまた相当減ってくるわけでございますから、その点も見越しましてぎりぎりの線で事業を遂行していくわけでございますけれども[17]。

また、議員から工業高校ばかり新設して、普通科が増えていないことを指摘されて、定時制高校の改編によって対処する県の姿勢も示される。

普通課程の学校につきましては本県の場合幸いにも従来定時制高等学校として成り立っておりました高等学校十八校が全部県立に移管になっておったわけでございます。そういうふうな関係からその定時制高等学校を地域のご要望に沿いまして、ほとんどすべて普通課程の増設に振り向けてまいったわけでございます。[18]

このような県の姿勢が、県に期待せず、自らの手で新たな高校を設立しようとする動きにつながっていく。その結果、私立高校の開校が相次ぎ、高校進学者の増加とともに私学率もおよそ三割にまで大きく上昇することとなった。[19]

たとえば、山形市では、大久保伝蔵市長がみずから中心となって学校法人を設立し、市民からの土地の提供や有力政財界人の協力を得て山形第一高校の開校にこぎつけた。大久保の回顧によれば、中卒浪人が巷にあふれて非行が目に余ったため、安孫子知事に相談したものの県財政には余裕がなく、新聞記者にそのことを漏らしたところ、ある農家から「市長こういうことが新聞に出ているがほんとうか、おれの土地三千坪を田作りの代りに人間作りに使いなさい」との申し出があり、山形実業界のトップに相談して支援の約束を取り付けて、計画が動き出したという。[20] もっともこの学校は開校まもなく資金繰りに苦労することとなり、県出身の国会議員の仲介によって日本大学への編入を実現させた。[21] この結果、日本大学山形高校は、ピーク時には生徒数二〇〇〇人を超える県下随一のマンモス校として、多くの中学卒業生を引き受けることとなった。

庄内地方の羽黒町でも、地元出身の経済人である秋元正雄が、町からの土地の提供を受けて、私財を投じて羽黒工業高校を設立した。秋元は高等小学校卒業後上京し、働きながら大学まで出て、最後は一部上場企業の社長となった立志伝中の人物であり、彼がかねてから抱いていた学園創立の思いが、ベビーブーム世代の受け入れ態勢が整わないために中学浪人が問題となった一九六〇年ごろに、具体化へと動き始めることとなったという[22]。

また、各種学校を経営する学校法人が、新たに高校を開校した例もある。山形市に一九六二年に開校した竹田女子高校の母体は、一九一九年に開かれた裁縫私塾にさかのぼる。その後、各種学校として発展し、戦後も新制高校への移行を行なわずに女子教育を進めてきていた[23]。一九六〇年当時の山形県では、義務教育後の進路として、各種学校が大きな役割を果たしており、私立高校生が七校合計で約五〇〇〇人であったのに対し、各種学校は八九校に一万二〇〇〇人以上が通っていた。しかし、高校進学熱の高まりを受けて、この法人（山本学園）も、家政科を中心に普通科・商業科も備えた高校を開設し、さらに幼稚園や職業訓練校なども併設する総合学園として展開していくこととなる[24]。

このように、山形県では、公立高校の収容力が高校入学希望者の伸びに追いつかない中で、私立高校の開校が相次いだことで、県の計画を上回る勢いで高校進学率が上昇していく受け皿として機能したのであった。

## 3　群馬県――男女別学を前提とした高校教育機会の拡大

### 占領期の政策によって形成された男女別学体制

群馬県は、現在でも数多くの男女別学の公立高校を抱えている。二〇〇九年度時点においても、普通科高校四〇校のうち、二五％にあたる一六校が別学である（男子校七校、女子校九校）。群馬県の公立別学高校の起源について旧制前橋高等女学校を前身とする前橋女子高校の学校史では次のように述べられている。

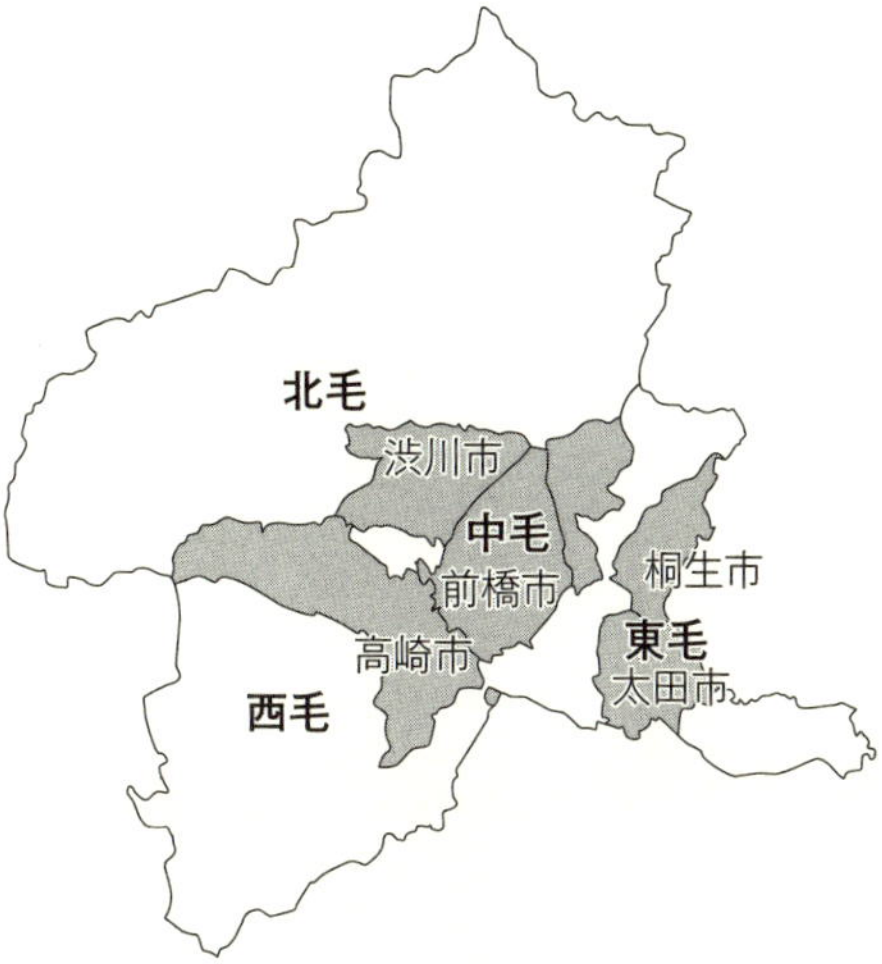


図6-5　群馬県

> ここには、教育の中央統制すなわち権力が末端における教育のあり方までを決定し従わせるのは根本的に誤りだとするアメリカ民主主義の考え方がある。あくまで尊重されなければならないのは「その地方の要望」である。しかし現実には日本の各地方で〝尊重〟の程度にはかなりの差異があったようである。（中略）
> 　とにかく群馬においては、担当官であるアイスマンの、氷男というその名に似合わぬ地元の要望尊重の結果が全国でも有数の男女共学率の低さとなってあらわれたのであった。（中略）幸か不幸かアイスマンは本来職業軍人ではなく、「民主主義」アメリカの文官

出身であり、「地方の要望に合致」という大原則の方に、より忠実な考え方の持主であった。[25]

この『前橋女子高校六十年史』の記述に従えば、「共学になることによってもたらされると考えた〝男性生徒の学力低下への恐れ〟」のほか、「〝伝統〟意識に大きく支えられた旧中等学校体制の存続要求、〝母校喪失〟に反対する同窓会」、「これらの声に突き上げられた県教育関係者の〝がんばり〟」があったことが指摘されている。[26]

結果として、群馬県では、「高校三原則」がほとんど適用されずに、多くの旧制中学校は公立男子校に、多くの旧制高等女学校は公立女子校になった。そして、旧制の実業系の学校は共学校となり、その多くは職業科を含むものであった。その結果、旧制中等学校のヒエラルキーそのままに、公立別学校の威信が高く、共学校は相対的に威信が低い扱いを受けることとなった。この意識構造は群馬県内に現在でも根強く残っているものである。

上記の原則とは異なり、共学化した学校も見られたものの、そのような高校も発足後すぐに男女別学の復活がしばしば議論となっている。たとえば、草津温泉や嬬恋などの地域を有する群馬県北西部の吾妻郡では、群馬県立中之条農業学校が共学の中之条高校として発足すると同時に、吾妻高等女学校が共学化した吾妻高校となったものの、「隣接する吾妻高校の意向、また、当時は県立校とはいえ施設設備面での地元の経済的負担も多く、経費の節減という観点から、従前のように吾妻高校は女子、中之条高校は男子にという郡内町村長会の申し入れ等を反映する中で、議論の末昭和二八（一九五三）年度より男女共学を廃止することが決定された」と記されている。そして中之条高校は男子校に、吾妻高校は女子校に戻った。[27]

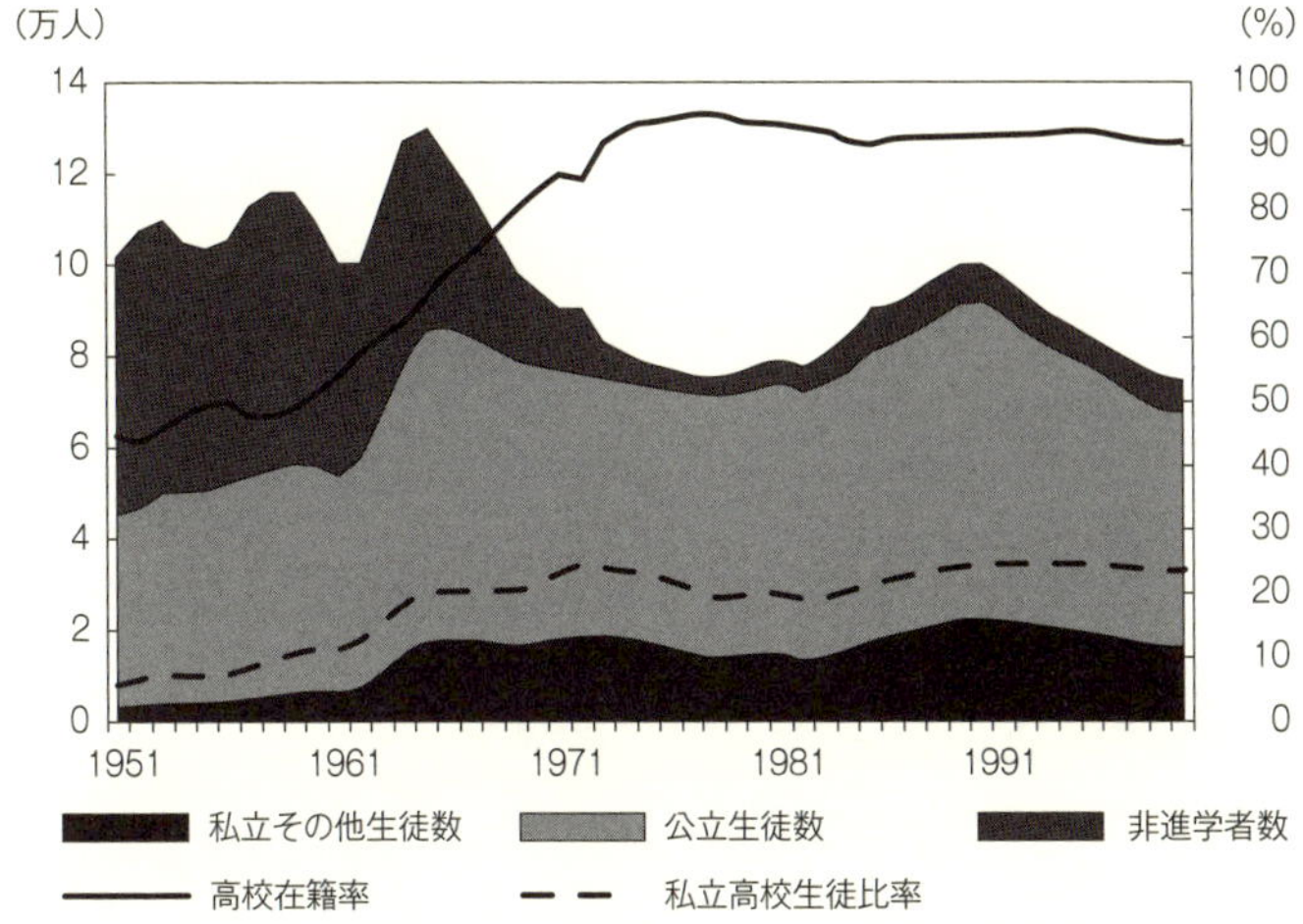


図6-6　群馬県の教育拡大過程　出所：『学校基本調査』

## 男女別学を強化した生徒急増期の対処

ベビーブーマーによる生徒急増期の公私両者による高校増設は、男女別学の高校教育機会の提供構造をしばしば強化していく結果となった。そもそも男女別に生徒が収容されているので、別学を前提とした高校増設要望がなされた。たとえば、群馬県議会には次のような発言がある。

どこのうちでも嫁にいくこれが材料であろうかないだろうかわかりませんけれども、女は必ず高校へ上げなければお嫁にいけないというような状態がある。どうしても男子よりも女子をある程度まで緩和した入学をさしてみたらどうか、それに大泉に適当なところがあるから、あそこに新設女子校をもっていくということがもし教育長に考えがあるとするならば[28]……

このように、男女どちらかが足りないという点を汲んだ高校増設の要望がなされ、「女子校」あるいは「男子校」のいずれかがはっきりと求められてきた。この生徒急増期に全日制公立高校は六校設けられた。そのうち三校は工業高校であり〔渋川市立工業・太田工業・藤岡工業〕、伊勢崎東高校のように男子校も作られている。

私立高校も、新町女子商業高校や群馬女子短大附属高校などの女子校が設置された一方、前橋育英高校が、前橋市内初の私立男子校として発足している。これは、北関東で展開していた予備校〔英数学館〕が高校経営に進出する形で開校に至ったもので、進出にあたっては高崎市と前橋市とが競って高校の誘致を行なった経緯も見られる。高崎市では一九六二年、東京農業大学第二高校が開校した。これは、一九六一年に高崎市からの附属高校設置誘致の申し込みを受けて、翌年に開校したものである。[29]

当時のことを前橋育英高校の理事長である中村有三は次のように語っている。

昭和三六年は生徒はどん底でした。それ以後、三七〜三八年とぐんと伸びるのですが、あの頃が一つのくぎりだったですね。当時は、生徒急増期を目前にして、県議選でも話題になって大騒ぎで、それに対応して昭和三七年に農大二高が高崎に誘致されました。

なにしろ、昭和三五年ころから三七年まで中学浪人が多く、英数学館でも大学受験生は一八〇人位で、高校受験生が二〇〇人もいたんですね。みんなもう前高〔前橋高校の略称：引用者補〕始め、普通高校をねらうわけですが、本当に大変なことでしたね。[30]

〔中略〕

丁度農二が高崎に誘致されたことで、前橋にもという機運がぐーんとたかまってきていました。〔中略〕高校新設の動きが新聞に報道される度にやむにやまれぬ気持になり、反対を顧みずどんどん行動しておりました。

この二校は人口拡大期の新しい高校生の受け入れ口となり、ベビーブーマーが高校生となった一九六五年当時、東農大二には一二二二名、前橋育英には一二〇二名の生徒が在籍していた。なお、東農大二は発足時から共学校であるが、開校当初男子校だった前橋育英は、第一次ベビーブーマー後の生徒減少期になると、一九七〇年に女子を対象とした保育科を設置し、共学化に踏み切っている。群馬県の私立高校は、この二校とキリスト教系の共愛学園と新島学園を除くと、戦前から歴史を持つ学校はほぼすべて裁縫学校を前身とするものであった。これらの私立高校は生徒急増期にも男女別学によって多く提供された公立高校の教育機会に対応するものとして、男女別学を維持していた学校が多い。つまり、群馬県における別学による高校教育機会を提供する構造は、どの地域の、男女どちらの生徒にとって行く高校が足りないのかを可視化する役割を果たしていた。

なお、一九九〇年代以降の生徒減少期には、群馬県内の私立高校は次々と共学化に踏み切り、現在では群馬県内のすべての私立高校が共学校となっている。一方、公立高校については、二〇一一年においても、「高校教育改革にかかわる再編整備に併せて男女共学を推進します」[31]としながらも、「男女共学化に当たっては、学校関係者や地域の理解を得られるように努めます」としている。県内でも比較的人口が多い地域では、依然として共学化の動きは消極的である。[32]

## 私立拡張型クラスターのケーススタディのまとめ

本章では、私立拡張型の事例として、宮崎県、山形県、群馬県の事例を見てきた。宮崎県では、全国最低の進学率から平均並みに上昇する過程において、公立、私立がともに拡大しながら、そのなかに、東京の大学の系列校を誘致したり、地元のアントレプレナーシップの下、私立高校が開学したりする事例を見てきた。山形県では、公立高校の増設にあまり積極的でない県側の姿勢に対して、私立高校が積極的に拡大を担う状況があったことを見てきた。群馬県では、占領期において形成された男女別学がそのまま生徒急増期に強化されながら現在まで残っていることを見てきた。これらの事例は、いずれも大都市部ではない地域で、高校教育機会を急増させる必要に迫られた県の特徴的な動きであるといえよう。

この三県の動きに大きく共通していることがある。三県とも、高校進学率拡大以前は、準エリート機関であった公立高校（主に普通科高校）のみが存在していた。その後、拡大以前には高校に行かなかった層の、新たな進学先として公立職業科と私立高校の存在が大きく現出してきた。私立拡張型は、この変化を最も明瞭に見ることができるクラスターである。しかも、第３章図３－４に示したように、これらの地域では、教育拡大後、公立普通科、私立普通科、公立職業科の順に成績上位者の占める割合が高い。それまでほとんど存在しなかった私立高校が増えることにより、大衆化した高校のなかで、公立普通科に次ぐ地位を私学が担う県も出てきたのである。このように、私立拡張型のクラスターでは、「高校に行くかどうか」に大きな違いがあった社会から、高校進学率が拡大して〈高卒当然社会〉へと変化したことと、どのような高校に行くのかという高校教育機会の配置の変化が同時に進行してきたことに大きな特徴がある。このクラスターにあてはまる県は、四六都道府県のうち最も多い一九県であった。大都市部を除く日本の多くの地域では、戦後社会の変化のさなかで、高校の存在が急拡大しながら大きく変わったことを三県の事例から見出すことができると言えよう。

これまで見てきた三つのクラスターと当初から進学率が高く、私立高校も多かった大都市部では事情が異なる。次章では、大都市型の動きについて検討する。

## 注

[1] ともに一九六一年一〇月三一日参議院文教委員会での発言。

[2] たとえば、戦後の沖縄など、日本に包摂されるかが外交問題となった境界地域において、不平等を是正する言葉が「本土なみ」であった。この点については、小熊英二『〈日本人〉の境界——沖縄・アイヌ・台湾・朝鮮 植民地支配から復帰運動まで』（新曜社、一九九八年）を参照。

[3] 宮崎県議会編『宮崎県議会史第一〇巻』（宮崎県議会、一九七一年）一〇八頁。

[4] 宮崎日本大学高等学校編『創立二十周年』（宮崎日本大学高等学校、一九八三年）三八頁。

[5] 同上書三七頁、三九頁。

[6] 同上書三九－四五頁。

[7] 学校法人旭進学園編『学校法人旭進学園創立三十周年記念誌』（学校法人旭進学園、一九八五年）一－二頁。

[8] 学校法人久保学園編『久保学園創立四十周年記念誌』（学校法人久保学園、一九九九年）四五頁。

[9] 学校法人旭進学園編前掲一九頁。

[10] 学校法人旭進学園編前掲二七－三〇頁。

[11] 山形県校長会編『山形県高等学校二十年誌』（山形県教育委員会、一九六九年）、山形県教育委員会編『山形県定時制通信制教育三〇年記念誌』（山形県教育委員会、一九七九年）。

[12] 山形県教育委員会編『山形県教育史通史編下巻』（山形県教育委員会、一九九三年）。

[13] 山形県総務部文書学事課編『山形県の私学一〇〇年』（山形県総務部文書学事課、一九七二年）。

[14] 山形県教育委員会編『山形県高等学校二十年誌』（山形県教育委員会、一九六九年）六－七頁。

[15] 山形県教育委員会編前掲五〇二－五〇八頁。

[16] 日大山形三〇年史編集委員会編『日大山形三〇年誌』（日本大学山形高等学校・中学校、一九八九年）一一頁。

[17] 安孫子藤吉知事の県議会本会議での答弁、一九六二年三月五日。

[18] 梅津龍夫教育長の県議会本会議での答弁、一九六三年一〇月三日。

[19] 山形第一高校（一九五八年）、山形自動車工業高校・山形電波工業高校・酒田南高校（一九六一年）、竹田女子高校（一九六二年）、羽黒工業高校（一九六三年）、一橋商業高校・新庄東高校（一九六五年）。

[20] 日本大学山形高等学校編『二十年のあゆみ』（日本大学山形高等学校、一九七九年）二九頁。

〔21〕日大山形三〇年史編集委員会編前掲一一－一九頁。日本大学山形高等学校編前掲二八－三二頁。

〔22〕羽黒工業高等学校編『羽黒工業高等学校二十年史』（羽黒工業高等学校、一九八二年）二五頁。

〔23〕山本学園編『創立八十周年記念誌』（山本学園、二〇〇二年）、山形県総務部文書学事課編前掲。

〔24〕山形県総務部文書学事課編前掲。

〔25〕前橋女子高校六十年史編集委員会編『前橋女子高校六十年史』（前橋女子高等学校、一九八〇年）二五九－二六〇頁。

〔26〕前橋女子高校六十年史編集委員会編前掲二六〇頁。

〔27〕なお、両校のうち、吾妻高校は一九六三年度まで商業科のみ男子生徒の募集を行なっており、一九六六年春に最後に卒業した男子生徒は五名であった（吾妻高等学校創立五十周年記念事業実行委員会編『吾妻高等学校五十年史』（群馬県立吾妻高等学校、一九七一年）七八九頁）。その後、現在に至るまで女子校である。一方、中之条高校は長く男子校を続けていたものの、少子化に至り、二〇〇〇年度に男女共学化に至っている。

〔28〕『群馬県議会史昭和三七年二月』四九九頁、当時の県議会員金子万喜太の発言。

〔29〕東京農業大学第二高等学校創立五〇周年記念事業五〇周年記念誌作成委員会『五十年の歩み』（東京農業大学第二高等学校、二〇一一年）。

〔30〕石川治男編『前橋育英高等学校二十年史』（前橋育英学園、一九九三年）一七〇頁。

〔31〕群馬県教育委員会編『高校教育改革推進計画』（群馬県教育委員会、二〇一一年）一三頁。

〔32〕近年でも群馬県では、読売新聞がこの男女共学化について取り上げられている。そこでは、理数科のみ共学化に踏み切った桐生高校の例や群馬県北部で生徒が減少している沼田高校、沼田女子高校では統合による高校再編を検討したものの両校の同窓会の反対により、白紙撤回したことが取り上げている（『読売新聞』群馬県版二〇一〇年五月三〇日、http://www.yomiuri.co.jp/e-japan/gunma/feature/maebashi1275147518568_02/news/20100530-OYT8T00085.htm、最終閲覧日二〇一三年一二月九日）。なお、この記事の後編にもあるように、同様に多数の公立別学校のあった福島県、宮城県では公立高校全学共学化に至ったものの、埼玉県は別学維持の姿勢を打ち出している（『読売新聞』群馬県版二〇一〇年六月六日、http://www.yomiuri.co.jp/e-japan/gunma/feature/maebashi1275147518568_02/news/20100610-OYT8T00047.htm、最終閲覧日二〇一三年一二月九日）。なお、埼玉県の経緯だけでなく、公立高校の男女別学については、浦和第一女子高等学校ＰＴＡ編『埼玉県立浦和第一女子高等学校共学化問題の記録』（埼玉県立浦和第一女子高等学校ＰＴＡ、二〇〇三年）に詳しい。

## ●コラム　甲子園（一）●

二〇一三年の夏の甲子園は、前橋育英（群馬、一九六二年開校）と延岡学園（宮崎、経理学校が一九六六年高校化）による手に汗握る決勝戦となった。ベスト四には日大山形（山形、一九五八年開校）も残っており、奇しくも「私立拡張型」三県による、それも本書が取り上げた高校教育拡大期にできた私立高校が盛り上げた大会であった。

他方、二〇一四年春のセンバツの決勝は、一八七六年に浄土真宗の教校として開学した龍谷大平安（京都）と、一九二二年に商業学校として開校した履正社（大阪）という、歴史ある私学どうしの対決となった。

甲子園出場校の素性はバラエティに富む。二〇一三年夏の出場校を見ても、彦根藩校の流れを汲む彦根東（滋賀）や、旧制中学校を前身とする丸亀（香川）という、地域の高校ヒエラルキーの頂点に君臨する名門公立高校もあれば、私立高校の中でも、戦前の商業学校を起源とする北照（南北海道）・修徳（東東京）・福知山成美（京都）・瀬戸内（広島）、旧制高等女学校を起源とする弘前学園聖愛（青森）・済美（愛媛）、裁縫学校を起源とする石見智翠館（島根）など、多彩である。また、本書で取り上げた六〇年代の拡大期以降に、新たな教育を志して立ち上げられた高校も少なくない。

さて、今は私立高校が出場校の七割程度を占め、「私立優位の甲子園」と呼んでもいいかもしれないが、新制高校がスタートした時代にまでさかのぼると、夏の甲子園に出場したのは、次の二三校であった（◎は私立）。函館工業（北海道）、青森（青森）、石巻（宮城）、前橋（群馬）、◎成田（千葉）、◎慶應義塾（東京）、◎浅野（神奈川）、穂高農業（長野）、静岡第一（静岡）、◎享栄商業（愛知）、岐阜第一（岐阜）、金沢第一（石川）、西京商業（京都）、天王寺（大阪）、芦屋（兵庫）、桐蔭（和歌山）、◎関西（岡山）、柳井（山口）、丸亀（香川）、高知商業（高知）、小倉（福岡）、鹿島第一（佐賀）、大分第二（大分）

見ての通り、私立高校はわずか五校に過ぎなかった。出場した公立高校も、いわゆるナンバースクールが多くを占めており、「勉強か、運動か」ではなく「文武両道」が一般的であった時代だともいえよう。

もっとも、当時は学校スポーツは一般的でなく、旧制中学校のような一部の学校でのみ盛んであった。学校でのクラブ活動が活発になるのは、一九五一年の中高への「特別教育活動」の導入を経た、一九六〇年代以降のことである。[1]つまり、中学校でスポーツを始め、高校に進学しても引き続きクラブ活動によってスポーツを続けるという形で、（ヨーロッパのような地域クラブではなく）学校スポーツが戦後の日本に定着していったのであった。

［1］中澤篤史「学校運動部活動の戦後史（上）――実態と政策の変遷」『一橋社会科学』第三巻、二〇一一年。

# 第7章 各都道府県のケーススタディ（4）大都市型 ——大阪府・神奈川県

本章では大都市地域において、高校進学率が拡大していくことが与えた変化を検討する。大都市型の類型として大阪府と神奈川県を取り上げる。

この両県は、高校進学率が拡大する過程に共通する部分が多く見られる。共通点は大きく分けて四点挙げられる。まず、第一点は、大阪府と神奈川県にとどまらず、大都市型の都府県は、もともと進学率が高かったことである。当初の高校進学率において、すでに六〇％を超えており、全国的に見た場合、進学率を牽引する立場にあった。進学率が当初から高かったため、他の地域のように平均並みをめざそうとすることは求められなかった。また、第二の点として、歴史的に私立学校が多く建てられてきた地域であることが挙げられる。当初私学率も高く、生徒急増期以前から、私立高校が一定のシェアを占めていたため、前章で扱った県のように、ほとんど私立高校が存在していなかった地域とは大きく異なり、私立高校の存在が地域住民にも認知されているところも多かった。さらに、第三点として、これらの地域は人とモノの集まる大都市であるため、ベビーブーマー世代が入学することによる自然増とともに、高度経済成長における人口移動による社会的人口の急増も顕著であった。最後に、第四点目として、現代の都市のさまざまな社会的格差（貧困層における就学困難の問題から富裕層によるさまざまな教育要求まで）が教育問題につながりつつある地域であることが挙げられる。

一方で、両県の相違点は、高校のヒエラルキー構造である。それは、本章末尾のコラムに詳しく紹介しているように、有名大学への進学実績に端的に現われている。神奈川県（特に横浜市、川崎市）は、東京都心部、京都市中心部と並んで、苅谷剛彦が『大衆教育社会のゆくえ』で扱っている有名大学進学における「私立校の寡占状態」が進んだ地域の一つである。この点について、大阪府はいささか事情が異なる。大阪府内にある旧帝国大学の大阪大学に最も多く入る高校は、例年、府内の公立高校が並んでいる。すなわち、「八〇年代以降、国私立有名高校による有名大学への進学の寡占が進んでいる」という指摘がかなりの程度あてはまる神奈川県とあまりあてはまらない大阪府という点で対照的である。これらの点を踏まえて、この二地域を比較することを目指した。

なお、東京都は全国で唯一、私学率が五〇％を超える都道府県であり、全国的に見ると「外れ値」であるといえる。そのため、本書の本文中での分析対象とはせず、本章末尾にコラムとしてその様子を紹介するにとどめた。

## 1　大阪府――マンモス私立高校による高校進学希望者の収容とその結末

### 安上がりの教育拡大

大阪府は、同じ大都市型のクラスターに属する他の四都府県と比較して、北野高校、大手前高校、天王寺高校、三国丘高校などの府立トップ校が健在であることが特徴的である。小学区制などの高校三原則の実施によって公立高校が凋落したといわれるが、大阪府については必ずしもそうとはいえない。

理由のひとつには、大阪から近隣都市への鉄道網が発達しているために、阪神間・京都・奈良の私立中高一貫進学校に通学する生徒が少なからずいることがあげられるだろう。さらに、もともと町人の街であった大坂は、江戸時代から私塾が盛んに設立され、実学を尊重する風土があった。その伝統が公立高校と私立高校の棲み分けにも反映され、私立は職業科や家政科の方面で強みを発揮してきた。

そのため、大阪の私学率は、新制高校発足の四八年の段階ですでに三八％と、もともと高い水準からスタートした。この比率は、公立の伸びによって一時三〇％にまで落ち込むが、一九五〇年代には一貫して上昇を続け、五九年には五割を超えるまでになっていた。私学各校は軒並み、戦前からの木造校舎を鉄筋コンクリート造の高層階のものに改築することで収容力を高めるとともに、伸び続ける高校進学希望者を積極的に受け入れていた。

生徒急増期に対する行政の対策としては、大阪府は九校（普通高校五校、職業高校四校）、大阪市も二校（いずれも職業高校）の高校新設を行い、さらに学級増を進めたものの、高校進学希望者の増加にはまったく追いつけなかった。空きスペースに新校舎建設を進めたり、図書館を普通教室に転用したり、バルコニーをつぶして教室を建てたりするなど、各校で対応が進められた。[1] 学区を再編して、少しでも生徒収容に柔軟性を持たせようと試みられたが、事態の抜本的な解決には程遠い状態であった。

このころの大阪府議会の会議録をひも解くと、この状況に対して府議会議員からは、中学浪人の発生を心配する声が相次いでいた。しかし、府当局からは「その心配はほとんどない」との答弁が繰り返された。実際、多くが高校進学をあきらめて就職したり家業に従事したため、府の担当者が答弁したように、数字

図7-1　大阪府

の上では中学浪人は大きな数にはならなかった。

　このとき大阪府は、私学関係者に対して、「文句をいわずに生徒を多くとれ」という行政指導を強力に行なっていたことが、関係者の証言から明らかになっている。[2] 要請を受けた私立高校の多くは、学校経営拡大の好機ととらえて、殺到する受験生の受け入れに積極的に乗り出した。その結果、表7-1に見られるように、生徒数が三〇〇〇人を超えるようなマンモス校の私立高校も数多く登場する。一九六五年当時の最大の府立高校が一七九六人（春日丘高校）であったことと比較しても、私立高校の大規模化のすさまじさがうかがえる。

　こうして一九六四年には、生徒の受け入れは、公立：私立の比が四九：五一と、一時的にではあるが公私が逆転することになった。また在籍生徒数では、私立中学校からの内部進学者もあるため、私学率は五六％にまで達している。[3]

　マンモス校の一つである浪花女子高校では、一九五〇年代後半から毎年のように校舎の建て替えが進められ、戦前からの木造校舎は鉄筋四階建ての校舎となり、講堂、体育館、屋内プールなどが次々と建設されていった。こうして収容能力が大きく伸ばされたところへ、ベビーブーム世代が押し寄せ、一学年二三クラス、生徒数三五〇〇人のマンモス校の時代を迎えた[4]。また、上宮高校（私立）では、高校入学志願者がピーク時には五〇〇〇人を超え、道場、会議室、近隣の中学校の教室も入試会場としたり、入学式も二日に分けて行なわれた。校舎の増改築を進め、特別教室を普通教室に転用しても「すし詰め」状態は解消されず、教員確保も深刻であった[5]。このように、決して十分とはいえない教育環境であるにもかかわらず、中学卒業生は高校に殺到したのである。

表7-1　大阪府　生徒数3000人以上の私立高校

（人）

| | 1951年 | 1958年 | 1965年 |
|---|---|---|---|
| 近畿大学附属（東大阪市） | 467 | 1720 | 4156 |
| 帝国女子（守口市） | 317 | 1433 | 4123 |
| 布施女子（東大阪市） | 343 | 1631 | 4031 |
| 大阪成蹊女子（大阪市） | 314 | 1476 | 3922 |
| 浪花女子（大阪市） | 396 | 1071 | 3488 |
| 大阪鉄道（大阪市） | 271 | 1655 | 3323 |
| 淀川女子（大阪市） | 206 | 1591 | 3177 |
| 朝陽ヶ丘女子（大阪市、1969年廃校） | | 新設 | 3175 |
| 大阪学院大学（吹田市） | | 新設 | 3165 |
| 大阪女子短期大学附属（藤井寺市） | 289 | 617 | 3116 |
| 住吉学園（大阪市） | 137 | 1568 | 3102 |

出所：『全国学校総覧』

もっとも、生徒が押し寄せたことについては公立高校でも同じであった。先述のように、多くの学校で急ごしらえの教室に生徒を詰め込んでの授業が行なわれた。教職員の採用も増やされたことで職場に若い教職員が増え、生徒に親近感と興味を持たせる一方、職員会議の構成員が急増して校内の意思疎通と合意形成に影響が出ることもあった。また、生徒の急増によって多様な生徒が入学してくるようになり、生徒指導面での困難が生じることにもなったという[6]。また、この時期には、全国から大阪に集まった「金の卵」たちが、夜間定時制課程に入学した。しかし、寮生活の中での学業と仕事の両立は難しく、学業を修了することができない生徒も少なくなかった。設備面での不備や予算不足によるモノ不足を、教職員全体の熱意で克服しようとしていた、そんな時代であったという[7]。

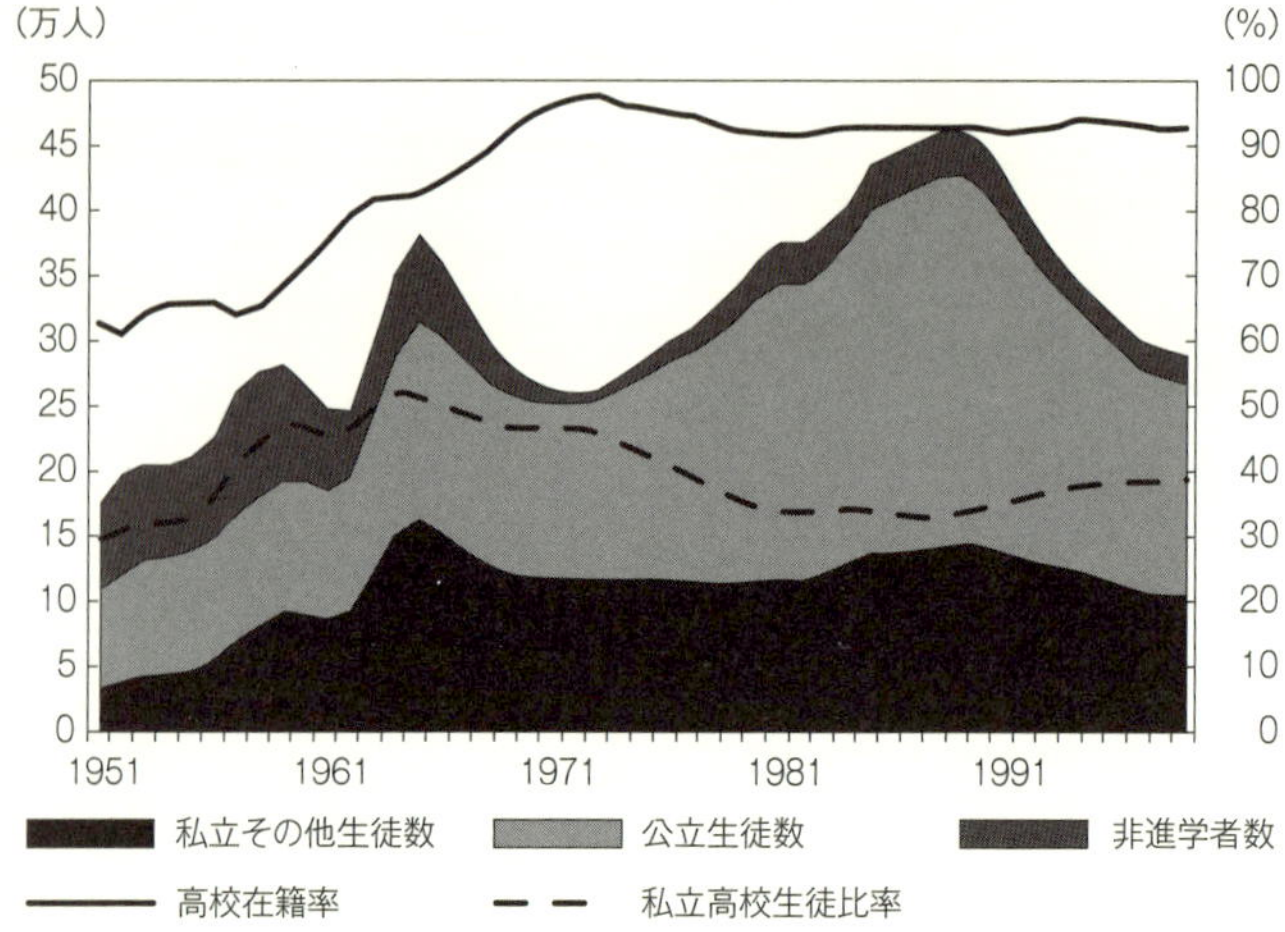


図7-2　大阪府の高校教育拡大過程　出所：『学校基本調査』

## 安上がりの教育拡大が遺した問題

このように大阪府では、私立高校が急増する高校進学希望者の受け皿として大きく寄与した。しかしこのことは、次の二つの課題を残すこととなった。

第一に、大阪府の公立高校と多くの私立高校の間には、公立高校に行けなかったら私立高校に行く、という序列関係がはっきりと存在していた。すなわち、私学の特色ある教育にあこがれて高い学費の私学を選ぶのではなく、多くの生徒が公立高校にあふれた結果、受け皿としての私学を選ばざるを得なかったのである。そのため、家計が苦しくても、なんとか高校だけはと無理をして私立高校に通わせることも起きていた。当時の雰囲気を代弁する府議会議員の発言を引用する（傍線は引用者による）。

> これはなぜかというと、中学校の進路指導のやり方が私は間違っておると思います。お前はできんから私立に行け、お前はできるから公立に行け、しかも公立でも、この学校のお前の成績は五点ばっかりやから大

手前高校へ行け、お前は五と四があるからまあちょっと下の学校へ行け、こういうことになる。（中略）それから最後に一つ私学振興について申し上げておきたい。公立学校は九校できた、十六今度まだ要るんだとおっしゃるけれども、十六校公立高校をふやして建築したら、今度は四十三年ごろから私立学校へ行くものがなくなるのです。そうなったら、私立学校はあがったりや。今まで一生懸命に本府の教育のために私立学校はやってきておるのに、そういうことになったらお気の毒である。そこで、それはなぜかというと、公立学校はええ、なぜええか、金がかからん、先生がええ、教育がええ、施設がええ、だから公立に行くんだ。従って公立校も私立校もないようにしたい。それは私立学校は営利を目的とする学校になっておるかもしらんけれども、教育という面から見たら、私立も公立もそんなに差別はない。だから自分の子どもをどの学校に入れるかということについては、公立も私立も平等に考えていけるように、私立学校を援助する。[8]

進学志願見込数は、公立が五万九千、私立が二万九千、計八万八千で、募集人員は、公立が四万一千、私立が四万二千、公私の百分比は四九・六対五〇・四、ほとんど半々になっております。（中略）予算の上からこれを見てみますと、公立の中の大阪府立高等学校の教育費だけが現在六〇億円と算定されております。私学の補助が二億円、昨年の倍になっております。ここで考えなくてはならない問題は、なるほど成績のいいのが公立高校に行く、これはまあ常識になっておりますが、わずか一点差ぐらいで公立からはみ出して私立に行く人たち、公立高校に行く人たちはいわゆる公経費、われわれの税金でまかなわれておりますが、私立に行く人たちはほとんど当該生徒の個人負担になってくる。[9]

当時は私学助成制度も未整備で、大阪府では、公私間の学費格差は一四倍あった（一九六六年度）[10]。つまり、学力の高い裕福な家計の子弟が公立高校に通い、学力が低く家計的に恵まれない家計の子弟が私立高校に通うという、「平等」の観点から見た場合には疑問符のつく状況が生じていた[11]。しかしこれが個人の能力の問題として納得されたことで、大阪における家計負担に依存した「安上がりの」教育拡大が正当化されたのである。

第二に、急増後の急減にどう対処するかについて、行政も私学の側も周到な準備をしていなかったために起こった混乱である。公私の授業料格差が依然として大きかったことから、生徒減少の影響は学費の高い私学の方が大きかった。大規模化した私立高校の多くは急増期に新校舎建設のための多額の負債と多数の教員を抱えており、中には経営破たんに追い込まれる学校も現れた。私学からすれば、頼まれて収容を増やしたのに、その後、約束が反故にされたことは納得がいかないという思いが強く残った。そしてこの経験は私学の側に苦い教訓として記憶されることとなる。当時の私立中高連事務局長であった茶野繁雄は、大阪府教育課に勤めていた経験もあり、両方の事情を踏まえたうえで次のように発言している。

奥田会長先生は、たまりかねて教育長の鎌田先生のところへ参りまして、その時私もお伴したのですが、教育長に対し生徒急増の時に、公立は特別教室を潰し講堂を間仕切りし、学級定員も多くとって無理して生徒を収容したのはよいが、生徒が減るときは、無理して収容した施設は元の特別教室なり講堂に戻し、生徒数も減らすと約束したのに一向に約束を守らないではないかと談じ込んだのですが、約束の事実は認めたものの、その後公立に顕著な変化はなかった。（中略）生徒急激期の先生方の苦衷は痛いようにわかる気がします。従って第二次の生徒急減期（昭和六十三年以降）には二度と同じ轍を踏みたくないというのが偽らざる私学の心境だと思います。[12]

私立高校は経営拡大に歯止めがかかった一方で、府立高校は急増期が終わってからも、拡大する郊外を中心に新設が続いた。その結果、図7－2に見られるように、大阪府の私学率は一九七〇年代を通して低下の一途をたどり、八〇年代末の第二次ベビーブーム対策にともなう公立高校の拡大と、その反動としての生徒減少期における公立高校再編問題という、現在にいたる課題への伏線となったのである。

## 2　神奈川県——急激な人口増に対応した公立高校の増設と二極化した私立高校の対応

### 当初より高かった進学率と私学率

神奈川県では、京浜工業地帯の工業化と第一次ベビーブーマーの高校への到来がほぼ同時期に起きた。一九六〇年には約三三三万人であった神奈川県内人口は、六年間で四四七万人と実に一〇〇万人以上も増加したが、その約七〇％は県外からの流入による社会増であったと指摘されている。[13]さらに都市部では、産業の発展とともに高校進学意欲の拡大が著しかった。[14]神奈川県では、中学校卒業生自体が一九六二年度に前年より二万二〇〇〇人も多い七万二〇〇〇人でピークに達したのみならず、その卒業生の進学率も上昇を続けていた。[15]神奈川県は、当時、地方交付税交付金の不交付団体であり、他県と比較して自由の利く財政状況にあった。そのため、財政力のない県がしばしば制約を受けざるを得なかったような「一九六〇年度時点での進学率のまま推移しながら進学者の増加に対応する」という国の方針から離れて、自然的／社会的両面の人口急増と進学意欲の拡大に耐えうることをめざして、高校の定員の拡大と増設が行なわれた。

この高校の拡大と増設の動きを、まずは公立高校の方から見てみよう。神奈川県が一九六二年から六四年の間に新設した県立高校は一二校であった[16]。他県でも多く作られた工業高校は六二年に四校設置された。また、定時制の併設も多くの学校で行なわれ、一九六〇年の時点では、県立高校五九校のうち二二校が、市立高校一〇校のうち五校が定時制を併設していた。宮崎県や徳島県では人口が少なく交通の不便な地域に作られていた定時制の分校が、神奈川県では工業地帯に一時的に増設された。一九五五年に一二校あった分校は、第一次ベビーブーム入学直前の六〇年には九校に減ったものの、六五年には一一校にふたたび増加している。

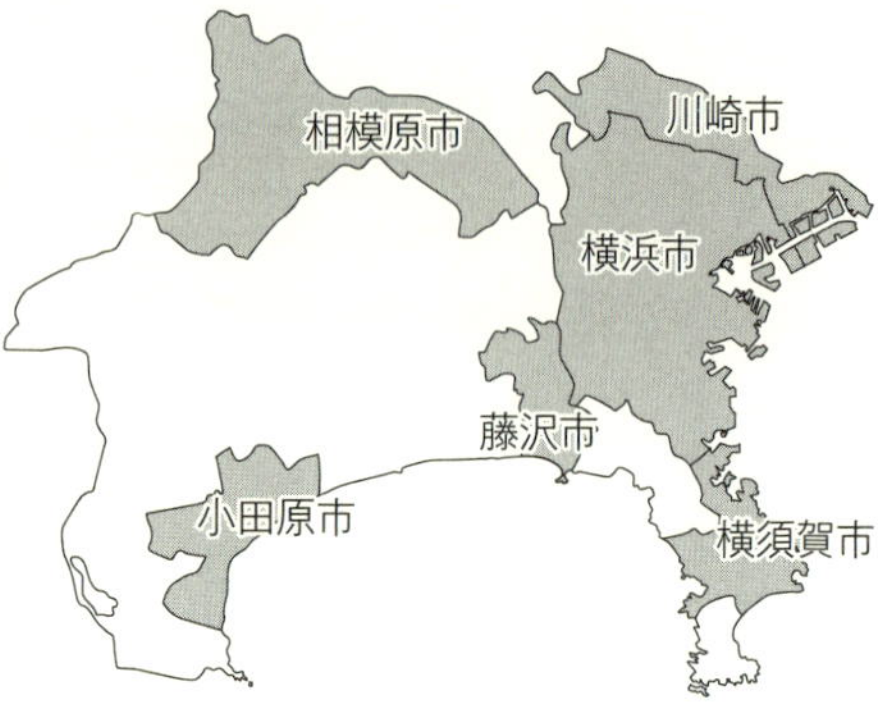


図7-3　神奈川県

この公立高校の設置場所にも急激な人口増の影響が見られる。生徒数の増加は、横浜市内よりも横浜市以外の地域において著しかった[17]。そのため、新設一四校のうち一一校が横浜市外におけるものであった（なお、横浜市は同時期に県立高校とは別に三校の市立高校を新設している）。この地域に新設された高校は、磯子工業高校や追浜高校などのように、工場地域のすぐ近くに定時制を併設して建てられる一方で、茅ケ崎北陵高校・大和高校・川和高校などのように、京浜工業地帯の郊外において、従来の農村から急速にベッドタウンへと変貌していった地域にも設置されている。しかし、横浜市外の生徒急増のペースに行政の対応は追いつかず、不足する公立高校の受け皿の役割を私立高校が引き受けることとなった。横浜市内の私学率は五九％から五八％へとわずかに下がったのに対し、横

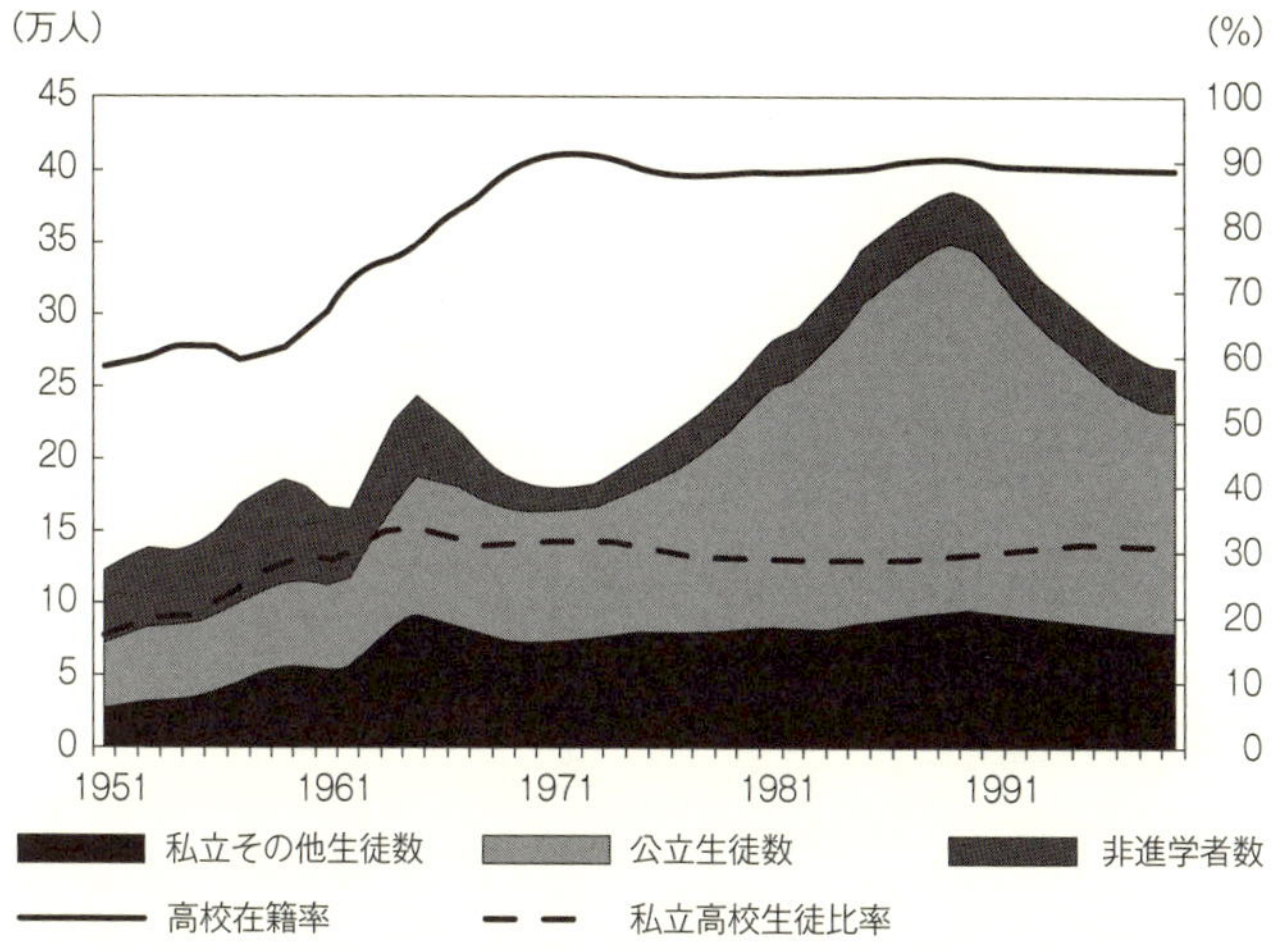


図7-4　神奈川県の高校教育拡大過程　出所：『学校基本調査』

浜市以外では四〇%から四五%へと上昇した。

これらの高校の増設と同時に行なわれたのが学区の拡大である。一九五〇年代まで、神奈川県では、学校数の多い横浜市内は一〇の学区に分ける小学区制を用い、それ以外の地域では中学区制を採っていた。それに対する反対と改革の要望は、神奈川県立高等学校校長会からはしばしば寄せられていた[18]。学区の拡大には、競争の激化をともなうものの、予測しきれない社会的人口の増加に対して生徒の自発的な移動（通学）に助けられながら対応していくことができるというメリットがある。神奈川県では、一九六二年に通学区が変更され、通学区ごとの学校数が三・一校から七・三校と倍以上に増えた[19]。

## 対応の分かれた私立高校とそのゆくえ

一方でもともと神奈川県にある港町・横浜は日本の私学発祥の地のひとつであり、居留外国人によって古くから関東学院高校・フェリス女学院高校などの私立学校が開かれていた。また商工業地帯であるために実業学校の流れを汲む私立学校も多く設立されてきた。また、慶応義塾大学・日本大学・法政大学などの大規模私学が、附属高校を設置して多くの生徒・学生を抱えており、私立学校の地位がもともと高かった地域でもある。これらのことを背景として、神奈川県の私学率は第一次ベビーブーム以前から全国レベルを大きく上回っていた。

私学に通わせることが盛んであったという土壌に加えて、神奈川県に顕著に見られることは、私立高校の中で生徒数を急拡大させる学校と生徒数を現状維持のまま推移させる学校の二つに分かれる傾向が見られる点にある。この時期の生徒数の変化を表したのが図7-5である。

この図を確認すると、ほとんどの高校が四五度線よりも上に位置し、y軸上にも多くの高校がプロットされていることから、この時期の生徒急増への対処として学校規模の拡大や高校新設が進んだことが確認できる。注目すべき点は、生徒数二〇〇〇人を超えるような大規模校のほとんどが私立である点である。すなわち、柔軟に生徒数を変更できる私立高校が積極的に中学卒業生を受け入れたのであった。

その一方で、四五度線の原点に近い付近にも多くの私立高校がプロットされている。これは、私立高校の中で、生徒急増期にあっても経営拡大策を採用せず、現状を維持する戦略をとった学校が少なくなかったということである。この傾向は同様の人口・社会構造を持つ京阪神よりも神奈川県の方により顕著である。このような学校も見られたことの結果として、神奈川県の私学率の上昇が他県に比べて比較的ゆるやかになったことをもたらしている。

第一次ベビーブーマー通過の時期に現状維持戦略を採用した高校と大規模化戦略を採った高校とを比べてみると、現状維持戦略を採った高校の中には、附属中学校を持ち、中学段階で入学者を確保してそのまま六年間一貫教育を展開する学校が多く含まれている。一方、大規模化戦略を採用した高校は、高校から

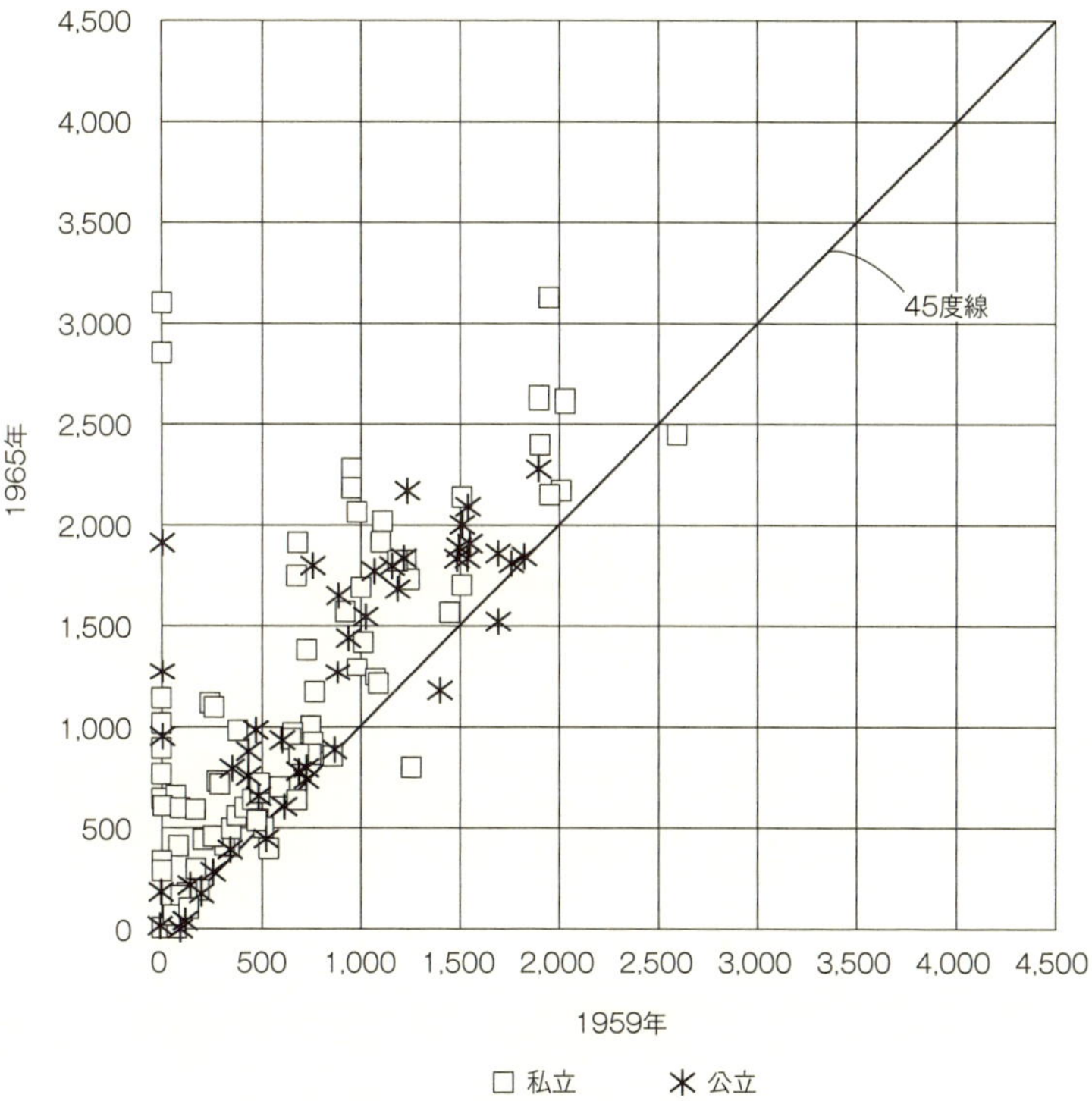


**図7-5　神奈川県高校の生徒数の変化**　出所：『全国学校総覧』

の入学者をメインにして学校経営を行なっていた。現状維持戦略を採用した学校は、現在、有名私立中高一貫校として、神奈川県の中学受験の上位校に挙げられる学校が多い。特に、多くの私立高校が以前から設立されていた横浜市内ではこの二極化の傾向が著しかった。

大阪府の私学に対する姿勢は「文句をいわずに生徒を多くとれ」という高圧的なものだった。一方の神奈川県の私立高校が柔軟な対応を取れたのはなぜだろうか。その理由の一つに、生徒急増期前から高校教育機会の提供の担い手として私立高校が重要な存在だったことが挙げられる。急増期直前の一九六二年時点で、公立高校七〇校に対して私立高校は六九校と非常に多く、公立高校にほぼ匹敵する数の私立高校が存在していた。さらに重要な要因として見逃せないのは、公私両者の関係が協調的なものであったことである。たとえば、一九六二年に神奈川県私立中学高等学校協会が編集した『私学神奈川』には、急増対策として神奈川県から私立学校にも多額の助成金が交付されたことに対し、「私学助成日本一の神奈川県」と題して県に対する感謝の言葉が述べられている。このような県の姿勢のもと、公立高校と私立高校両者はそれぞれ裁量できる余地を持ち、協調することで高校教育機会の拡大がはかられた。このことが、大阪府と比較した神奈川県の特徴であるといえる。

以上のように、公私両方のさまざまな学校設置が行なわれた結果、神奈川県は、六〇年には六五%程度だった進学率が六二年には七三%、六六年には八二%にまで達した。このようにして、当初進学率の高かった神奈川県では、高度経済成長による人口増と教育需要の高まりに応えて、結果的に人口急増期であってもさらに進学率が高まっていく結果となった。もちろん、急拡大した私立高校があった影響により、神奈川県でも当時、私学率の上昇は見られた。しかしながら、この影響は一時的で、その後は大都市型全体の動きにも示されるように、私学率は長期的に減少する趨勢をたどることになる。

これら大都市型の都府県において私学率が減少したことは、その後も続いた社会的人口急増や、とりわけ八〇年代の第二次ベビーブーマーに対して、高校進学率を下げない政策が実施されたことが影響している。[20] 特に首都圏では、第二次ベビーブーマー対策は、多くの場合公立高校によってなされた。神奈川県の「高校百校新設計画」いわゆる「一〇〇校計画」はその代表例である。この「一〇〇校計画」とその後の変化については第8章にて詳述する。

### 伝統的に威信の高い公立高校と私立高校の形成と併存

神奈川県の事例を見ていくと、東京都、京都府などにも通じる大都市型の典型的な特徴が浮かび上がってくる。それは、私立高校の数が当初から多かっただけでなく、威信の高い私立高校が存在しており、地方都市には見られない「私学優位」の傾向が現在にも見られることである。

この「私学優位」の傾向を帯びるようになった理由の一つは、大規模私立大学の附属高校が戦前から数多く存在し、大学進学を希望する人々に応える学校があったことは紹介したとおりである。また、もう一点として、神奈川県では、現在のみならず、高校が増えてきた当時の社会変化のさなかにおいて、学力の高い生徒が通う私立進学校が存在してきたことが理由として挙げられる。神奈川県の旧制第一中学校が戦災により移転したことや横浜市で高校三原則が当初厳格に施行されたこともあり、有名大学への進学希望の強い生徒が、横浜市に隣接する藤沢市や鎌倉市の進学校に通う傾向が長く見られた。たとえば、第一次ベビーブーマーが通過した直後の一九七〇年の東京大学合格者には、県立の湘南高校（六一名合格、藤沢市）と私立の栄光学園高校（四八名合格、鎌倉市）が上位二〇位に入っている。

高校進学率が当初から高く、都市部に多く存在する大学への進学も容易であった大都市圏では、高校を量的に確保するのみならず、その高校に通うことによって、次にどこに行けるのか、についての関心も高かった。このような地域では、公立高校と同様に高等教育進学率の高かった私立高校に進学する傾向がはっきりと見られる。[21] この傾向は、その後、八〇年代以降に進行する私立中高一貫校への進学傾向（ブライト・フライト）に直結していくのである。

## ケーススタディによる四つのクラスターの検討のまとめ

ここまで、第3章のクラスター分析によって分類された各類型の中から一〇の特徴的な自治体（都道府県）の検討を行なってきた。〈高卒当然社会〉へと高校教育機会が拡大する過程において、公立高校、私立高校それぞれがどのように貢献し、いかなる高校教育機会の提供構造が形作られてきたかには、いくつかの差異が見られた。この差異がどのように生じたかを、ケーススタディのまとめとして整理してみよう。

本書で都道府県間における高校教育機会の提供構造の違いを可視化した変数は、進学率と私学率の変化であった。しかしながらケーススタディの検討を踏まえると、同じクラスターに類別されても、その府県が置かれた社会的状況と、政策的要因、社会的要因の組み合わせにより、さまざまな違いが生み出されていたことが分かる。それらは拡大期前の社会的前提条件と拡大期の対応としての付加的要件に大きく整理できる。

これらの府県間の違いをもたらした社会的前提条件として三つの注目点が挙げられよう。まず、人口変動や産業の状態が見逃せないだろう。人口の社会増が著しかった神奈川県、大阪府、愛知県と人口流出県であった山形県では、高校を作ろうとする機運自体に違いが見られた。第二に、クラスターの作り方とも密接に関わる当初進学率・当初私学率は、各府県の特徴を成す要因となった。たとえば、宮崎県や徳島県のように、当初の高校進学率が平均よりも低かったことは、人口が決して多くない地域であっても、「高校を作らなくては」という機運を作り出していた。また、「うちの県には私立高校がある」という認識を人々が持っていたか否かによる違いは、高校を増やす時にどのような選択肢を人々が考えるのかにつながっていった。第三に、政策の状況として、高校三原則を堅持することからスタートした愛知県、山形県、兵庫県の阪神地区、神奈川県の横浜市と、ほとんど実施されなかった群馬県では、その後の教育機会の提供の仕方に違いがもたらされた。これらの社会的前提条件の違いが、高校教育機会の提供構造の違いに直結することとなった。

さらに、第4章から第7章で見てきたように、ベビーブーマーへの対処の仕方の違いが、各府県の高校教育機会の提供構造の差異を広げていくこととなった。たとえば、徳島県と宮崎県は、ともに当初進学率も私学率も低かったけれども、徳島県では私学が増えなかったため公立拡張型の例となり、宮崎県は私立高校を増やしたため私立拡張型の例となった。このような差異を作り出した変動期の要因として以下の三点が注目される。

第一が、アントレプレナーシップ（起業家精神）の存在である。具体的には、徳島県と宮崎県の動きの違いに見られるように、私立高校を設置したり、誘致したりする「熱意」には明らかに違いが見られた。この「熱意」としてのアントレプレナーシップの違いはそのままベビーブーマー期に都道府県間の差異を拡大させていくこととなった。

第二が、人口変動の見通しである。たとえば、香川県では人口増加を一過性のものとしてとらえていたために、基本的には既存の施設の拡充によって第一次ベビーブーマーへの対応がなされた。山形県にも同様の認識があり、公立高校の増設には消極的であった。それに対して、前述の神奈川県など社会増の著しかった県では、人口変動の見通しも踏まえて、積極的に高校教育機会を提供する姿勢を取っていた。各府県が持っていた人口変動の見通しは、こうして教育機会の提供の仕方にも違いを与えたのである。

第三に、公立高校と私立高校の間の協調関係の有無が、その後の違いに大きく影響している。例えば、公立拡張型の愛知県では、比率をもって公私両者を維持する構造が、第一次ベビーブーマー対策で見られた。神奈川県も「私学助成日本一」という言葉に代表されるような協力的関係を築いてきた。その一方で、徳島県で見たような私立高校への圧倒的な不信感、また大阪府のような行政当局と私学、あるいは私学間の連携の希薄さは、その後の高校教育機会の提供構造に影響を残している。

以上をまとめると、日本の都道府県間における高校教育機会を提供するあり方の違いは、初期の三条件としての①人口や産業の状態、②当初の進学率・私学率、③占領期の政策の影響と、変動期の三要因としての①アントレプレナーシップの存在、②人口変動の見通し、③公私間の関係性によって規定されてきたと結論づけることができる。ここまでは、生徒急増期を含む進学率が拡大する時期を扱ってきた。次章では、生徒減少期に至り、拡大期に形成された高校教育機会を提供するシステムにどのような変化が起きつつあるのかに注目する。

## 注

［1］大阪府立天王寺高等学校創立一〇〇周年記念事業委員会記念誌委員会編『桃陰百年』（大阪府立天王寺高等学校創立一〇〇周年記念事業委員会記念誌委員会、一九九六年）、大阪府立四條畷高等学校記念誌委員会編『畷百年史』（大阪府立四條畷高等学校創立一〇〇周年記念事業実行委員会、二〇〇六年）、大阪府立市岡高等学校『大阪府立市岡中学校・高等学校百年』（市岡高等学校百周年記念事業委員会、二〇〇五年）、大阪府立和泉高等学校校史編纂委員会『和泉高校百年史——泉南高女・岸和田高女・和泉高の百年』（大阪府立和泉高等学校創立一〇〇周年記念事業実行委員会、二〇〇一年）、大阪府立清水谷高等学校一〇〇周年記念事業実行委員会記念誌委員会編『清水谷百年史』（大阪府立清水谷高等学校一〇〇周年記念事業実行委員会、二〇〇一年）。

［2］大阪私学中高連三十周年記念誌『大阪私学中高連史』編集委員会編『大阪私学中高連史』（大阪府私立中学校高等学校

連合会、一九八一年）二九五頁。

［3］大阪私学中高連三十周年記念誌『大阪私学中高連史』編集委員会編同上一九二－一九三頁。

［4］浪花金光学園六十周年記念誌編集係編『浪花――浪花女子創立六十周年記念誌』学校法人（浪花金光学園浪花女子高等学校、一九八六年）。

［5］上宮学園校史編纂委員会『上宮学園九十年の歩み』（学校法人上宮学園、一九八一年）。

［6］大阪府立岸和田高等学校校史編纂委員会『岸和田高等学校の第一世紀　通史編』（大阪府立岸和田高等学校岸高百周年実行委員会・校史刊行委員会、一九九七年）五二三－五二七頁。

［7］大阪府立和泉高等学校校史編纂委員会前掲四〇七－四一三頁。

［8］『大阪府議会会議録』一九六二年三月一〇日より、三星巧議員の発言。

［9］『大阪府議会会議録』一九六三年三月四日より、小林巌議員の発言。

［10］大阪私学中高連三十周年記念誌『大阪私学中高連史』編集委員会編前掲一二九頁。

［11］同じような状況は、一九六〇年代の東京でも問題となっていた。当時の様子について記した文章を引用する。「勉強部屋もあり、家庭教師もつけられ、塾にかよったりして受験に強くなれる子どもたち、すなわち経済的に恵まれた子どもでなければ、なかなか公立校にはいれないのが現状である。（中略）このことはとりもなおさず、低所得層の子どもたちが、私立に大量に入学せざるをえないようになっていくことでもある」伊ケ崎暁生・碓田登『私学の歴史』（新日本新書、一九六七年）一四二頁。

［12］大阪私学中高連三十周年記念誌『大阪私学中高連史』編集委員会前掲二九八頁。

［13］神奈川県教育委員会編『教育委員会制度発足三〇周年記念誌　神奈川の教育のあゆみ――戦後三〇年のあゆみ』神奈川県教育委員会、一九七九年）一五頁。

［14］その様子は同時代のルポとしては、村松喬『教育の森1　進学のあらし』（毎日新聞社、一九六五年）などがある。

［15］神奈川県教育委員会前掲一七頁。

［16］神奈川県教育委員会前掲一七頁。

［17］神奈川県立高等学校校長会『神奈川県立高等学校校長会三〇年の歩み』（神奈川県立高等学校校長会、一九七八年）。『全国学校要覧』によると、一九五九年から六五年の間に、横浜市内の高校在学者数は四万七二九六人から六万六七六五人で二万人弱の増加であったのに対して、横浜市外の高校在学者数は六万四二九三人から一一万五三二一人へと五万

人以上も増加した。

〔18〕また、同上書によると、神奈川県では、校長会が長く高校の入学試験を教科の試験で行なう選抜によるものを目指すことを強く希望しており、その中で、行きたい学校の選択肢のある学区制に移行したという動きも見逃せない。

〔19〕三上和夫・野崎洋司「高校通学区制度に関する研究」『神戸大学発達科学部研究紀要』第六巻第一号、一九九八年、八一頁。なお、一九八〇年代の第二次ベビーブーム対策では、小川洋も指摘するように、神奈川県は学区を縮小させながら、学校数を急増させていった点で、まったく逆の方法を取っている。第二次ベビーブーム対策が行なわれた時点では、神奈川県はすでに中学二年生、三年生の内申書と二年次年度末に行なうアチーブメントテストを用いて、個別の高校入学試験をする前の時点で七割の得点が確定している「神奈川方式」を確立させていた。この「神奈川方式」により、中学校が他校の生徒とも比較した個々の生徒の位置を把握することが可能になり、学校や担任教員が率先した進路指導を行なうことが可能になっていた。その後の人口減も見据えながら、第一次ベビーブーム対策よりも統制的に人口増に対処していたといえる。

〔20〕この八〇年代における人口構造および社会構造の動きについては、埼玉県の事例を中心に小川洋『なぜ公立高校はダメになったのか——教育崩壊の真実』（亜紀書房、二〇〇〇年）に詳しい。また、同時代的研究として、小森健吉編著『高校制度改革の総合的研究』（多賀出版、一九八六年）がある。

〔21〕この点については、英文ではあるが、別稿として Aizawa Shinichi "Japanese and Taiwanese Educational Achievements and the Role of Private High Schools in the Era of Educational Expansion: The Case of Two Late-Industrialized Countries", Kazuto Misumi (ed.) *Study of an East Asian Stratification Model*, 2011, pp.111-128. に論じている。

## ●コラム　東京（一）●

本書では、これまであえて東京の高校について触れてこなかった。というのも、東京は日本の都道府県の中で「外れ値」といえる存在だからである。

まず東京の進学率は、他を圧倒して高かった。一九五一年の段階ですでに六七・五％を記録し（全国値は四五・六％）、一九六一年には早くも八〇％を超えていた（全国値が八〇％を超えるのは一九七〇年）。また、私学率も群を抜いて高く、東京は全都道府県の中で唯一、半数以上の高校生が私立高校に通ってきた地域なのである（一九六一年で六一・五％、二〇一二年では五五・八％）。しかも私立高校の数そのものも多く（一九五一年の時点では全国の三割が東京に集中していた）、その多くが戦前からの伝統を持つ。

こうした東京の私立高校の特殊事情は、日本の近代化の過程と大きく関係する。武石典史によれば、近代東京の私立中学校の中には、高等諸学校への予備校としての役割を果たしたところが少なくなかった。地方の中学校には人材が不足していたため、立身出世をめざす地方青年は上京して東京の中学校に通った。しかも、東京府も東京市も財政的観点から公立の中学校の新設を抑制したため、私学依存度は大変高くなっていた。一八九四年の在籍生徒数は、府立が一一四八名であったのに対して、私立は三二八七名と公立の三倍近くに達し、その多くが地方出身者であった[1]。

また、東京には多くの教育者や篤志家がいて、私財を投じて学校を設立した。大学の附属校も多く、私立女学校における良妻賢母教育にしても盛んに行なわれ、公立をしのぐ学校も少なくなかった。全国的に見ても私学は不足する官学を補うように設立されたが、東京では、規模においても中身においても他の府県と大きく異なっていた。

このようにして、帝都がつくりあげた東京独自の高校教育機会提供構造は、戦後にも引き継がれていったのである。

ちなみに、全国で二番目に私学率が高い都道府県は、京都府である。京都には、仏教各宗派の古刹が連なり、古くから宗派立の教場が開かれてきたという伝統がある。そのため、全国的には宗教系の私立高校は三割であるのに対し、京都では宗教系が六割を占めている。こうした背景に加え、自治の機運に満ちた京の町衆たちによって、中等教育機関の不足を自らの手で解決するべく、明治末期から昭和初期にかけて私学が相次いで設立されていったことも、私学の伝統を形作っている。

［1］武石典史『近代日本の私立中学校』（ミネルヴァ書房、二〇一二年）。数値の引用は八三頁より。

## ● コラム　東京（二） ●

毎年、東大・京大合格者数が週刊誌で学校ランキングの形で発表される。ランキングの上位を私立中高一貫校が占めていることから、「日本は私立の方が進学実績がいい」という言説が広がる根拠のひとつとなっている。

下の表は、二〇一四年度の旧七帝大の合格者ランキング上位一〇位タイまでを表したものである。たしかに、東大合格者上位は私立と国立の中高一貫校によって独占されている。このような大学進学実績における東京での「私立優位」を反映する形で、東京都の小中学校の生徒数に占める私学の割合は、全国的に群を抜いている。中学校の生徒私学率が全国で七％でしかない中、東京は二四・五％、小学校においては全国ではわずか一・二％でしかないにもかかわらず、東京は四・四％にのぼっている。[1] これを「公立学校からの退出」ととらえて問題視するのもうなずける。

しかし、東大以外の大学について見ると、いわゆる公立名門校が上位にランキング入りしている。京大以外はむしろ私立の方が少ない。日本は全国的に見た場合、「公立優位」といってもよく、この点でも東京はやはり「外れ値」なのである。

［1］文部科学省「学校基本調査」平成二五年速報版より

| 北海道大学 | 東北大学 | 東京大学 | 名古屋大学 | 京都大学 | 大阪大学 | 九州大学 |
|---|---|---|---|---|---|---|
| 札幌南（北海道） | 仙台第二（宮城） | ◎開成（東京） | 一宮（愛知） | ◎洛南（京都） | 北野（大阪） | 筑紫丘（福岡） |
| 札幌北（北海道） | 仙台第一（宮城） | ◎灘（兵庫） | 刈谷（愛知） | ◎西大和学園（奈良） | 茨木（大阪） | 修猷館（福岡） |
| 札幌東（北海道） | 盛岡第一（岩手） | △筑波大学附属駒場（東京） | 岡崎（愛知） | 北野（大阪） | 奈良（奈良） | 福岡（福岡） |
| 札幌西（北海道） | 山形東（山形） | ◎麻布（東京） | 明和（愛知） | ◎洛星（京都） | 大手前（大阪） | 東筑（福岡） |
| 札幌旭丘（北海道） | 仙台第三（宮城） | ◎駒場東邦（東京） | 旭丘（愛知） | ◎大阪星光学院（大阪） | 天王寺（大阪） | 明善（福岡） |
| 旭丘開成（北海道） | 秋田（秋田） | ◎聖光学院（神奈川） | ◎東海（愛知） | ◎東大寺学園（奈良） | 神戸（兵庫） | 小倉（福岡） |
| 旭川東（北海道） | 水戸第一（茨城） | ◎桜蔭（東京） | 時習館（愛知） | ◎甲陽学院（兵庫） | 三国丘（大阪） | 熊本（熊本） |
| 帯広柏葉（北海道） | 新潟（新潟） | ◎栄光学園（神奈川） | ◎南山（愛知） | 膳所（滋賀） | ◎洛南（京都） | ◎西南学院（福岡） |
| 岩見沢東（北海道） | 福島・県立（福島） | △東京学芸大学附属（東京） | 一宮西（愛知） | 天王寺（大阪） | 豊中（大阪） | 長崎西（長崎） |
| ◎札幌第一（北海道） | 八戸（青森） | ◎渋谷教育学園幕張（千葉） | 豊田西（愛知） | ◎清風南海（大阪） | 生野（大阪） | 大分上野丘（大分） |
| | | | | | | 佐賀西（佐賀） |

◎私立、△国立、（無印）公立

出所：『「高校の実力」完全版』（『サンデー毎日』特別増刊2014年度版をもとに作成）

# 第8章

# 拡大した高校教育のその後——生徒減少期における高校教育機会の近未来像

## はじめに——生徒減少期における高校教育機会提供構造の変容

### 生徒減少期における問題の所在

本書はこれまで、教育拡大期に焦点を当て、高校教育機会の提供構造が成立していく過程を検証してきた。本章では、こうしてできあがってきた構造が、一九九〇年代以降の生徒減少期においてどのように変容しているのかを検討する。

高校教育機会の提供に関する研究は、拡大期にその不足をいかにして補ってきたかをいう視点で行なわれたものが圧倒的に多い。[1] それに対して、生徒減少期における研究はまだ始まったばかりである。しかも、その視点の多くは小中学校の学校統廃合に対して向けられるか、[2] あるいは大学の淘汰と生き残り戦略に対して向けられるかのどちらかであり、[3] 高校についての研究は不足している。

序章で示したように、高校教育を受けられないことと貧困との密接な関係が指摘され、社会問題として報告されるようになっている。[4] このことを考えると、生徒減少期において、拡大期に成立した高校教育機会の提供構造が有効に機能しているかどうか、検証することが必要だろう。

検討を始めるにあたり、高校に固有の問題がいくつか存在することを確認しておこう。まず、小中学校と違い、高校は公共交通機関を利用して通学できる範囲から生徒を集めることができる。ただし、大学のように全国区で生徒を集めることは基本的にはなされない。また、その専門性を支えるために、ある程度人口集約的な学校を作らざるを得ない。つまり、生徒の通学可能圏という地理的制約のもとで、一定の生徒数の確保を前提として高校の適正配置が検討されなければならない。

もうひとつは、公立高校と私立高校の関係である。この前の段落で「適正配置」という語句を使ったが、この表現があてはまるのは公立高校に限られる。小中学校の学校統廃合の研究ではしばしば「適正配置」、「設計」という表現が用いられているが、それは小中学校が義務教育であり公立学校が大多数であるために、教育委員会によって合理的かつ効率的な再配置を計画することが可能だからである。これに対してそれぞれが独立した経営主体である私立高校では、政策的な「適正配置」など到底不可能である。[5] 高校においては、本書で繰り返し述べてきたように、高校教育拡大期に公立高校で収容しきれない生徒たちを私立高校が受け入れており、その結果、都道府県による差異はあるものの、全国的に見れば、公立高校が七割、私立高校が三割という形で、高校教育が提供されてきた。公立と私立とでは生徒減少への対応は異なっていることが予想されるため、両者の対応の組み合わせ方によって提供構造全体としての変容のバラエティが現れる可能性がある。

そこで本章では、公私間の比率が都道府県において大きく異なっていることを踏まえ、都道府県ごとの私学率が一九九〇年代以降どのように変化してきたかを概観した上で、対照的な二つの県の事例を見ていくことで、生徒減少期における高校教育機会の提供構造の変容をとらえていきたい。

## 1　生徒減少期における私学率の規定要因の変化

### ジェームズとベンジャミンによる先行研究

都道府県ごとに違う私学率は、何によって規定されているのだろう。これを一九八〇年代前半のデータを用いて分析したのが、経済学者であるエステル・ジェームズと、文化人類学者であるゲイル・ベンジャミンである。[6] 二人は、入学者私学率の規定要因として次の八つの変数をあげて、重回帰分析という手法を用いて検討を行なった。

①一人当たり県民所得
②人口密度
③人口集中地区に居住している人口の割合
④第二次世界大戦以前の二校以上のキリスト教系中等教育以上の教育機関の存在
⑤人口一〇〇人当たりの公立高校生徒数
⑥人口一〇〇人当たりの公立高校教育費
⑦公立高校における普通科の割合
⑧高校生一人当たり教育費

そして、①②③④については正の相関（この変数の数値が大きければ、私学率も高くなる）が、⑤⑥⑦については負の相関（この変数の数値が大きければ、私学率は低くなる）が、それぞれ予想されている。なお、⑧については、それぞれの自治体が教育の質を重視するのか、それとも量を確保しようとするのかによって、正の相関をとる場合と負の相関をとる場合とに分かれる。[7]

この分析の結果を示したものが、次の表８－１である。[8] 彼女らは、M１からM10までの異なる変数の組み合わせのパターンで入学者私学率を左右する要因を探っている。たとえばM１であれば、①一人当り県民所得と④第二次世界大戦以前の二校以上のキリスト教系中等教育以上の教育機関の存在の両方が、入学者私学率を高める方向に有意に作用することがわかったという意味である。

表８－１からわかることは、ジェームズとベンジャミンが当初提示した仮説がおおむね支持されたということである。すなわち、県民所得が高く、都市化が進み、キリスト教系の学校の伝統がある地域で私学率が高くなり、反対に、公立の供給量が多く、教育財政の規模が大きく、上級学校への進学に適した公立の普通科の多い地域では私学率が低い傾向があることが示されている。これが、高校進学率の上昇傾向が天井に達して約一〇年が経過した一九八〇年代初めの様相である。

## 一九九〇年代以降の私学率を規定する要因の変化

それでは、生徒減少期において私学率の規定要因に変化はみられるのだろうか。これを確認するため、第二次ベビーブーマーが高校に在学していた一九九〇年（表８－２）、生徒減少期に該当する二〇〇〇年（表８－３）および二〇一〇年（表８－４）の三時点について同様の分析を行なった。[9]

この三時点の分析の結果から、一九九〇年と、二〇〇〇年および二〇一〇年の二時点とでは異なる傾向が見られることがわかった。一九九〇年の時点では、一九八〇年代前半には私学率にマイナスの影響をも

表8-1　私学率の規定要因（1980年）

| | | M1 | M2 | M3 | M4 | M5 | M6 | M7 | M8 | M9 | M10 |
|---|---|---|---|---|---|---|---|---|---|---|---|
| ① | 1人当たり県民所得（1979） | + | | | + | + | + | + | + | + | + |
| ② | 人口密度（1981） | | + | | (−) | | | | | | |
| ③ | 人口集中地区への居住割合（1980） | | | + | | (+) | | | | | |
| ④ | WWⅡ前のキリスト教系学校の存在 | + | + | + | + | + | + | + | + | + | + |
| ⑤ | 人口100人当たりの公立高校生徒数（1980） | | | | | | | | − | | − |
| ⑥ | 人口100人当たりの公立高校教育費（1979） | | | | | | | − | | − | |
| ⑦ | 公立高校における普通科の割合（1981） | | | | | | | | | − | − |
| ⑧ | 高校生1人当たり教育費（1979） | | | | | | (+) | | | + | (−) |

注：符号は影響の方向を示す。また（　）は有意な効果ではないことを示す。表8-2から表8-4についても同様。変数名の後ろの（　）は分析に使用した変数の年を示す。

出所：James, Estelle and Benjamin, Gail *Public Policy and Private Education in Japan*, St. Martin Press, 1988. p.106より作成

たらしていた変数（⑤人口一〇〇人当たりの公立高校生徒数〜⑧高校生一人当たり教育費）が統計的に有意な影響を持たなくなっている。しかし、二〇〇〇年と二〇一〇年には⑤人口一〇〇人当たりの公立高校生徒数〜⑦公立高校における普通科の割合の三つの変数はふたたび私学率にマイナスの影響をもつようになり、⑧高校生一人当たり教育費も二〇〇〇年代以降には私学率にプラスの影響を持つようになっている。

　一方、①一人当たり県民所得と②人口密度は一九九〇年には一九八〇年代前半と同様にプラスの効果をもっているものの、二〇〇〇年以降は①一人当り県民所得の影響のあり方が不安定になり、かわりに②県民所得の影響力や③人口集中地区への居住割合の効果は確固としたものになっている。

　このような時期による違いがある中で、④キリスト教系学校の存在の効果はどの時代にも安定してプラスの効果を発揮し続けている。戦前

表8-2　私学率の規定要因（1990年）

| | | M1 | M2 | M3 | M4 | M5 | M6 | M7 | M8 | M9 | M10 |
|---|---|---|---|---|---|---|---|---|---|---|---|
| ① | 1人当たり県民所得（1987） | + | | | + | + | + | + | + | + | + |
| ② | 人口密度（1985） | | + | | (+) | | | | | | |
| ③ | 人口集中地区への居住割合（1985） | | | + | | (+) | | | | | |
| ④ | WWⅡ前のキリスト教系学校の存在 | + | + | + | + | + | + | + | + | + | + |
| ⑤ | 人口100人当たりの公立高校生徒数（1990） | | | | | | | | (+) | | (−) |
| ⑥ | 人口100人当たりの公立高校教育費（1990） | | | | | | | (+) | | (+) | |
| ⑦ | 公立高校における普通科の割合（1990） | | | | | | | | | (−) | (−) |
| ⑧ | 高校生1人当たり教育費（1987） | | | | | | (+) | | | (+) | (+) |

表8-3　私学率の規定要因（2000年）

| 2000年 | | M1 | M2 | M3 | M4 | M5 | M6 | M7 | M8 | M9 | M10 |
|---|---|---|---|---|---|---|---|---|---|---|---|
| ① | 1人当たり県民所得（1996） | + | | | + | (+) | + | (−) | + | (−) | (−) |
| ② | 人口密度（1995） | | + | | + | | | | | | |
| ③ | 人口集中地区への居住割合（1995） | | | + | | + | | | | | |
| ④ | WWⅡ前のキリスト教系学校の存在 | + | + | + | + | + | + | + | (+) | + | + |
| ⑤ | 人口100人当たりの公立高校生徒数（2000） | | | | | | | | − | | − |
| ⑥ | 人口100人当たりの公立高校教育費（2000） | | | | | | | − | | + | |
| ⑦ | 公立高校における普通科の割合（2000） | | | | | | | | | − | − |
| ⑧ | 高校生1人当たり教育費（1996） | | | | | | (−) | | | + | + |

**表8-4　私学率の規定要因（2010年）**

| | 2010年 | M1 | M2 | M3 | M4 | M5 | M6 | M7 | M8 | M9 | M10 |
|---|---|---|---|---|---|---|---|---|---|---|---|
| ① | 1人当たり県民所得（2006） | + | | | + | + | + | (+) | (+) | (+) | (+) |
| ② | 人口密度（2005） | | + | | + | | | | | | |
| ③ | 人口集中地区への居住割合（2005） | | | + | | + | | | | | |
| ④ | WWⅡ前のキリスト教系学校の存在 | + | + | (+) | + | + | + | + | + | + | + |
| ⑤ | 人口100人当たりの公立高校生徒数（2010） | | | | | | | | – | | – |
| ⑥ | 人口100人当たりの公立高校教育費（2010） | | | | | | | – | | – | |
| ⑦ | 公立高校における普通科の割合（2010） | | | | | | | | | – | – |
| ⑧ | 高校生1人当たり教育費（2006） | | | | | | (+) | | | + | (+) |

から私立学校が存在している自治体で私立高校への入学者が多い傾向は、どの時代にも安定しており、私学率は「私学の伝統」の存在という歴史的な要因に左右されることを意味している。

二〇〇〇年代以降入学者私学率に負の影響をもたらしている⑤人口一〇〇人当たりの公立高校生徒数~⑦公立高校における普通科の割合、そして⑧高校生一人当たり教育費は公立高校との関係が深い変数である。ということは私学率は、都道府県レベルの高校教育政策によって大きく左右されるといえる。第二次ベビーブーマーの存在によって生徒数の多かった一九九〇年にはこれらの変数の効果が見られず、生徒減少期にふたたび見られるようになったということは、人口的な圧力によって教育需要が高い局面では、自治体の公立高校政策とは関係なく入学者私学率が規定されたが、生徒減少期には、どのくらいの生徒が私立高校に進学するかは、公立高校政策に規定される度合いが高まってきたことを意味すると考えられる。

他方、①県民所得は基本的には（より質の高い）教育に対する需要の指標となる。この効果が二〇〇〇年代以降弱体化し、都市化にかかわる②人口密度や③人口集中地区への居住割合の効果が顕在化してきたということは、より質の高い教育を求める層というよりもむしろ、通学可能圏内に十分な人口が居住しているかによって私学率が規定される度合いが高まるようになってきたと考えられる。

### 生徒減少とともに人口の多いところに私学は集中する

以上の分析から次のことが明らかとなった。生徒数が減少していく中で、私学率は公立高校政策によって左右されるようになり、また都市化の度合いによって規定される度合いが高まるように変化してきた。つまり、私立高校のあり方に公立高校政策が与える影響が強まり、また私立高校の立地に対して人口が及ぼす影響力が高まってきたということである。

それでは、全国的にみればこのような変化が生じているとき、公立高校政策によって教育機会の提供構造（特に公私のバランス）は、具体的にはどのような影響を受けるのだろうか。都市化の度合いによって私学率が規定されるという本分析から得られた知見をふまえ、人口が多く私学率の比較的高い神奈川県と、人口がそれほど多くなく私学率が極めて低い徳島県という特徴的な二つの県を事例として取りあげて検討していく。

## 2　特徴的な県の検討(1)——神奈川県の事例から

### 公立高校百校増設とその後の計画的再編がもたらしたもの

神奈川県の高校学齢人口は、二〇〇六年四月入学者において一旦ボトムを迎えた。公立中学校の卒業生はピークである一九八八年の一二万二〇〇〇人から、約半分の六万三〇〇〇人まで減少した。現在は若干の微増状態にあり、今後は比較的安定して推移すると予測されている。

神奈川県の高校教育の需給構造を考える上で欠かせないのは、第二次ベビーブーマー世代における学齢人口急増期に対応した「高校百校新設計画」である。一九七二年に一二三校あった公立高校がこの計画を経て、文字通り一〇〇校増えている（図8-1）。一方、この時期に私立高校数には大きな変化はなかった。同じ首都圏でも、埼玉県と千葉県では一九七〇〜八〇年代にどちらも二〇校以上私立高校が増えているが、神奈川県では私立高校は増えていない。

この百校計画は神奈川県の私学率を劇的に変化させた。再掲した図8-2に見られるように、第一次ベビーブーマーに対処していた頃は四九％とほぼ半分だった神奈川県の私学率は、第二次ベビーブーマーの人口のピークが到来する一九八八〜八九年頃には三割を切るまでに下がっていた。

### 見込まれていた生徒減少期の対応

第一次ベビーブーマーの時には、神奈川県では、最大で一八万七〇〇〇人（各学年にすると六万人強）のほぼ半分の受け入れを私立高校に頼っていた。ところが、三五万人近い規模（一学年あたり最大で一二

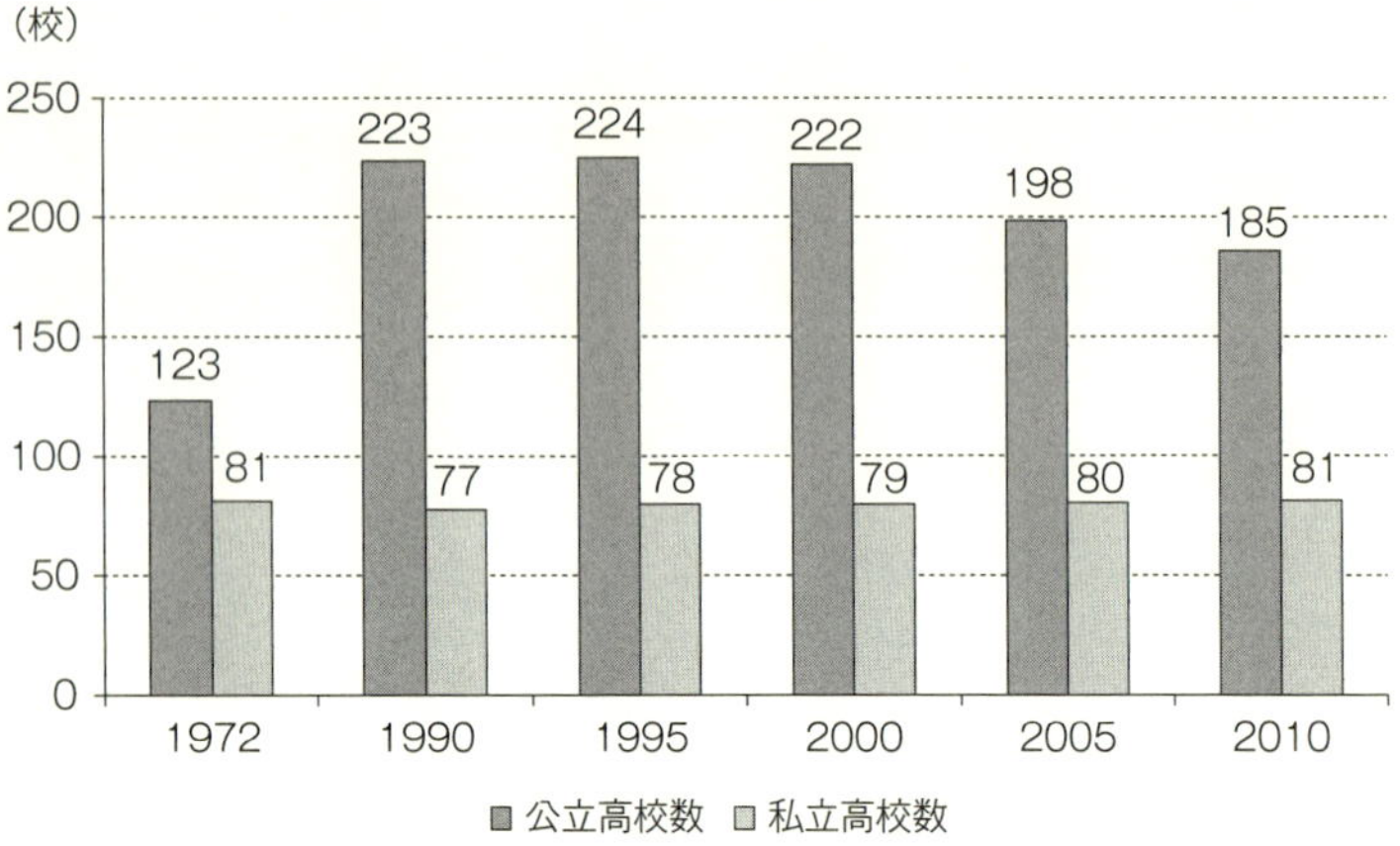


**図8-1　私立高校数の変化**　出所：『全国学校総覧』

万二〇〇〇人）となった第二次ベビーブーマー対策では、その受け入れの四分の三を公立高校が担ったのである。この背景に、人口減少期も見据えた私立高校の意向を踏まえた協議がなされていた。二〇〇八年の神奈川県の神奈川県公私立高等学校協議会の議事録において、神奈川県私立中学高等学校協会副理事長で学校法人富士見丘学園の理事長の渋谷一郎は次のような発言を行なっている。

入選の割り振り比率について、過去を振りかえってみますと、昭和五八年に生徒急増期ということで、対策が協議されまして、その時に私学が二一〇〇〇人臨時定員増ということで収容定員を増やして、その時に特別教室を一般教室にしたり、教員を増やしたりという対応をしましてニ一〇〇〇人の受け入れを前提として一〇〇校ということに決まったわけです。あのときに、急減期については、いわゆる私学に対して一八〇〇〇人から一九〇〇〇人、比率でいうと大体五五：四五ぐらいだと思うのですけれども、私学の生徒を確保すると、それ以上の減少分については、公立が引き受けるということで合意が

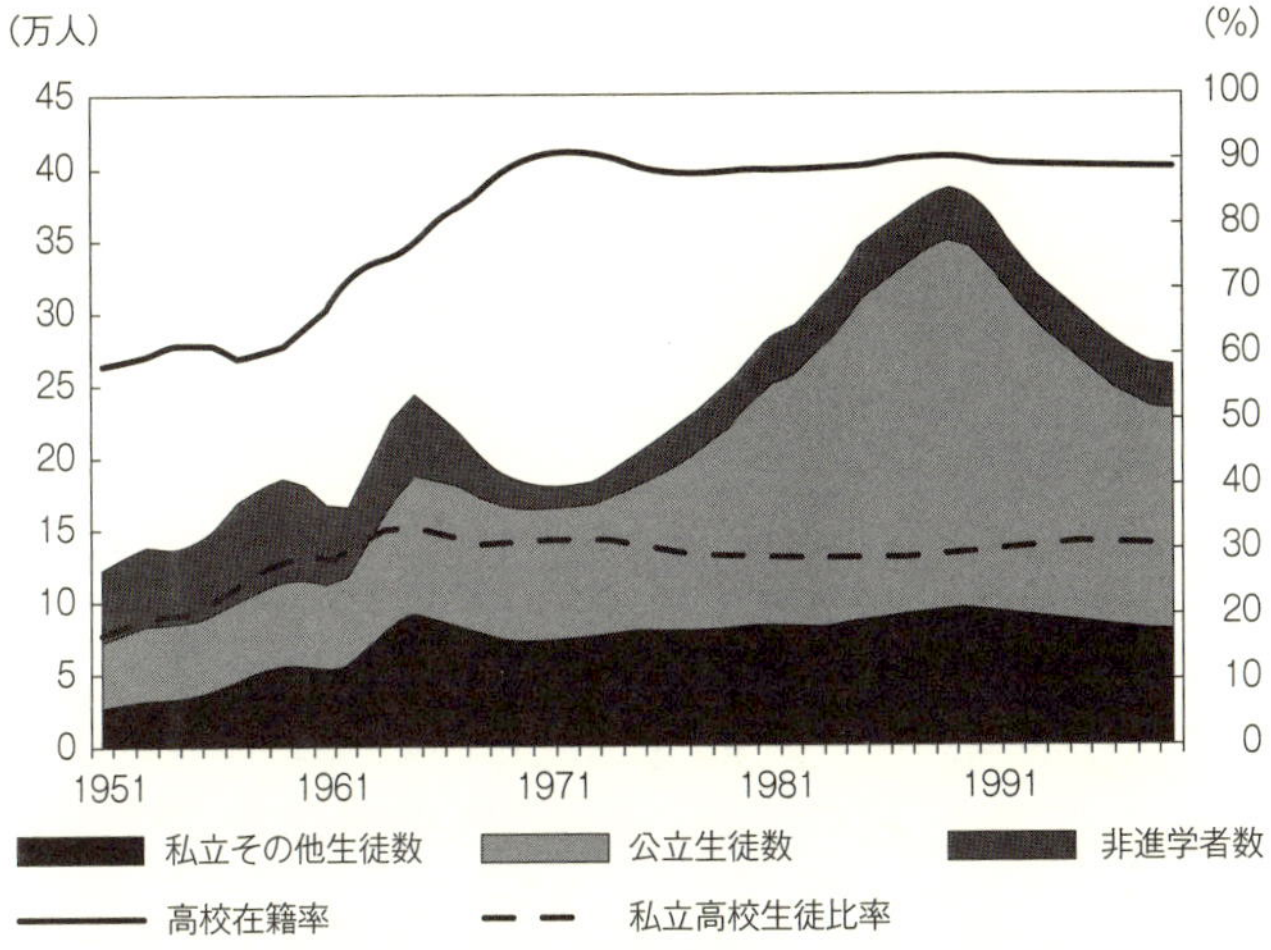


**図8-2　神奈川県の高校教育拡大過程**　出所：『学校基本調査』

なされたと思います。その後、一〇〇校計画が完成した昭和六二年だと思いますけれども、改めて、一八〇〇〇人、一九〇〇〇人の枠が再確認されたというふうに聞いております[10]……

私立高校は、一校一校がそれぞれに独立した経営主体である。そのため、それぞれの私立高校の経営が急減期に圧迫されないように、急増期に私立高校全体で二万一〇〇〇名、直後の急減期に至っても一万八〇〇〇人から一万九〇〇〇人という、大きな生徒数の変動が起きない範囲での対応を求めた結果、公立高校の増設は「一〇〇校ということに決まったわけ」である。

### 高校百校新設計画達成後の神奈川県立高校の評価の変化

ともあれ、神奈川県では公立高校を一〇〇校増設することによって、第一次ベビーブーマーよりはるかに大きなインパクトのあった第二次ベビーブーマーを乗り切ることができた。ところが、神奈川県の百校計画に対する評価は一般的に決して芳しいものではなかった。百校計画で作られた高校のうち、職業科の高校は一校のみで、残り九九校はすべて普通科高校であった。そのため、多くの新設の普通科高校は特色のない、ただのハコとしての教育提供にすぎず、さらに同時に並行して行なわれた学区の細分化によって、神奈川県の公立高校の威信は低下してきたと評価を受けてきた。[11]

この公立高校の威信の低下は、新設校のみならず公立高校全体に及んでいると評価されてきた。一九八三年に読売新聞社横浜支局が編集した『公立 or 私立　神奈川の教育を考える』を見てみよう。

同書では、最初の一一ページから二三ページまでは、「戦後、進学校として全国に名をなした」湘南高校を取り上げ、「スポーツも進学実績も名門のかげり」を起こし、「湘南の前途は暗いと言わざるを得ない」「魅力がある」といわれた湘南でさえ、徐々にではあるが確実に、過去の栄光から遠ざかってきていること[12]」を事例を変えて繰り返し述べている。

一方、新設校においては、「赤く染めた髪の毛、ロングスカート、シンナー遊び」、「生徒の質の低下、学校・生徒会行事の不振」といった問題を取り上げ、「県立が〝滑り止め〟に！」という刺激的なタイトルをつけて[13]、「高校は増えたけれども、できあがってみれば、父母の期待する公立のイメージからはほど遠い物だった」と報じている。[14] その結果、保護者たちが公立中学校や公立高校に不満を持つようになり、横浜市港北区内の小学校では、「四分の一の児童が私立中学校に進学」し、「中学受験が深刻になりつつあることを紹介している。また、このような論調の中では、できる限り不合格者を作らないようにするために、当日の高校入試で決まる割合を減らし、中学二年時、三年時の内申書、そして中学二年時の三学期に到達度テストとして行なわれていたアチーブメントテスト（略称ア・テスト）が合否判定の七割を決定していたいわゆる「神奈川方式」も公立中学校の教員たちが内申書を握っているという形で、批判の対象となっていた。[15]

## 生徒減少期における公立高校の計画的統廃合の進展

このような論調が人口に膾炙し、「教育困難校」という言葉が市民権を得るなか、第二次ベビーブーマーが高校を通過し、その後の生徒減少期がおとずれた。神奈川県では一九九〇年代後半に、生徒減少期に対応するための公立高校の再編計画が発表された。この計画に基づき、二〇〇五年度までに一四組（二八校）の公立高校の統合が実施され、単独校の改変もあわせて一九校の高校が新設されている。ここで注目されるのは、単独の廃止は一校もなく、二校を一校に統合して、新しい学校を設けることを必ず行なっていったことである。こうした新しい学校には、総合学科、単位制普通科、専門コースなどが設置された。そしてこの再編結果を踏まえて、さらに二〇一〇年までに一二組（二四校）の統合とともに二三校の再編が行なわれた。これらの学校も同様に上記のような「新しいタイプの高校」とされている。

このように、神奈川県は二〇〇〇年代に、県内人口のボトムの時期に備えて、増やした公立高校の再編を行い、公立高校を中心にパイを縮小させた。その過程で、「底辺校」「教育困難校」というレッテルを貼られて評判の良くなかった公立高校に、総合学科や専門コースなどを設置して、教育内容の改善などを行なってきている。また、公立高校の威信低下の原因と評されてきた学区制も見直され、二〇〇五年度には学区が撤廃された。

これらの政策によって、現在の神奈川県の公立高校はふたたび威信を回復しつつある。たとえば、先述の湘南高校では、二〇一二年度の大学入試で東京大学合格者が一七年ぶりに二〇人を上回り、このことは地域情報紙で大きく報じられた。[16] また、教育困難校を統合し、カリキュラム改訂を行なうことにより、偏差値が上昇した事例がしばしば見られる。

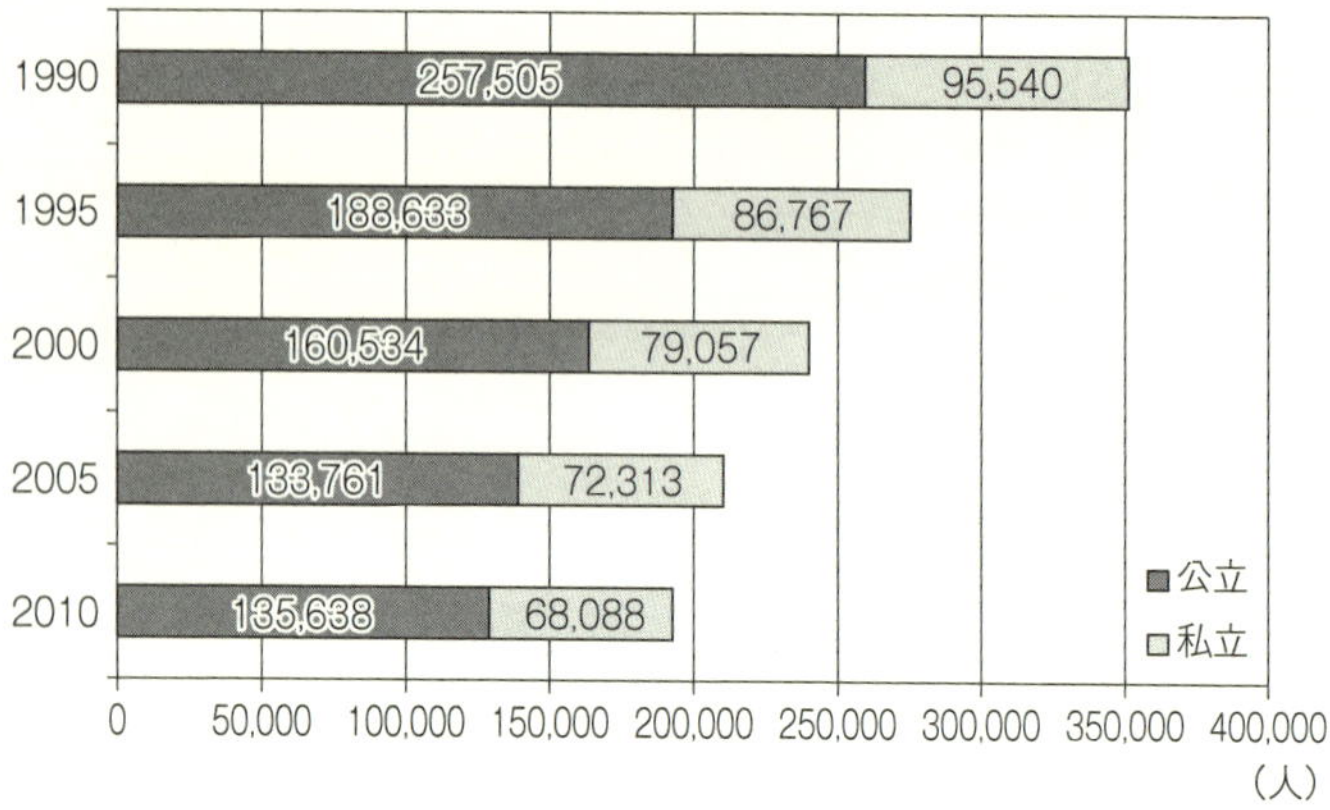


図8-3　神奈川県の公立／私立の生徒数の変化（定通含む合計の値）
出所：『学校基本調査』

## 公立高校の「威信回復」がもたらしたもの——全日制高校のへの進学率の低下

しかし、公立高校の「威信回復」が進む一方で、受験生の需要と高校教育の供給の齟齬が生じるようになっている。そしてこの齟齬は、進学を左右する経済的な問題としてより顕在化しつつある。

まず、九〇年代以降に起きた生徒の動きについて整理しよう（図８－３）。公立高校の生徒数は、最も多かった九〇年頃には二五万人を超えていたが、現在ではその約半分の一三万人程度になっている。一方で、私立高校の生徒数は、前述の取り決めのによりある程度の数が維持され、九万人から七万人弱へと三分の二程度の減少にとどまっている。その結果、私学率は二〇〇〇年代以降一貫して三〇％を超えている。

この状況のもとで起きたのが、表８－５に示されるような全日制高校への進学率の低下である。[17] 二〇〇〇年代後半以降、定時制・通信制への進学率が上昇傾向を見せているのに対して、全日制高校への進学率は低下している。

なぜ、このようなことが生じたのだろうか。その仕組みを示したのが表8－6である。神奈川県では、公立高校全日制への進学希望者が依然として多く、その中で全日制公立高校に実際に進学することができた生徒の比率（公立全日制進学希望成就率＝公立全日制進学者数／公立全日制進学希望者数）は七五％前後で安定的に推移してきている。ところが不本意ながら希望しない私立高校に行くこととなる生徒の比率（私立非希望進学率＝（私立全日制進学者数－私立全日制進学希望者数）／公立高校希望者で進学できなかったもの）は二〇〇〇年代に入って大きく変化しなかった後、二〇〇〇年代後半に下がり始めている。一方、大きな増加を見せているのが、不本意ながら定時制高校に進学する人々の比率（定時制非希望進学率＝（定時制進学者数－定時制希望者数）／公立高校希望者で進学できなかったもの）である。この比率は五％上昇しており、実に一九九九年の一一六三人から二〇〇八年ではその規模が約一・四倍の一六一二人となっている。生徒数はこの期間で一五％程度減っていることを考えると、たいへん大きな伸びを示した

**表8-5　神奈川県の全定通別進学率**

| 年 | 全日制進学率 | 定時制進学率 | 通信制進学率 |
|---|---|---|---|
| 1990 | 92.5% | 1.6% | 1.0% |
| 1995 | 91.8% | 1.7% | 1.5% |
| 2000 | 92.5% | 1.8% | 2.2% |
| 2005 | 91.0% | 3.0% | 2.4% |
| 2010 | 89.3% | 3.7% | 4.0% |

出所：神奈川県教育委員会「公立中学校等卒業者の進路状況調査」と「公立高等学校入学状況調査」より作成。

**表8-6　神奈川県の進学希望者とその成就**

| 年 | 公立進学希望成就率 | 公立高校希望者で進学できなかった者のうち | |
|---|---|---|---|
| | | 私立非希望進学率 | 定時制非希望進学率 |
| 1999 | 75.5% | 89.4% | 7.6% |
| 2000 | 74.9% | 86.6% | 7.9% |
| 2001 | 74.4% | 85.6% | 9.1% |
| 2002 | 75.1% | 88.3% | 8.6% |
| 2003 | 74.1% | 88.5% | 9.2% |
| 2004 | 73.3% | 85.2% | 10.0% |
| 2005 | 74.6% | 86.0% | 10.3% |
| 2006 | 75.9% | 85.6% | 11.4% |
| 2007 | 76.3% | 86.1% | 10.0% |
| 2008 | 74.9% | 82.4% | 12.0% |

出所：同上

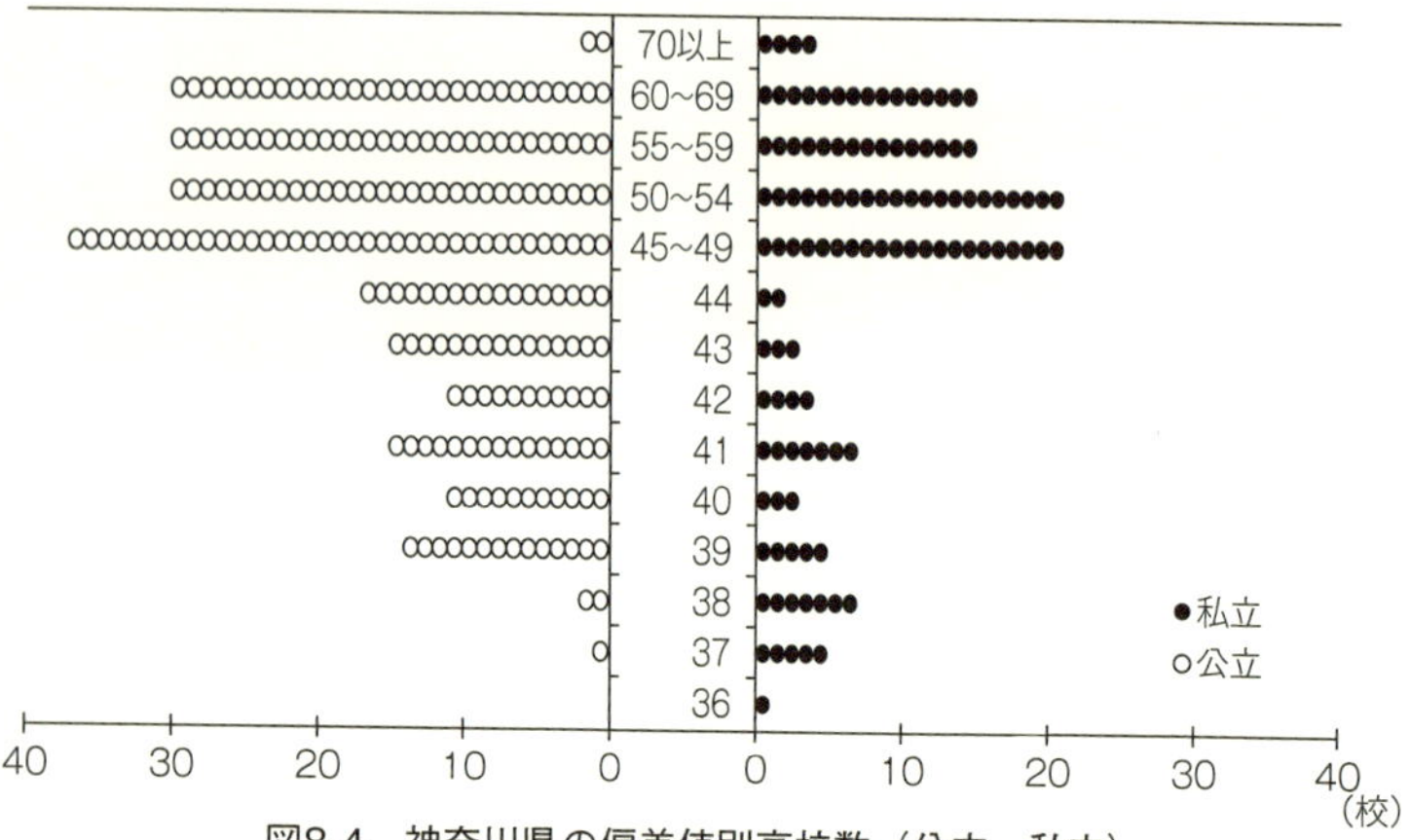


**図8-4　神奈川県の偏差値別高校数（公立、私立）**

出所：神奈川県高校偏差値ランキングより作成。URL 最終閲覧2013年3月13日。
（http://momotaro.boy.jp/html/kanagawahennsati.html）

といえる。

## 公立高校の威信回復と私立高校・定時制高校へと締め出される生徒たち

しかも、公立高校の再編のなかで公立高校の威信回復が進んできたことや、学区が撤廃されたことによって、以前に比べて高校進学希望者が公立高校に回帰する動きが見られる。その結果、何が起きているのだろうか。図8－4は神奈川県の高校の現在の偏差値を順番に並べたものである。偏差値五〇より下の分布状況をみると、偏差値三九以上では公立高校が圧倒的に多く私立高校の数が少なく、逆に偏差値三九未満では私立高校が多数を占めている。この図から、人気を回復した公立高校が上位から定員を埋めていくと、学力面で厳しい生徒が、私立高校に押しやられるという状況が生じかねないことがうかがえる。また、私立高校に通うことが学資調達などさまざまな面で難しいと判断した生徒のなかには、私立への進学ではなく定時制・通信制に通うことを選択せざるを得ない生徒も一定数いるだろう。

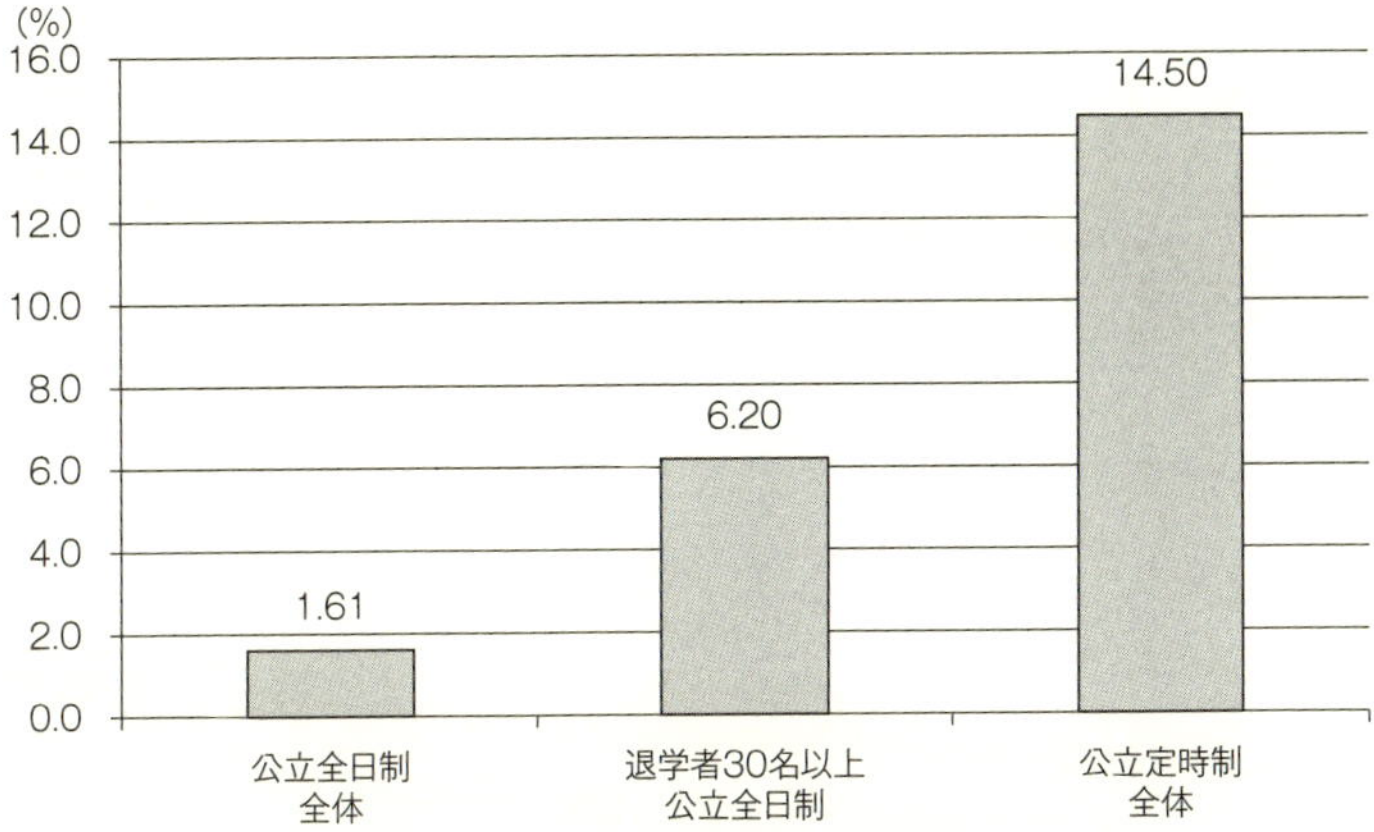


**図8-5　全日制と定時制の中退率の比較**

出所：神奈川県教育委員会「公立高等学校生徒の異動状況調査」より

つまり、神奈川県内で近年、全日制の進学率が下落し、定時制・通信制へ希望しないながらも進学することになった生徒数が増加していることの背景には、公立高校改革の「意図せざる結果」があると考えられる。その結果、全日制進学率が九割を切る一方、二・九％しか進学希望者がいないにもかかわらず定時制と通信制への進学率が七・七％（二〇一〇年）にまで達することとなったのである。

本人が希望しなかったにもかかわらず、定時制課程に進学することは、決して望ましいことではない。定時制高校は四年制で夜間あるいは午後に授業が行なわれている。そのため、朝から通って三年間で卒業できる全日制高校よりもはるかに中退率が高くなっている（図8－5）。学力・資力ともに余裕がなく、不本意に定時制・通信制に進学した生徒たちの少なくない部分が中退しているという現実は、社会的に恵まれない層が十分な教育機会を得ることができず中途半端に社会に出ざるを得ない状況が生まれているともとらえられる。[18] このような状況は中退を余儀なくされる個々の生徒にとってはもちろんのこと、社会全体としてみてもリスクが高い状況だということができよう。

ここまで見てきたように、二〇〇〇年代以降の神奈川県の公立高校再編計画は、全般的には百校計画によって提供した公立高校を改善していくことによって、「よりよい」公立高校教育を提供する方向に進んできた。しかしながら、皮肉にも、「よりよい」公立高校教育を提供していこうとする動きは、私立高校に通う余裕のない層を公立高校全日制課程から締め出し、定時制・通信制高校への進学を余儀なくさせる結果を生じさせている。本当に厳しい状況に置かれた生徒たちに、公立高校全日制での教育機会を保障するという観点から見れば、決して看過することのできない需給の齟齬が生じてきているといえよう。[19]

## 3　特徴的な県の検討(2)――徳島県の事例から

### 公立高校の計画的再編と競争と淘汰による私立高校の再編

徳島県では、第一次ベビーブーム世代による全国的な急増期を、公立高校の拡充によって乗り切ったこともあり、私立高校の割合は全国最低を維持し続けてきた。また、激化する受験競争が問題となって徳島市内に総合選抜制度が導入されたときにも、受験生が私立に流れるという、いわゆる「ブライト・フライト」が大々的に起きることもなかった。[20] そのため、もともと官への信頼が高く、公立志向の強い土地柄であったこともあって、量においても威信においても、徳島県では私立高校に対して公立高校が圧倒的な存在感を示してきた。

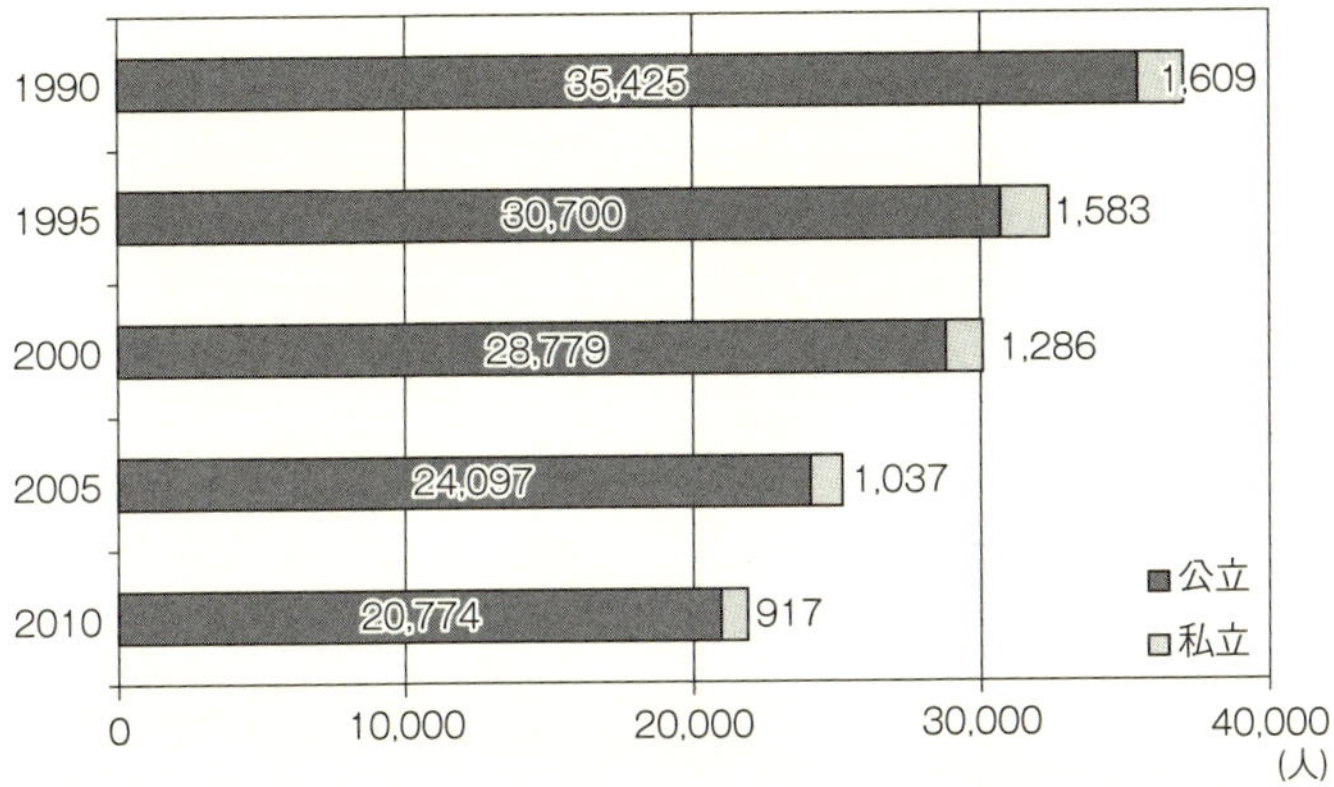


図8-6　徳島県　公立／私立の生徒数の変化（定通を含む合計の値）
出所：『学校基本調査』

## 三分の一まで減少し続ける生徒数

徳島県の高校学齢人口は、第一次ベビーブーム世代の七万六〇〇〇人をピークに減少を続けてきた。第二次ベビーブームによって一時的に生徒の減少は止まったものの、都市部で顕著に見られた第二次ベビーブームの波は、徳島県には到来しなかった。その後ふたたび減少に転じた学齢人口は、現在ピーク時の三分の一以下となる二万人程度にまで落ち込んでいる（図8−6）。

そのため、徳島県では神奈川県などのように、六〇年代に講じた以上に追加的な急増対策をする必要がなかった。中山間地の過疎化の進行にともなって、分校の整理統合や、新たな学科の設立などの部分的な修正は行なわれてきたものの、二〇〇〇年ごろまでは公立高校の数そのものについては、大きな変化は見られない。また、私立高校については、もともと六校しかなかったが、生徒減にともなう閉校と、短大への移行によって、一九八〇年代には四校となった。そして二〇〇〇年代に入り一校が閉校した（図8−7）。

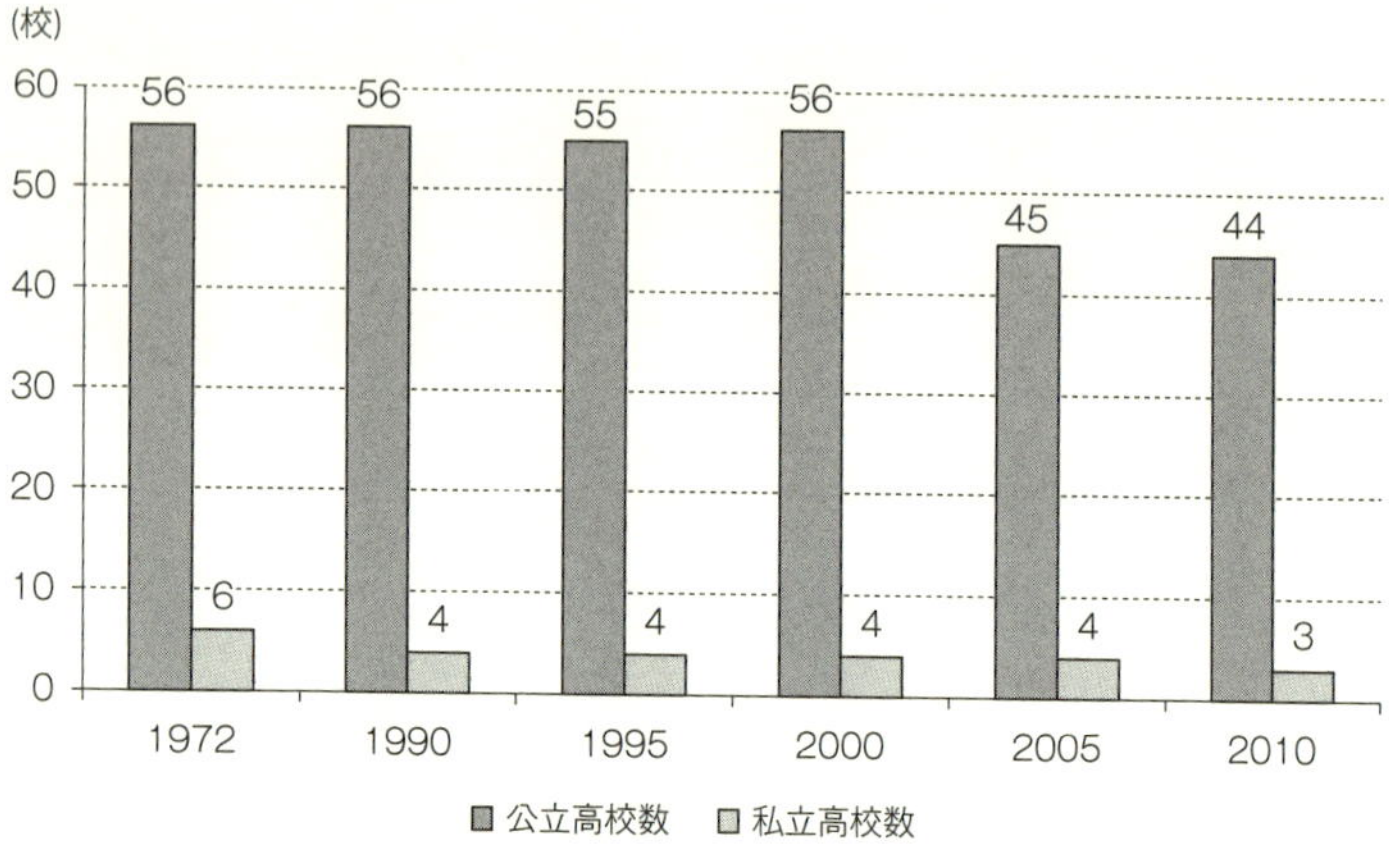


図8-7　徳島県高校数の変化　出所：『全国学校総覧』

### 再編される公立高校と消えゆく私立高校

現在、徳島県では、生徒減への対応としての公立高校の再編が始まっている。二〇〇六年に県教育委員会が決定した再編の方針[21]によれば、基本的に県内各地域ごとに一校ずつ削減していく方向で、二〇一八年度までに再編整備が段階的に進められていく予定となっている。また、中山間地の高校については、統合基準の八〇人を下回っても、分校として存続をはかることで、教育機会の保障がめざされている。

他方、私立高校については、先述したように、ピーク時の六校から減り続け、一九九〇年には四校が公立高校のニッチを埋めるように存在していた。しかしながら、図8-8に示されるように、四校のうち一校が生徒減によって閉校し、また一校も生徒数が一〇〇人を割り込んで、経営は苦しい状態にある。

この間、高校生徒数の公私割合は、一貫して四%程度で推移してきている。これは、公私間の協議会（徳島県公私立高等学校連絡協議会）[22]によって、この比率が維持されてきているためである。徳島県では公私連絡協議会において私立高校への定員の分配が決められており、その割合は長らく、高校進学希望者の四％程度で変わっていない。その分配の根拠のひとつが、受験生の志望状況である。

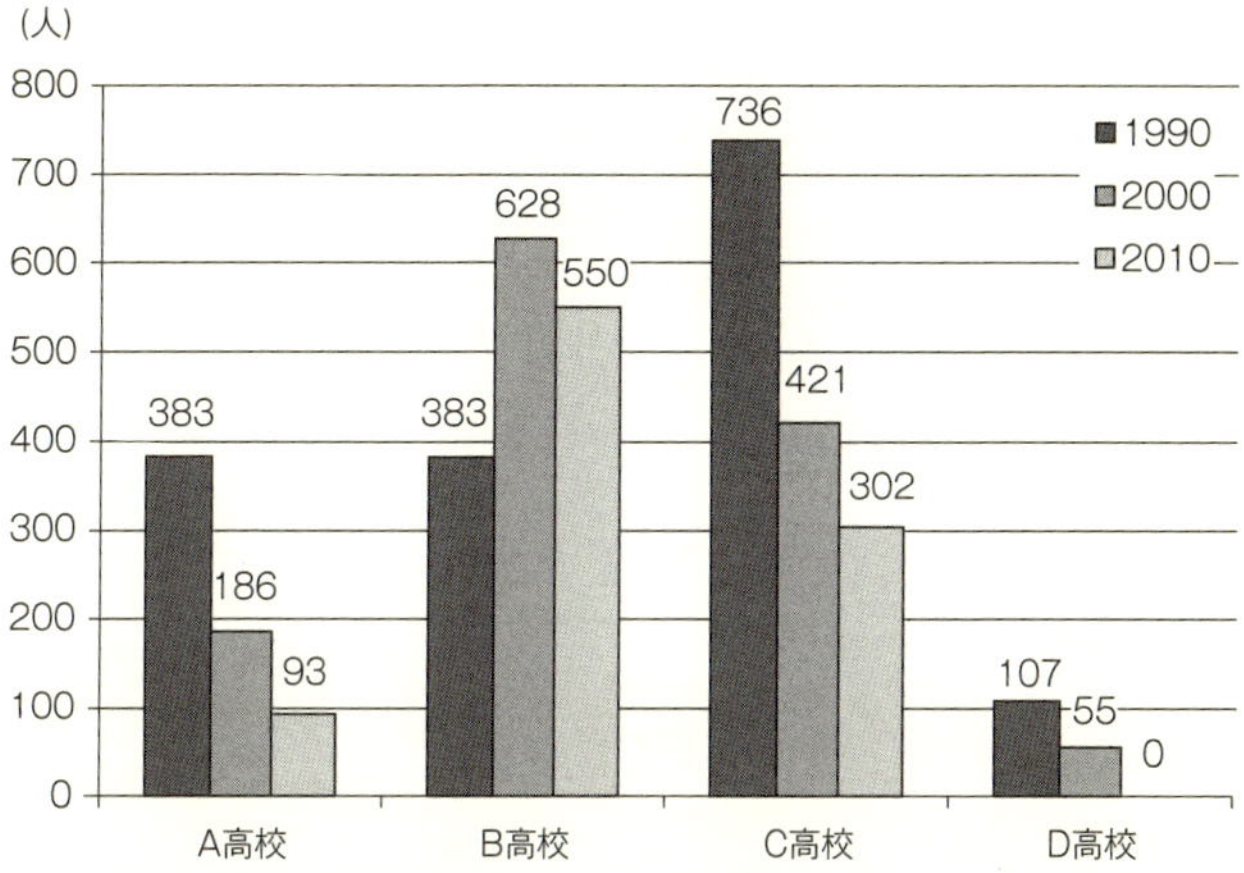


**図8-8　徳島県内私立高校の生徒数の推移**　出所：『全国学校総覧』

二〇一一～一二年における徳島県の入試状況を見てみよう（図8‐9）。徳島県では、中学三年生を対象として進学希望調査を実施しており、二〇一一年秋に行なわれた調査の結果は次のようになった。六九％の生徒が公立高校普通科を、二三％が公立高校職業科を希望しており、県内私立高校への希望者はわずか二％に過ぎなかった。この数字が、協議会で私学への割り当てを低く抑える議論につながっている。私学の側からすれば、これ以上生徒数が減少すれば学校経営が成り立たなくなり生徒の教育条件を悪化させることから、比率の引き上げを求めてはいる。しかし、現実には私立高校は、流れ込む川のないまま干上がっていく池の水を分け合うような状況に置かれ、徐々に経営難に陥る学校が現れることとなったのである。

次の表8‐7は、私立高校三校の位置づけを、二〇一三年入試の「偏差値ランキング」によって示したものである。[23] この三校は、偏差値ランクの最上位と最下位に分かれて分布していることがわかる。つまり、公立高校のニッチを埋

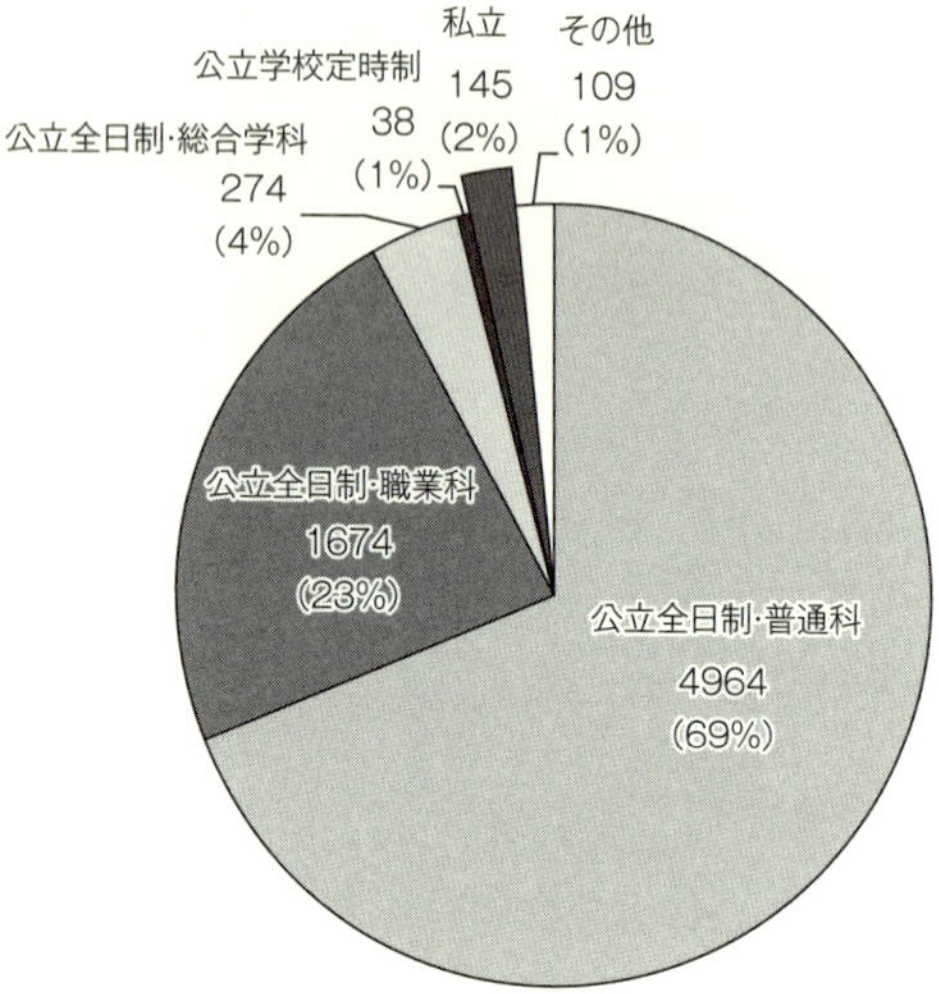


図8-9　徳島県　進学希望調査結果（2011年秋　人数と割合）
出所：徳島新聞（2011年10月１日付）

表8-7　徳島県の偏差値別高校数（設置者別）

| 偏差値 | 公立 | 私立 |
|---|---|---|
| 65以上 | 3 | 1 |
| 60〜64 | 10 | |
| 55〜59 | 3 | |
| 50〜54 | 13 | |
| 45〜49 | 12 | |
| 40〜44 | 23 | 1 |
| 39以下 | 9 | 3 |

出所：徳島県高校偏差値ランキング2013より作成
URL 最終閲覧2013年３月10日
（http://momotaro.boy.jp/html/tokushimahennsati.html）

めるように、私立高校は特色ある教育を行なって生徒を集めてきた。今後、私立高校の学費が公的助成によって公立高校と等しくなるか、協議会で一定数生徒数の確保がなされるか、私学ブームが起きるかなどの変化がないまま、現在の公私比率が維持されていくことになれば、さらなる私立高校の淘汰が進むことも避けられないだろう。

このように徳島県では、公立高校と私立高校という二つのセクターに定員を分配した後、公立については計画的な再編によって、私立については競争と淘汰によって、高校の再編整備が進められている途上にあると考えてよいだろう。

## 第8章のまとめ

本章では、生徒減少期において高校教育機会の提供構造にいかなる変化が起きているのか、公私バランスに着目し、量的／質的の両側面から検討を加えてきた。量的分析からは人口減少期において、私学率が公立高校政策や人口密度といった要因によって規定される度合いが高まっていることが示された。

質的側面からは、神奈川県と徳島県のケーススタディを行なった。第二次ベビーブーマーのインパクトが第一次ベビーブーマーよりも大きかった神奈川県では、第二次ベビーブーマー対策を見据えて一九八〇年代に公立高校が大増設された。二〇〇〇年代の生徒減少期には、公私バランスではなく、総量として議論され、増やした公立高校を整理統合することで生徒数減少への対応がなされている。私立高校数に変化はなく、その結果、公立高校の再編によって経済的に厳しい層が私学に進学せざるを得ない状況が生じていることを示した。

一方、第二次ベビーブーマーのインパクトがそれほど大きくなかった徳島県では、一九八〇年代に対応をせまられることはなかった。生徒減少期の対応については、公私の割合を維持することを前提に、公私間で定員の調整が行なわれながら、公立高校では、学校の統廃合や再編が行なわれて整理される一方、私立高校の規模も縮小していった。徳島県では、私立セクターの規模やどのような生徒を収容することになるのかは公立セクターでの動きに大きく依存し、限られたパイをめぐり私学の生き残り競争がいっそう厳しくなりつつある状況が明らかになった。たしかに「高校教育機会を提供する」だけであれば、公立高校ですべての高校進学希望者を受け入れれば、問題は生じない。ただし、準義務教育となった高校教育における多様性の保障ということを考えたとき、私立高校を公立の単なる補完的存在として扱うことは、望ましいことではない。

これら二つの県の事例からみえてくるのは、人口縮小期の対応を一歩間違えば、〈高卒当然社会〉の存続も揺らぎかねないということである。

高校が実質的に準義務化する中、様々なニーズを持つ生徒の要求に応えるように教育内容も多様化してきた。公立高校と私立高校とがその地域の事情に合わせたさまざまな教育機会を提供することによって、量としての教育機会のみならず、質としての多様性も確保されてきたのである。量と質の両面での教育機会が十全に提供されることによって進学を希望するほぼすべての生徒の行き場が保障されてきた。

その一方、高校は義務教育ではないという建前から適格者主義が採用され、入学に際しては選抜が前提とされてきた。近年、高校無償化政策への批判を一つの契機として、適格者主義へと高校観の再転換が生じつつあるのは、序章で見た通りである。「誰もが高校に通える」ことそのものを担保する制度的保障がある訳ではない。

一度高校に行くことが当たり前になってしまった社会にとって、少なからぬ人々が高校に行かない／行けない状態を選択することは難しい。しかし、全入主義と適格者主義の拮抗関係は、「みんな行くのが当たり前だけど、行くのはその人の勝手」という高校教育に対する相反する要請を生じさせている。今、問われているのは準義務化して、進学しなければ社会参加していく上での損失となる高校教育を受けることを「ナショナル・ミニマム」として捉え直し、それをどのように保障していく社会をつくっていくのかという課題である。

これらを踏まえ、次章では結論にかえて、生徒減少時代の高校教育機会の提供構造がこの先どのように変化していくのか、三つの可能性を提示して、考察を終えたいと思う。

## 注

［1］たとえば潮木守一『学歴社会の転換』（東京大学出版会、一九七八年）、小川洋『なぜ公立高校はダメになったのか——教育崩壊の真実』（亜紀書房、二〇〇〇年）。

［2］葉養正明『人口減少社会の公立小中学校の設計——東日本大震災からの教育復興の技術』（協同出版、二〇一一年）、若林敬子『学校統廃合の社会学的研究【増補版】』（御茶の水書房、二〇一二年）。

［3］喜多村和之『大学淘汰の時代——消費社会の高等教育』（中公新書、一九九〇年）。

［4］湯浅誠『反貧困——「すべり台社会」からの脱出』（岩波新書、二〇〇八年）。

［5］瀧川好庸『私学の理想と現実——その教育と経営』（幻冬舎、二〇一三年）。

［6］James, Estelle and Benjamin, Gail *Public Policy and Private Education in Japan*, St. Martin Press, 1988.

［7］この八つの変数をジェームズとベンジャミンがどのような指標として投入したかについて説明しておこう。経済学的なモデルを理論的背景とする二人は、私学率を規定する需要側の要因として県民所得（①一人当たり県民所得）を挙げる。なぜならば教育は正の価格弾力性を持つ財であるため、より所得が高い人ほど多く教育に支出しようとする傾向があるからである。そのため、県民所得が高い自治体ほど私学率が高くなると予想される。

また、私立学校は人口が集中し、人びとの教育に対する選好や所得水準が分散している都市圏にて発達する傾向があることが知られているので、都市化が進んでいるほど私学率が高いと予想される（②人口密度と③人口集中地区に居住している人口の割合）。加えて、その地域における民間の宗教団体（多くの場合キリスト教）による教育供給の影響力を取り出すために、キリスト教系教育機関の存在が投入されている（④第二次世界大戦以前の二校以上のキリスト教系中等教育以上の教育機関の存在）。

人口一〇〇人当たりの公立高校生徒数（⑤）は、その自治体における公立セクターの大きさをあらわしているので、この値が大きくなればなるほど、私立セクターに残される部分は少なくなる。また、人口一〇〇人当たりの公立高校教育費（⑥）と高校生一人当たり教育費（⑧）はその自治体の財政的制約と公立セクターにおける質と量のトレードオフの関係を見るために投入されている。財政的な条件が同じ自治体であっても、私学の割合が異なるのは、自治体によってどのような教育を公立セクターで提供しようとするのかの判断が異なっているからであるとジェームズとベンジャミンは解釈する。すなわち、限られた数の質の高い教育（これは生徒一人当たりの教育費で示される）を提供しようとするのか、質はそれほど高くなくとも幅広く教育を提供しようとするのかという違いである。前者の場合は、公立セクターが提供できる教育機会の量は少なくなるので、結果的に私立セクターが大きくなり、後者の場合は逆に私立セクターが小さくなるとされる。

最後に残った公立高校における普通科の割合（⑦）について、ジェームズとベンジャミンは、私学への需要は上級学校への準備教育に対するニーズが公立セクターによって十分に供給されない場合に高まると想定している。したがって、高等教育への進学準備教育を行なう公立普通科の比率が高く、公立職業科の比率が低いところでは、私立高校の比率は小さくなると予想されることになる。

[8] 一〇のモデルの結果を掲載するのは煩雑になるので、統計的検定の結果と係数の方向だけを示す。データの出所は以下の通り。一人当たり県民所得：総務省統計局『日本統計年鑑』。人口密度、人口集中地区への居住割合：総務省統計局『日本統計年鑑』。WWⅡ前のキリスト教系学校の存在：*Christian Education in Japan: a study, being the report of a Commission on Christian Education in Japan*, New York, 1932. 人口一〇〇人当たりの公立高校生徒数：総務省統計局『日本統計年鑑』と文部（科学）省『地方教育費調査報告書』。人口一〇〇人当たりの公立高校教育費：総務省統計局『日本統計年鑑』と文部（科学）省『学校基本調査』。公立高校における普通科の割合：文部（科学）省『学校基本調査』。高校生一人当たり教育費：総務省統計局『日本統計年鑑』。

[9] これらの分析の詳細な結果については、香川めい・相澤真一・児玉英靖『高校教育機会提供の構造の総合的解――地域と設置主体に着目して』、平成二一年度〜平成二四年度　科学研究費補助金　基盤研究（C）研究成果報告書、一四五〜一四六頁を参照されたい。

[10] 平成二〇年第三回神奈川県公私立高等学校協議会記録、www.pref.kanagawa.jp/uploaded/attachment/167175.txt　最終閲覧日二〇一三年三月一一日。

[11] 読売新聞社横浜支局『公立 or 私立　神奈川の教育を考える』（読売新聞社、一九八三年）、松沢しげふみ『どこへゆく高等学校』（教育出版センター、一九九三年）。

[12] 読売新聞社横浜支局同上書三二頁。

[13] 同上書三七頁。なお、この「県立が〝滑り止め〟に！」という節では、学区を小さくなったことによって、進学校だけでなく、新設校の公立高校の威信が下がったと説明されている。この点は、小川洋の『なぜ公立高校はダメになったのか』（亜紀書房、二〇〇〇年）とは完全に矛盾している。小川は埼玉県が大学区制を維持したまま、新設校の設置を進めたことによって、比較的小学区であった神奈川以上に教育困難校を各地域が抱えたことを示している。なお、この読売新聞横浜支局による「公立に優秀な生徒がやってきて、入学できなかった〝底辺〟が私立へ――」という図式が、一〇〇校建設されたことによって「そうした〝底辺〟を救っていた私立高の中で、今では各学区のトップ校以上のレベルを持つに至った高校が出てきた。県立高が逆に〝滑り止め〟になったのだ。」という記述には、公立を優位とし、また費用負担に対する一切の配慮のない記述が高校という制度に対して人々が持っている教育観の現れとして大変興味深いものがある。ここまで露骨な記述ではなくとも、このような公立を優位とする高校観は全国的に広く見られるものといえるのではなかろうか。

[14] 同上書四二頁。もちろん、このような状況が言論だけでなく実態をともなったものであったことは否定できない。たとえば、「夜回り先生」という通称で有名な水谷修は、神奈川県で高校教員を務めている。また、この当時、首都圏の教育困難校における学校の荒れがしばしばジャーナリスティックに取り上げられてきた。

[15] 同上書四三－五頁。

[16] 「湘南高校から東大二一人――二〇〇〇年代で最高　昨年から倍増」『タウンニュース』二〇一二年三月三〇日号、http://www.townnews.co.jp/0601/2012/03/30/140376.html　最終閲覧日二〇一三年三月一一日。

[17] 表5－4によると、全日制進学率が九割を切ったのは二〇〇九年であるが、これは私立中高一貫校の生徒を含むから

である。公立中学校の生徒だけを分母に取ると、すでに、序章でも示したように、二〇〇六年から全日制進学率は九〇％を切っている。

[18] なお、二〇〇八年の学校基本調査によると、日本語指導の必要な外国人生徒の数は神奈川県が最も多くなっている。このような生徒は授業についていけないゆえに、中退率も高く、彼らが不十分な日本語能力のまま社会に出ていくリスクも社会全般として考えていく必要がある。

[19] この問題を解決するひとつの方策として、大阪府や京都府が独自に実施しているような、中低所得世帯を対象とした私立学校授業料の公費負担制度について検討することも、大変重要である。

[20] ただし、公立高校の中での変化は起きている。旧制徳島中学の流れを受け継ぎ、それまで県内トップ校であった城南高校が、総合選抜制の導入によって平準化され、代わって、全県から生徒を集められる徳島市立高校理数科に成績上位者が集まるということが起きた。また、私立の徳島文理高校や県外の私立高校に進む生徒も増えたという。小林哲夫『東大合格高校盛衰史――60年間のランキングを分析する』（光文社新書、二〇〇九年）三一六頁。徳島県の教育関係者の証言にもよる。

[21] 徳島県教育委員会「高校再編方針――再編による新しい学校づくりに向けて」二〇〇六年三月。

[22] 二〇一二年の協議会の構成メンバーの出身母体は、次のように割り当てられている。
委員九名：県教育委員会三名、県二名、公立学校二名、私立学校二名
監事一一名：県教委四名、県二位、私立五名

[23] 同じ学校でも、コースごとに偏差値が異なる場合は、すべて掲載した。そのため、実際の校数よりも数値が多い。

## ●コラム　甲子園（二）●

コラム甲子園（一）では、今では私立高校が出場校の七割を占める甲子園も、半世紀以上も前には公立高校（旧制中学校）ばかりであったことに触れた。それでは、今のような甲子園での「私立優位」は、いつごろから始まったのだろう。

下のグラフは、夏の甲子園出場校の私学率を、地域別に、五年ごとに区切って示したものである。こうして見ると、一九五〇～六〇年代にかけて、高校全体に占める私立高校の比率が高まるのに歩調を合わせて、甲子園にも私立高校が進出してきた。そして、首都圏や関西圏での私立優位の傾向が、一九六〇～七〇年代に地方に波及し、今やすべての地域で私学率が五割を超えるようになってきたことがわかる。

その背景には、高校拡大期に私立高校が生徒数を増やす中で、生徒指導の一環として、あるいは学校の知名度を高めるために、クラブ活動に注力する学校が増えたことが指摘できる。さらに、九〇年代からは、少子化に備えて女子校が相次いで共学化し、その際に新たに男子硬式野球部を設立し、強化に努めたところも少なくない。

ところで、二〇一三年夏の西東京大会の決勝に都立日野高校が残り、三三年ぶりの公立高校の甲子園出場かと話題になった。近年では、学区の撤廃や推薦制度の拡充などによって、「公立強豪校」が大都市圏でも増えつつあるという。

これと同じことは、大学進学実績についても起きている。東大や京大への合格者数の上位校に私立高校が多く登場するようになって久しいが、近年では、たとえば京都市立堀川高校の躍進は「堀川の奇跡」と呼ばれて注目を集めたし、東京都立高校や大阪府立高校でも、特定の高校を進学重点校として「公立の復権」をめざす動きが見られる。

この「公立高校の私学化」現象の結果、これからの甲子園の風景はどのように変わっていくのだろうか。そして、私立高校は次にどのような方法で、公立高校にはない独自性を打ち出すことができるのだろうか。

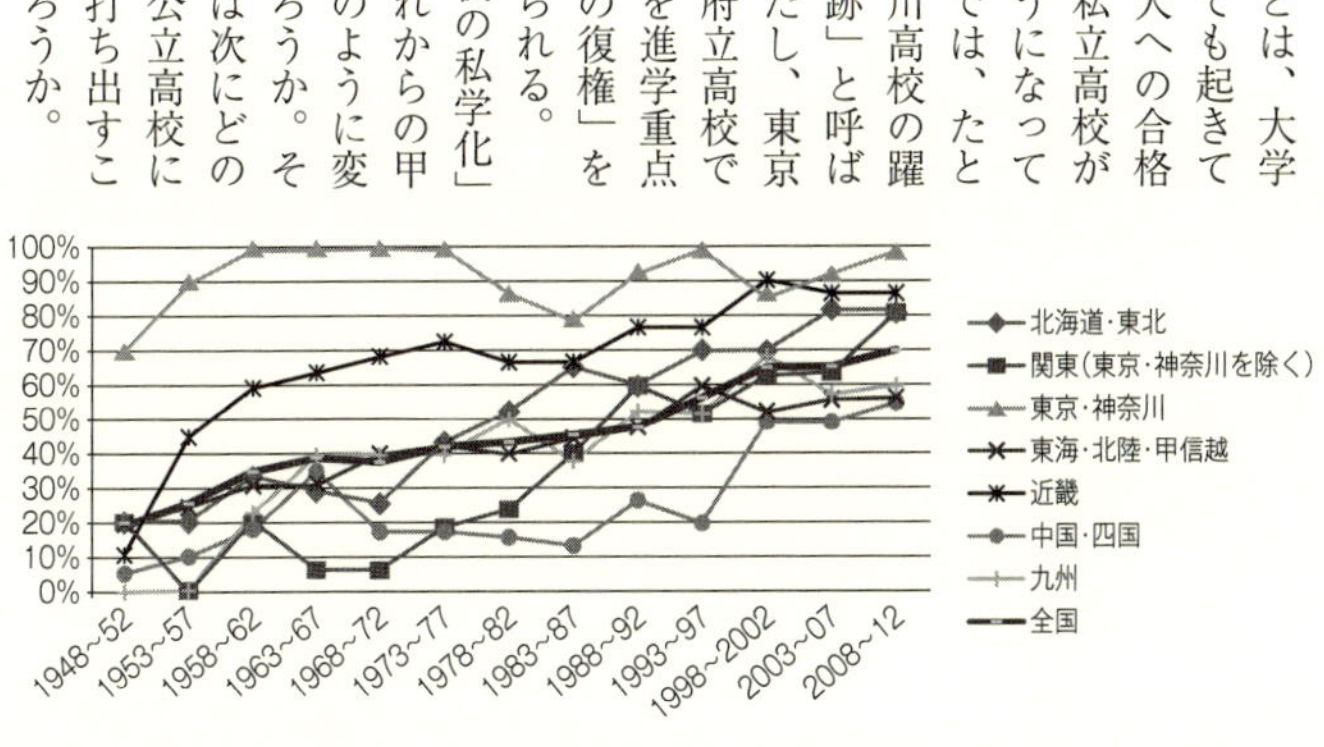

# 終章

# 人口減少期における〈高卒当然社会〉のゆくえ

## 高校教育機会の提供構造の将来像

本書では、各都道府県それぞれに固有の高校教育機会の提供構造が、教育拡大期を通じて形成され定着してきたこと、そしてそれが生徒減少期に揺らぎ始めていることを、さまざまな事例を通して検証してきた。これまでの議論のまとめに代えて、近未来の日本の高校教育機会の提供構造について三つの可能性を示し、それがもたらす未来について考察してみたい。

**公立高校改革の「意図せざる結果」と高校進学をめぐる「自己責任論」への回帰**

まず一つめの可能性は、公立高校改革が進展することによって、公立高校の威信が高まる一方で、全国的に全日制公立高校への進学希望からはじき出される生徒が現れるということである。すなわち、公立高校の再編統合によって進学希望と機会提供との間にミスマッチが生じてしまい、全日制公立高校が狭き門となってしまう一方で、定時制も十分に受け皿とならず、私立高校にも家計の事情から通えない生徒が出てきてしまう、というものである。これは公立高校改革の「意図せざる結果」であるといえよう。

この可能性は、神奈川県の事例から導き出すことができるものである。神奈川県と同様の現象は、第二次ベビーブーム対策として拡張された公立高校を再編する過程の中で、大阪府や愛知県などの大都市圏でも報告されている。神奈川県でとりわけこの問題が表面化したのは、公立高校の比率が下がっていった結果として、希望する公立全日制課程への進学からあふれる生徒が顕著に増加したためである。

一九八〇年代以降の公立高校の「凋落」とは、実は「誰でも公立高校に通えるようになった」ことの裏返しとも解釈できる。それが今、時代は再び、選ばれた者が進学する公立高校という図式になるのだとすれば、そのことは「私立に通うのは本人の努力が足りなかったから」として高学費負担が自己責任論で納得されることになる。高校無償化政策に対する批判に際しても、このような自己責任論に基づく議論が巷間ではしばしば見られる。このように、高校へは通うべき人が通うという適格者主義を貫徹させることは、高校教育機会の提供のあり方としてはひとつの可能性として挙げられる。

### 私学の生き残り競争と「特権的な私学」への転換

二つめの可能性として、公立と私立の比率を維持したまま、ずるずると生徒減少が進行するパターンが指摘できる。これに当てはまる地域が全国的にもっとも多いと思われる。徳島県のケースから見たように、生徒数の公私比率を維持したまま学校数が変わらないと一校当たりの生徒数は減ってしまい、ある段階で学校が維持できない水準以下に落ち込んでしまう。そのため、公立では統廃合が、私立の場合には閉校を余儀なくされることになる。

ただし、公立と私立とでは、同じ統廃合でも性格が大きく異なる。公立学校の再編は人口動態や設置者の財政状況などによって、合理性や効率性を考慮しながら「適正配置」という文脈で進められる。これ対し、私立学校にはそれぞれの学校に建学の精神や経緯があり、設置者や経営体も異なるために、簡単に統合したり廃校にしたりできないのである。[1]

そのような中で、私学はニッチを求めて学校改革し、生徒獲得競争での生き残りをかけようとする。これは日本の私立学校制度に埋め込まれた、社会的要請への「感応性」の高さに由来する。[2] 具体的には、進学重視路線や、クラブ活動重視路線、宗教・道徳教育の強調、あるいは学校不適応生徒などへの手厚いサポートを売りにするなど、公立高校にはできない特色ある教育をさらに洗練させて、私立は生き残りをかけることだろう。こうして一部の私学は高学費に見合う「特別な学校」として、公立高校との競争や私学どうしの競争に勝ち、存続していく余地が残される一方で、「公立高校の受け皿」としての私学は次第に先細っていくことになるだろう。

そしてこのような「特別な学校」としての私学のあり方は、実は序章で指摘した「特権的な私学」像であり、産業化の過程で加熱する高校進学希望に対して不足する高校教育機会を私立が公立を補完する形で提供するという「後発型」としてスタートした日本の高校教育が「先進国型」の高校教育へと転換期するという、大きな節目を迎えるということができるのかもしれない。[3]

## 教育バウチャーと「公立高校の私学化」の加速

そして三つめの可能性は、教育バウチャー、あるいはそれに近い制度が導入されることである。「バウチャー（voucher）」とは「引換券」のことであり、政府が教育費を（学校に対してではなく）クーポンの形で直接家計に給付し、生徒や保護者はこのクーポンを使って授業料負担の心配なく学校に通うことができるという制度である。大阪府や京都府では、所得制限はあるものの、事実上の私立高校授業料無償化政策が実施され、一定の成果を上げている。この場合、私学助成は学校への経常費助成から家計への授業料助成にシフトするため、生徒数の変化が私立高校の経営を大きく左右する。そのため、私立高校は熾烈なパイの奪い合いをすることに迫られ、生き残りをかけて「魅力ある教育」を打ち出さなければならない。これは新しい高校教育を切り拓く原動力となる可能性がある一方で、短期的な目に見える成果を求めて高校教育を矮小化してしまう懸念をはらんでいる。

またこの制度は、公立高校と私立高校を同じ土俵に乗せて、受験生が学校を選択することを可能とするものでもある。この延長線上で、公立高校と私立高校の定員の比率が撤廃されることも考えられる。すなわち、公立高校も生徒獲得競争に巻き込まれ、私立に負けない特色を打ち出していかなければならなくなる。いわゆる「公立高校の私学化」がますます加速することも想定される。そしてこの状況は、第一の可能性と共通する「受験競争の激化」という課題を提起する。

かつて「十五の春は泣かせない」というスローガンが共感を呼んだのは、当時の激しい受験競争に翻弄される少年少女たちがいたからである。その結果、高校全入運動が起こり、また受験競争の緩和をめざして、総合選抜制度の導入も進んだ。これは少数の公立エリート校を解体することでもあったため、「公立の凋落」として象徴的に語られることが多い。しかし今、「公立の復権」が進むなか、半世紀前に存在した「十五の春」をめぐる論争が顧みられている気配は薄い。この状況がはたして望ましいのかどうか、今後の慎重な理論的・政策的検討が求められる。

## 今、高校教育機会の保障について議論するということ

ここまで私たちは、三つの近未来の高校教育像を見てきた。いずれの道に進んでも、これまで半世紀近くにわたって安定的に推移してきた高校教育機会の提供構造が、生徒減少期にあって揺らぎ始めたことによって、新たな課題が横たわっていることが確認できた。この三つの将来像は、高校教育の特徴である地域性の影響を受けるだろう。すなわち、今後起きる変化もまた、地域性を保ちながら進行するので、三つのうちどの方向に向かうのかは各都道府県ごとに違っていて、高校教育における地域性は、今とは違った形で拡大し、深まっていくことだろう。そこで、本書における考察を終えるにあたり、冒頭の問題提起に今一度立ち返って、高校教育機会の提供構造をどのように再構築するかについて、いくつかの課題を提起しておきたい。これらの課題に対して本書では答えを出してこなかったが、いずれも重要な研究テーマとして引き続き取り組んでいかなければならないものばかりである。

まず、高校進学率が九割を超え、高卒学歴が持つプレミア価値が失われた現在、高校に進学することは、ナショナル・ミニマムの保障という観点から考えられなければならない。たしかに、戦前の官学のような、国家の選良を養成することが高校教育の第一の目的だとすれば、適格者主義を貫徹させることは有効であろう。しかし、第2章で見てきたように、高卒学歴はエリートあるいは準エリートとしてのパスポートとしての意味をなさなくなり、高校とは今や、「社会的排除」から個人を守り、社会の安定と統合を維持していくために必要な、最低限出ておかないとならない準義務教育化した機関となった。中卒や高校中退で社会に投げ出されることはリスクであり、社会の安定性を損なうことにつながりかねない。むしろ、このような社会的統合を維持するために、高校教育をナショナル・ミニマムとしてとらえ、公立セクターと私立セクターとが協調しながら、どのようにして適正に教育を分配していくかを、デザインし直す必要があ

る。

そこでは単に高校の入学枠を設ければいいというものではなく、高校教育に多様性を確保し、それぞれの生徒が自らの希望や適性に合った高校を選べるよう、教育機会の提供と財政的支援措置を両立させた制度設計が欠かせない。教育機会という点から考えると、長らく固定的に推移してきた公立高校と私立高校の生徒収容比率をこのまま維持し続けるのか、公立高校と私立高校はそれぞれがどのような教育内容を準備してどのような生徒を受け入れるかという棲み分けをどうするか、これらの問題にそれぞれの地域できっちりと答えを出さなければならない。そしてこれと関連して、誰がどのように高校教育にかかる費用を負担するか、ということも、国の政策のレベルで解決しなければならない。

さらに、多様性ということからいえば、後期中等教育においては、通信制高校の急成長や、専修学校やサポート校の発展も見られる。高卒資格は認定試験によって取りやすくなってきており、必ずしも高校に進学することだけが選択肢ではなくなってきている。また、学校の中には国際バカロレアの取得を可能として、直接海外の大学への進学をめざせることを特色として打ち出すところも現れてきた。一部の私立高校やインターナショナルスクールが始めたこの動きは、公立高校にも波及しつつある。これらの動きは、高校のみならず、中学校や大学も巻き込んで日本の教育システム全体の見直しにもつながる。少子化が進行する中、高校はどうなっていくのか、後期中等教育を中心に、学校教育制度全体を視野に入れた考察が必要である。

こうした課題を念頭に置きながら、地域の特性を踏まえ、高校教育をどのようにデザインしていくのかが問われている。この考察は、今後に課せられた重要な研究課題である。誰もが高校に行く〈高卒当然社会〉は、当然のように存在してきたのではない。このことを忘れてはならない。[4]

## 注

[1] 瀧川好庸『私学の理想と現実――その教育と経営』(幻冬舎、二〇一三年)。

[2] 天野郁夫『高等教育の日本的構造』(玉川大学出版部、一九八六年)。

[3] 日本の高校教育拡大の過程は、現在教育拡大が進行している発展途上国における中等教育拡大と教育機会提供のプロセスを理解する上で、キャッチアップ工業化社会における先行事例として解釈することが可能である。つまり、日本の高校教育がどのように全国津々浦々に広まり、そして生徒減少期の今、どのような転機を迎えていくのかを知ることは、世界の教育を理解することにもつながるともいえる。中等教育が急速に拡大していく過程で、私立学校が大きな役割を担うことで「安上がりの教育拡大」が達成される可能性は十分にある。また、ここで第二の可能性として触れたように、日本は今後、欧米型のプライバタイゼーションが進行することになるかもしれない。

このように、本書では扱わなかった課題は、国際比較研究の可能性に開かれている。先に述べた日本国内で進行する高校教育機会提供構造の変容プロセスを注視しながら、国際比較研究を進めていくことが、私たちの次なるステップである。

[4] 以上の本書の研究は、文部科学省科学研究費補助金基盤研究(C)「高校教育機会提供の構造の総合的解明――地域と設置主体に着目して」(研究課題番号:二三五三〇九三二、研究代表:香川めい)として補助を受けた。

本章で示したさらなるステップについては、国際比較に関して、文部科学省科学研究費補助事業若手研究(A)「後発産業化諸国の中等教育拡大の国際比較研究――日本を起点としたアジア・東欧への展開」(研究課題番号:二五七〇五〇一四、研究代表:相澤真一)として、国内の状況に関して、文部科学省科学研究費補助事業若手研究(B)「生徒減少期の高校教育機会の提供構造――政策動向と需要側の意識・行動の総合的解明」(研究課題番号:二五七八〇五一六、研究代表:香川めい)として、さらに研究を続けている。

# あとがき

この研究は、二〇〇四年八月に統計分析のサマースクールで来ていたミシガン州アナーバーの台所で、香川が相澤に話しかけた次のような会話がきっかけである。

「高卒学歴が以前は準エリートだったって言うけれども、その高卒学歴の意味って、いつごろ変わったんだろう」

「うーん、いつだろうね」

この会話をした時に、この研究が十年近くも続くものとは二人とも考えていなかった。ミシガンから帰国後、二人は「学歴取得の意味」という教育社会学の極めてオーソドックスな問題を「基本的な練習問題」として解くつもりで先行研究の収集やデータ分析に着手していった。まずは高卒学歴の変化の手がかりとして、過去のＳＳＭ（社会階層と社会移動）データの再分析を行ない、学歴や職業移動についての基礎的な分析をして、自分たちの研究の方向性を把握していった。ここで得られた知見が二〇〇六年の『教育社会学研究』第七八集に「戦後日本における高卒学歴の意味の変遷」として掲載された（その一部は本書の

第二章に収録）。

同時期に、二〇〇五年の「社会階層と社会移動調査」（ＳＳＭ調査）の実施・分析に携わっていた二人は、二〇〇八年に、「後期中等教育拡大期の高卒就職者の職業移動」と、ＪＧＳＳ（日本版総合的社会調査）を用いた「後期中等教育拡大期の高卒就職者の世代内移動」としてまとめて、日本の教育拡大過程における高卒就職者の位置について一つの結論を見た。この分析の成果は、本書のなかにも大いに反映されている。

ここまで研究を続けてきたら、もっと総合的な形で研究成果を書籍にまとめようという案にたどりついた。すでにこの時点で、戦後高卒学歴の意味の変化とその意味の地域的分散という二つのパートから構成された「日本の後期中等教育拡大を説明する決定版」を書くことを香川と相澤は構想し始めていた。しかしながら、全国水準の社会調査データしか分析してこなかった二人は高校教育拡大の地域の違いにどう迫るかについては暗中模索の状態であった。その時に、大変有効な視点を提供してくれたのが、もう一人の著者である児玉であった。

高校教員を続けながら博士課程に在籍していた児玉が研究テーマとして着眼したのが、日本の高校教育拡大における私立高校が果たした役割であった。この着眼点から、学校基本調査の都道府県間の違いと具体的なケースに関する検討を行ない、成蹊大学アジア太平洋研究センターが発行する『アジア太平洋研究』に「戦後日本の教育拡大の地域的布置」として論文にまとめた。香川・相澤が取りくんできた高校教育拡大の分析が、児玉が発案した私立高校という線分をいれることで、全国的な動向を読み解くはっきりとした研究の方向性を持てるようになった。

その後、さらに研究を進めたものの、特に各都道府県の調査を進める上で、費用面での限界を感じてきた。そこで、競争的資金への応募に挑戦した。三人が中心となって応募したのが、文部科学省科学研究費補助金基盤研究（C）「高校教育機会提供の構造の総合的解明――地域と設置主体に着目して」である。この調書を二〇〇九年秋に書きながら、自分たちの視点への確信を深めていった。すなわち、生徒増大期に高校教育機会を提供するしくみを日本社会は成立させてきたのであり、それが生徒減少期にあたって転換せざるを得ない節目を迎えているという本書を貫く視点であった。大変ありがたいことに、この応募は二〇一〇年四月に採択された。そして競争的資金を三年間得た結果、研究成果をまとめたものとして本書が陽の目を見ることとなった。

本書は、先に書いたように、高卒学歴に焦点を当てて、「学歴を取得することがどのような意味があるのか」という教育社会学の「基本的な練習問題」を解こうとした研究である。しかし、多くの問題がそうであるように、基本問題こそ、なかなか解くことができず難しいものである。出来上がったこの本を見てみると、三人の指導教官である苅谷剛彦先生の『大衆教育社会のゆくえ』（中央公論新社）の「全国展開版」とも言えるし、戦後日本の義務教育の平等化を扱った『教育と平等』（中央公論新社）の「高校教育版」とも言える教育社会学の基本書に仕上がったのではないかと感じている。決して大著ではないものの、教育と社会変動のかかわりを研究し続けてきた教育社会学の問題意識を正統に継承した専門性のある内容を含みつつ、近年の人口減少期において顕在化しつつある問題を提言する書ともなったと考えている。

序章にも記したように、本書は学術的な報告書をベースとしている。しかしながら、できる限り、多くの人々に手に取ってもらえるような記述を心がけたつもりである。本書では、私立高校にかなり多くの紙面を割いているものの、公立高校の先生方や関係者の方々にとっても、これから更なる人口減少期を迎えてそれぞれの高校がどのような存在意義が求められる社会になっていくかについてのヒントを提示できたのではないかと考えている。また、本書は、私立高校の先生方、私立高校の経営あるいは事務に携わっている方々にとっては、日本の私立高校が果たしてきた役割と今後起こりうる未来がどのようなものかについて確認できる書籍となったと思われる。

『〈高卒当然社会〉の戦後史』というタイトルが示すように、日本社会では、国際的に見て高い教育水準を保つ高校を卒業して社会に出ることが「当たり前」になった。この日本社会の変化が戦後に歴史的に形成されてきたのであり、そして、現在、転機を迎えていることを、本書では繰り返し指摘してきた。人口減少期に至り、高校の統廃合という事態に直面して、近未来の社会をどのように構想するべきかという本書が提示した課題は、中央政府、地方自治体両方で教育行政に携わる方々のみならず、今後の日本社会のありかたに関心をもつすべての方々に受けとめてもらいたいと考えている。高校学齢人口の減少は、二〇一〇年代後半から、また全国に波及し始めてくる。そのような事態が進行してきた時にこそ、本書が提起した視点と発見が生きてくるのではないかと考えている。

また、本書では、「ケーススタディ」として取り上げてきた府県の皆さんに興味を持って手に取ってもらえることを願って多くの府県を訪ねてその事例を詳述してきた。できる限り多くの方々に愛着を持って読んでもらえるように、多くの学校の名前を書き留めて、一人でも多くの方の出身高校の話題を触れようと執筆してきた。今回扱った各府県には、われわれにとって縁の深い府県もあれば、今回の調査を機にご縁のできた県もある。私自身は、初めて宮崎県を訪れ、言葉の違いに少したじろぎながら毎日資料を集めたことや、群馬県で公立別学の進学校に通う高校生たちが勉強する姿を眺めながら、県立図書館で資料を集め続けてきたことが大変に印象に残っている。このような一つ一つのご縁を大切にしながら分析した、各府県の皆様に広く読んでいただけたら幸いである。なお、十分に内容を吟味検討してきたものの、各地域の実情については思わぬ間違いがあるかもしれない。そのような誤りがあった際には、ぜひご指摘を頂戴いたしたい。

さらに本書のケーススタディで扱った県以外にも、埼玉県、石川県、滋賀県、京都府、奈良県、岡山県、広島県、福岡県、長崎県にも足を運んできた。東日本大震災により計画倒れとなってしまったのだが、青森県など東北での調査も行うことを企画していた。本書の出版をきっかけにこのような具体的に取り上げられなかった県の皆さまとも新たにご縁ができたらありがたいと思っている。

高校教育機会の提供構造という課題が解くことが難しい「教育社会学の基本問題」であることは、潮木守一先生（名古屋大学名誉教授）、矢野眞和先生（桜美林大学教授）をはじめ日本の教育社会学の歴史において欠くことができない優れた先達による取り組みを調べているうちにさまざまに気づかされた。人口拡大期にこの問題に取り組んだ潮木先生と矢野先生には、我々が日本教育社会学会で発表する度に、大きな道筋を与えて下さるようなコメントをいただいた。潮木先生からは「終わりのない研究ですから、どこで区切りをつけるか、考えながら続けてみてください」というコメントをいただき、矢野先生から「高校教育機会の提供構造とは比率の構造である」というアイディアと「大変重要な研究ですからしっかり続けてください」というありがたいお言葉をいただいた。両先生のご期待に沿える書籍となったかは甚だ不安であるが、本書の出版をもって、一区切りをつけられたことは正直、ほっとしている。

発案からちょうど十年かかって本書を出版することになった。そこには一言では語れない感慨深さと感謝の念がこみあげてくる。本書の研究が大変多くの方にお世話になったことは言を俟たないものの、すべての方々に御礼申し上げることは到底できない。

そこで、非礼を詫びつつ、学術関係者のお名前をお一方だけ掲げることをお許しいただけるならば、最初から最後までお世話になった苅谷剛彦先生に篤く御礼申し上げたい。三人の大学院時代の指導教官であり、現在はオックスフォード大学教授である苅谷先生は、最初の投稿論文を提出直前まで電話でご指導くださったことにはじまり、東京大学のゼミやオックスフォード大学のセミナーにて発表の機会を与えてくださった。出版直前にも、学期中のお忙しい折にもかかわらず、オックスフォードに押し掛けた香川と相澤の研究相談に乗ってくださり、本書の帯に推薦文までくださった。

本研究を続けてきた十年という歳月は三人の環境も大きく変えていった。香川と児玉は生涯のパートナーを得て、児玉は父親となった。三人とも東京大学大学院の大学院生であったのが、今では、東京、愛知、京都の三ヵ所に散らばり、それぞれの地域にて研究、教育の仕事をしている。休日やプライベートの時間を研究に奪ってきたにもかかわらず、温かく理解を示してくれた香川の配偶者である甲斐隆典さんと児玉の配偶者である高橋めい子さんには、相澤から心からのお詫びと深い感謝の気持ちをお伝えしたい。お二人は本書の内容とはまったく関係のない仕事をされているにもかかわらず、それぞれの専門的スキルや知識で我々の研究を支えてくれた。甲斐さんが何気なくつぶやいた一言がなければ〈高卒当然社会〉なるタイトルにはたどり着けなかった。

また、高校教育拡大期のリアリティを残す資料として、カバーの写真の使用を快く許可してくださった学校法人梅村学園中京大学附属中京高等学校、研究の遂行にあたり、最大限の理解を示してくれたそれぞれの勤務先の学校法人ヴィアトール学園、学校法人成蹊学園、学校法人立教学院、学校法人梅村学園と東京大学社会科学研究所の皆様には心より感謝の気持ちを申し上げたい。

最後に、お名前を出して、御礼を申し上げるのは、新曜社編集部の髙橋直樹さんである。髙橋さんに本書の価値を見出してもらわなければ、本書が世に問われることはなかった。未熟な三人のわがままに的確に対処しながら、すてきな書籍ができあがるまで、根気強く対応してくださった髙橋さんに心より御礼申し上げたい。
本書の成立にあたりお世話になった方々を思い浮かべつつ、新たな読者との出会いを期待して筆をおく。

著者を代表して

相澤真一

# 初出一覧

本書の基礎となる研究は以下の論文が初出となる。執筆にあたり、すべての論文を再編集し、大幅に加筆修正を加えてある。各論文末尾の【　】内太字は、該当する本書の章を示す。


・香川めい・相澤真一（2006）「戦後日本における高卒学歴の意味の変遷――教育拡大過程前後の主観的期待と客観的効用の継時的布置連関」『教育社会学研究』第78集：279-301.**【2章】**

・香川めい・相澤真一（2008）「後期中等教育拡大期の高卒就職者の職業移動」渡邊勉編『2005年 SSM 調査シリーズ3　世代間移動と世代内移動』：209-39.**【2章】**

・相澤真一・香川めい（2008）「後期中等教育拡大期の高卒就職者の世代内移動――JGSS 累積データを用いた社会移動研究における時系列的探索分析の試み」『年報社会学論集』第21号：131-142.**【2章】**

・児玉英靖（2009）「戦後日本の高校教育供給システムにおける私立高校の役割――進学率停滞をともなわない教育拡大はいかにして可能となったか」『東京大学大学院教育学研究科紀要』第48巻：125-133.**【序章，1章，2章】**

・相澤真一・児玉英靖・香川めい（2009）「戦後日本の教育拡大の地域的布置――1960年代における都道府県間の私立高校の役割の差異に着目して」『アジア太平洋研究』No.34：57-78.**【序章，1章，5章，6章，7章】**

・香川めい・相澤真一・児玉英靖（2012）「高校教育機会はどのように提供されたのか？――地方自治体の事例の比較検討による類型化の試み」、『応用社会学研究』第54号：143-160.**【序章，3章，4章，5章，6章，7章】**

・香川めい・相澤真一・児玉英靖（2013）『高校教育機会提供の構造の総合的解明――地域と設置主体に着目して』科学研究費補助金基盤研究（C）研究成果報告書 .**【全編にわたり，本書の土台となった報告書】**

### ◆　や・ら・わ　行

### ◆ た 行

### ◆ さ 行

# 索　引

## 著者紹介（五十音順）

相澤真一（あいざわ・しんいち）

1979年生まれ。神奈川県出身。現在、中京大学現代社会学部准教授。慶應義塾大学総合政策学部卒業、東京大学大学院教育学研究科博士後期課程修了、博士（教育学）。成蹊大学アジア太平洋研究センター特別研究員などを経て現職。主要業績に、「教育アスピレーションから見る現代日本の教育の格差」石田浩・近藤博之・中尾啓子編著『現代の階層社会２　階層と移動の構造』東京大学出版会。D・ヴィンセント著、北本正章監訳『マス・リテラシーの時代』（共訳）新曜社など。

香川めい（かがわ・めい）

1976年生まれ。香川県出身。現在、東京大学社会科学研究所特任助教。東京大学経済学部、東京大学教育学部卒業、東京大学大学院教育学研究科博士後期課程単位取得退学、修士（教育学）。立教大学社会学部助教などを経て現職。主要業績に、「「自己分析」を分析する」苅谷剛彦・本田由紀編著『大卒就職の社会学』東京大学出版会。「職業への移行の脱標準化はいかに起こっているのか」小杉礼子・原ひろみ編著『非正規雇用のキャリア形成』勁草書房など。

児玉英靖（こだま・ひでやす）

1972年生まれ。京都府出身。現在、洛星中学・高等学校教諭（中学社会科・高校公民科、ハンドボール部・鉄道研究会顧問）、立命館大学・関西学院大学非常勤講師。京都大学法学部卒業、京都大学大学院法学研究科修士課程修了、東京大学大学院教育学研究科博士後期課程単位取得退学、修士（法学・教育学）。主要業績に、「現場とは何か？」『東京大学大学院教育学研究科紀要』第46巻（共著）。「日本における原子力発電所立地受入れの政治過程」『政策科学』5巻2号など。

新曜社

〈高卒当然社会〉の戦後史
誰でも高校に通える社会は維持できるのか

初版第1刷発行　2014年7月22日

著　者　香川めい・児玉英靖・相澤真一

発行者　塩浦　暲
発行所　株式会社　新曜社
〒101-0051　東京都千代田区神田神保町3-9
電話（03）3264-4973（代）・FAX（03）3239-2958
E-mail：info@shin-yo-sha.co.jp
URL：http://www.shin-yo-sha.co.jp/
印　刷　長野印刷商工㈱
製　本　渋谷文泉閣


ISBN978-4-7885-1395-2　C1036